MÚSICA EN LA SIP

El legado Histórico Musical de
Salomón Buitrago (1889-1975)

Vicente Castellanos Gómez

MÚSICA EN LA SIP

El legado Histórico Musical de
Salomón Buitrago (1889-1975)

INSTITUTO DE ESTUDIOS MANCHEGOS
(Consejo Superior de Investigaciones Científicas)

(Ciudad Real)

2025

Edición subvencionada por el Ayuntamiento de Ciudad Real

Diseño de cubierta: Emilio García Rodríguez

Edita: Instituto Estudios Manchegos (CSIC)

Impresión: www.optimaimpresion.es

ISBN: 978-84-87248-76-4
Depósito Legal: CR 996-2025

Impreso en España

Colección General, número 117

En recuerdo de los grandes músicos de la catedral de Ciudad Real.
Para los que han cuidado y cuidan del ceremonial y la liturgia
en la SIB Catedral de Ciudad Real.

Para los que aman la música y el patrimonio musical.

Para Teresa, Andrés y Clara.

ÍNDICE

SIGLAS

ADCR: Archivo de la Diputación Provincial de Ciudad Real

AHCR: Archivo Histórico de Ciudad Real

AMAG: Archivo de Magisterio (Facultad de Educación de Ciudad Real)

AOCR: Archivo del Obispado de Ciudad Real

BOO: Boletín Oficial del Obispado Priorato de las Órdenes Militares

LHMSB: Legado Histórico Musical de Salomón Buitrago

LMPP: Legado Musical de Pedro Pardo

PM: El Pueblo Manchego, diario de Ciudad Real

SIP: Santa Iglesia Prioral (Catedral de Ciudad Real)

SIPB: Santa Iglesia Prioral Basílica Menor (Catedral de Ciudad Real)

SIB: Santa Iglesia Basílica Menor (Catedral de Ciudad Real)

VCG: Catálogo VCG (Vicente Castellanos Gómez)

VM: Vida Manchega, diario de Ciudad Real

PRÓLOGO

Es para mí un honor prologar este libro del polifacético autor Vicente Castellanos Gómez. El libro es una auténtica obra maestra en torno a la música en la SIB Catedral de Ciudad Real, centrada en la figura relevante de Don Salomón Buitrago al cumplirse los cincuenta años de su fallecimiento. Decía "figura destacada", pero poco destacada en esta tierra nuestra más de "sanchopanzas" que de "quijotes", que gracias al trabajo de Vicente Castellanos va siendo más conocida. No se agota esta obra en la persona de Don Salomón, sino que pretende ser un recorrido de la música en la Catedral de Ciudad Real a lo largo de casi cien años.

Recojo algunos datos biográficos de la persona de Don Salomón Buitrago Gamero, que nació en 1889 en Almadén, aunque siempre se consideró de Malagón. Estudió Humanidades, Filosofía y Teología, y fue Maestro de Capilla de la Santa Iglesia Catedral entre 1922 y 1975, año de su muerte. Fundador y director de la agrupación musical más importante que hubo en nuestra Ciudad Real, el Orfeón Manchego, compuesto por cerca de cien voces y que, en sus siete años de existencia, llego a adquirir un gran prestigio. La Coral del Orfeón tomó parte en funciones religiosas y en conciertos a lo largo de las provincias de Ciudad Real, Toledo y Cuenca. En un principio estuvo compuesto por 40 voces que ensayaban en un salón del Grupo Escolar Pérez Molina, cedido por el Ayuntamiento; pero en tan solo unos meses contaba ya con 90 voces de ambos sexos y edades comprendidas entre los 10 y 25 años. El 26 de julio de 1929 celebra con gran éxito su primer concierto en el Parque Gasset.

Buitrago formó parte de la Comisión Gestora de la Sociedad Filarmónica de Ciudad Real. Trabajador incansable y de paciencia infinita, bajo su dirección y al ritmo de su batuta se interpretaron con éxito obras de altísimo nivel, como las misas pontificales de Lorenzo Perosi, obras para coro y orquesta de Wagner, obras de Borodin, el *Aleluya* de Haendel, conciertos sacros y profanos, canciones de Ravel, etc. También zarzuelas como *Bohemios*, *Agua, azucarillos y aguardiente*, *La rosa del azafrán* o *Los claveles*, entre otras.

Fue musicólogo, gran estudioso e investigador y conservador del folklore musical manchego. Estudió Solfeo, Piano, Armonía y Composición en el Conservatorio de Madrid entre 1930 y 1934. Y fue autor de 246 obras musicales entre las que se cuentan misas de Navidad, obras propias de Semana Santa y otras de devoción mariana como las *Salves en re menor* y la *Salve Regina*, entre otras; *Composición en fa mayor para órgano*, himnos como el dedicado a San Juan de Ávila, o las obras inspiradas en la recuperación del folklore manchego como el pasodoble *España de mis amores*, que alcanzó gran notoriedad en todo el país, y *Ronda Manchega*, estrenada por el Orfeón Manchego en 1933.

La Guerra Civil terminó con esta entidad cultural, como con otras muchas. Don Salomón se lamentaba de que los dos pianos y el armónium que con los ingresos de sus actuaciones se adquirieron desaparecieran, juntamente con obras del repertorio. Era un hombre de gran simpatía y de trato afable, y creo que esta opinión es compartida por todos. Con muy buen criterio, Vicente Castellanos define la vida de Don Salomón Buitrago como "un ejemplo de llaneza manchega, franqueza, honradez y estabilidad (…) alejado del brillo de los grandes hechos y de la fama ruidosa" (Rojas: 218-228).

Definía yo al autor del libro como polifacético, y considero que es poco para definir a Vicente Castellanos: doctor en Historia, titulado profesional de música, especialidad profesor de guitarra, catedrático de Bachillerato, que ha participado en una ingente cantidad de actividades de formación y perfeccionamiento; profesor asociado de la UCLM; autor de varios discos y otros innumerables méritos, así como de muchas obras escritas"[1]. Aunque si algo tuviera yo que destacar especialmente es que entre 1999 y 2003, junto con el canónigo Don Pedro Pardo, realizó el trabajo de recuperación y catalogación del *Legado Histórico Musical* de Don Salomón Buitrago, por lo que es el que mejor conoce a este excepcional maestro de la música.

Este gran trabajo y bien escrito se inicia con una introducción que nos sitúa de golpe en la comprensión global de la obra, a la que siguen siete grandes capítulos: La música en la Catedral de Ciudad Real, la vida de Salomón Buitrago Gamero, el legado histórico musical de Salomón Buitrago, la literatura musical de Salomón Buitrago, el legado sacro de Salomón Buitrago, el legado popular de Salomón Buitrago y obras para piano y órgano. Le acompaña un rico anexo con imágenes, partituras, obras para órgano y un índice de cuadros[2].

Una obra que merece la pena que todos los amantes de la música y, especialmente de la música sacra, aborden su estudio, porque no basta con una simple lectura, sino que merece un detenido estudio, que no dejará de ser ameno y entusiasmar al lector. Un prólogo no puede ni debe decir más, sino abrir la rendija de la puerta para que el lector pueda asomarse a la obra. El Cabildo de la SIB Catedral de Ciudad Real agradece este valioso libro. Ánimo y gracias a Vicente Castellanos.

Bernardo Torres Escudero
Presidente del Cabildo de la Catedral

---

[1] Si se desea profundizar más en su amplio *curriculum* basta con consultar la página web uclm.academia.edu/VicenteCastellanosGomez /CurriculumVitae.

[2] El mismo autor lo explica en la introducción, justificando cada uno de los capítulos.

INTRODUCCIÓN

Tiempos de la historia de la música en Ciudad Real: sinfonía histórica en cuatro movimientos

La historia de la música en Ciudad Real puede clasificarse de forma académica en cuatro fases amplias definidas por la función diferente que cumple la música en cada etapa y por la clientela que la sustenta[1].

La primera etapa puede ser calificada como fase popular. Es la fase más amplia, con límites cronológicos imprecisos. En ella el protagonista principal es el folclore, música de transmisión oral cuya función principal es aderezar el paso del tiempo anual y vital, relacionado con el trabajo en el campo, mayoritario en una zonas tradicionalmente agraria y atrasada.

La segunda fase, que llamaremos fase romántica, ocupa la segunda mitad del siglo XIX y las primeras décadas del siglo XX, hasta la Guerra Civil. En este tiempo se produce el despertar de la música culta en Ciudad Real. La fijación de la ciudad como capital de provincia en 1833, la desamortización y consecuente formación de una clase burguesa definida, y la creación de la diócesis priorato de las Ordenes Militares a finales del siglo XIX son los hechos que enmarcan el crecimiento musical de la ciudad, pese a que su población y aspecto eran más propios del modelo rural. En esta época las funciones de la música se diversificaron, al igual que su clientela: la burguesía administrativa o propietaria comenzó primero a disfrutar de la música culta en reuniones privadas y después en asociaciones de carácter público; el pueblo empezó a gozar de la presencia de las bandas de viento en las calles y en los parques; y la población católica, fieles que acudían asiduamente a la catedral, entró en contacto directo con la nueva música litúrgica ordenada por Roma desde 1903 como parte integral del culto.

Después de la Guerra Civil se abre la tercera gran etapa de la historia de la música en Ciudad Real. La llamaremos fase previa al Conservatorio. En síntesis, se trata de la historia de una recuperación muy lenta de la música, pues la guerra acabó con todos los progresos previos y las actuaciones oficiales de la dictadura franquista, en este sentido, resultaron extremadamente parcas y ralentizadas. En este tiempo se mantuvo la diferenciación de

---

[1] El presente apartado recupera el ensayo de Vicente Castellanos (2006): "Fases de la historia de la música en Ciudad Real", en Anaya, J. y Castellanos, V.: *De villa a ciudad. Estudios sobre Ciudad Real en su 750 aniversario.* Ciudad Real, Ediciones Santa María de Alarcos, núm. 2. Dicho ensayo ha sido actualizado y ampliado para la presente obra.

clientelas de la fase anterior, agudizada por la situación política y las actuaciones propagandísticas del régimen.

La última etapa de la historia de la música en Ciudad Real está ligada a dos instituciones educativas: el Conservatorio Marcos Redondo, que inicia sus actividades oficiales en 1985, y la E.U. de Magisterio, posterior Faculta de Educación, que, a partir de 1992, ya incorporada a la UCLM, forma maestros especialistas en música hasta 2010, fecha en que finaliza la impartición de la especialidad musical[2]. En esta última fase se impone la función educativa, al tiempo que, gracias a la mejora económica y a la democratización regional, es posible disfrutar de una oferta musical muchísimo más amplia, tanto grupos propios como foráneos.

Fuentes de estudio de la historia de la música en Ciudad Real

El estudio serio, científico y riguroso de estas cuatro fases tan sólo está iniciado. En cada una de ellas varían las fuentes a manejar y, en consecuencia, los contenidos. En lo que respecta a la fase popular la fuente única y esencial es la fuente oral, ya prácticamente agotada debido a la pérdida de funcionalidad vital del folclore y a la desaparición física de las generaciones a él vinculadas. Por ello, en el loable trabajo de recuperación de las asociaciones de la provincia se ha de recurrir a una fuente indirecta que supone la transcripción obligada del canto del pueblo: los cancioneros, especialmente el Cancionero de Pedro Echevarría Bravo editado por el CSIC en 1951.

En la cuarta fase, vinculada al Conservatorio de Música, el trabajo está aún por hacer. Quizás debe pasar más tiempo para que tengamos una perspectiva histórica fiable. Intuimos que las fuentes deben tener un carácter oficial, académico y estadístico, que refleje el impacto de las instituciones musicales y educativas en la sociedad local y provincial. Sin embargo, es indudable que la expansión de la educación musical y el desarrollo del periodo plenamente democrático y autonómico desde 1978 en adelante, vinculado a un progreso económico evidente y a la europeización de España, han enriquecido tanto la producción musical interior de Ciudad Real como las aportaciones externas que llegan en forma de conciertos, ciclos y festivales musicales, etc.

En las etapas intermedias (fase romántica y fase anterior al Conservatorio), las fuentes principales son la entrevista oral, la hemeroteca histórica, la fuente documental y una fuente directa de gran fuerza, la colección de partituras que ha sido bautizada como *Legado Histórico Musical de Salomón Buitrago*.

---

[2] La razón es la aplicación del Plan Bolonia promovido por la Unión Europea, que sustituye las especialidades por los grados de Infantil y Primaria en la nueva Facultad de Educación de Ciudad Real.

La fuente oral, tristemente, también se está agotando para estas fases. Sin embargo, es mucho lo que hay que agradecerle en orden a la recuperación de la historia musical de Ciudad Real durante el siglo XX. Con frecuencia se trata de una fuente insegura, imprecisa, poco rigurosa, pues mezcla recuerdos con impresiones subjetivas y necesita verificación mediante otro tipo de fuentes. Pero, por otro lado, tiene un valor incuestionable como primicia a la hora de plantear la temática musical histórica. Algunos testimonios han sido especialmente clarividentes y valiosos, por ejemplo, los de Pedro Pardo García, Laureana García Ruiz, miembro del Orfeón Manchego, o Cecilio López Pastor, prestigioso periodista, todos ellos ya fallecidos, cuyas aportaciones, entre otras, han permitido establecer un eje de reconstrucción de la música en Ciudad Real.

La prensa local y provincial, incluso algunas informaciones a nivel nacional constituyen una fuente imprescindible para la recuperación de la memoria histórico musical. Destacan los diarios *Vida Manchega* y *El Pueblo Manchego* (antes de la Guerra Civil) y *Lanza* (diario de la Diputación Provincial, después de la guerra). En el rastreo de esta fuente es necesario tener en cuenta la ideología del periódico en cuestión y la distinción, no siempre clara, entre la información, no siempre correcta o verificable, y la línea de opinión. Con todo, esta fuente resulta fundamental a la hora de reconstruir un anuario cronológico de la cultura musical en Ciudad Real.

Por otra parte, la hemeroteca provincial ha permitido la recuperación de una extensa literatura musical del siglo XX en la ciudad. Se entiende por literatura musical la reunión de todos los escritos de musicografía, es decir, todos aquellos artículos que hablan de la música de forma directa o indirecta, que pueden incluir o no el análisis técnico y estético, considerado como parte de la musicología. En algunos casos estos escritos alcanzan gran calidad, constituyendo páginas doradas de la prensa local, especialmente los vinculados con el regeneracionismo de las tres primeras décadas del siglo XX, firmados por intelectuales ilustres de la época como Pablo Vidal Carrero, Ponciano Montero, Salomón Buitrago Gamero, Luis Llausás, Francisco Tolsada, etc.

La tercera fuente importante es la documental, que abarca muy distintos tipos de documentos:

- normas legales procedentes de la *Gaceta de Madrid*, el *BOE* y el *Boletín Oficial de la Provincia*;
- disposiciones eclesiásticas en torno a la liturgia y a la música sacra, procedentes tanto del propio Vaticano como del *Boletín Oficial del Obispado Priorato de las Ordenes Militares*;

- actas de plenos del Ayuntamiento de Ciudad Real y de su Comisión Permanente;
- expedientes organizativos y reorganizativos de la Banda Municipal de Ciudad Real, algunos extraordinariamente amplios en el tiempo y en papeles;
- documentos procedentes de la Diputación Provincial: actas de plenos y comisiones, memorias anuales, expedientes de personal al servicio del Hospicio Provincial, etc.

Finalmente, resulta absolutamente fundamental, como fuente, la amplia colección de partituras y documentación diversa conocida con el nombre de *Legado histórico musical de Salomón Buitrago*. Este legado recoge la extensa herencia musical de Salomón Buitrago Gamero, maestro de capilla en la SIP catedral de Ciudad Real desde 1922 hasta 1975, fecha de su fallecimiento, al que dedicamos esta obra. El que suscribe tuvo el privilegio de recuperar, recomponer y clasificar el legado, depositado actualmente en la Sala de Beneficiados de la sacristía de la Santa Iglesia Prioral Catedral de Ciudad Real (SIP Catedral en adelante). Por su importancia, el capítulo 3 de este libro se dedica íntegramente a dar a conocer esta fuente documental.

La colección al completo, compuesta de documentos y partituras originales de Salomón Buitrago Gamero, extensas colecciones de revistas musicales históricas, cientos de partituras en legajos manuscritos e impresos, y libros de facistol, atril o partitura de carácter litúrgico, demuestra el afán recopilador, archivero, copista y creativo de Salomón Buitrago.

Para Ciudad Real, hoy por hoy, constituye una base documental muy importante porque aporta pruebas sobre todos los ámbitos de la cultura musical histórica en la ciudad. Además, el legado constituye una aportación importante al trabajo de catalogación general que se ha realizado y continúa realizándose en instituciones religiosas de toda España, liderado por José López Calo. En opinión de uno de los más destacados historiadores en este ámbito, José Climent Barber: "cuanto más pequeñas son las catedrales (…) más importante es el material de sus archivos musicales para conservar y estudiar el pasado, mayor valor histórico tienen" (1986: 1-2).

Contenidos fundamentales de la historia de la música reciente en Ciudad Real

La incorporación de la Musicología a la universidad desde 1984 (la primera cátedra se estableció en Oviedo) ha permitido la expansión de un nuevo enfoque que vincula música y sociedad, y que han hecho suyo numerosos e importantes historiadores de la música. Sin duda, este enfoque es el que mejor acoge las conclusiones que emanan del análisis de las cuatro fuentes reseñadas. Se trata de una perspectiva que nos permite relacionar la forma de ser de la sociedad local y provincial con la vivencia de la música, conocer una a través de la comprensión de la otra. A partir de aquí es posible establecer contenidos clave para abordar el tema de la historia social de la música en Ciudad Real.

Veamos, por ejemplo, aquellos que marcan el devenir durante la segunda gran etapa de la historia musical de Ciudad Real, aquella que hemos llamado "fase romántica" (segunda mitad del siglo XIX y treinta y seis primeros años del siglo XX, desde 1867 hasta 1936). Cada uno de estos hechos implica un contenido de historia musical y, a su vez, tiene proyecciones importantes en la estructura social de la historia contemporánea[3].

1867: el asociacionismo decimonónico. La *Gaceta de Madrid* ofrece datos sobre las sociedades de recreo relacionadas con la música. Tres de ellas estaban establecidas en Ciudad Real capital. Otras nueve constan a nivel provincial. Existen noticias más concretas sobre una asociación conocida como Sociedad Nuestra Señora de las Mercedes. Los socios tenían academia varios días a la semana y se organizaban actuaciones en el teatro de La Amistad. Son las primeras noticias del interés del público de Ciudad Real por organizarse y poder escuchar música en vivo, testimonio del despertar de la música culta en la capital provincial durante la segunda parte del siglo XIX (Clemente: 115-121).

24 de agosto de 1878: la enseñanza de la música. Fecha de una real orden que creaba las cátedras de música en las escuelas normales dedicadas a la enseñanza del Magisterio. En teoría suponía la posibilidad de formar maestros y maestras para que, a su vez, enseñaran a los niños a cantar en las escuelas (Martínez, Asensio y González: 73). Sin embargo, la aplicación real fue nefasta, con profesores no preparados y escasísimo tiempo de dedicación. Cuando, a comienzos del siglo XX, el estado delegó su responsabilidad de financiación en las diputaciones provinciales (en lo que se refiere a las escuelas normales) y en los ayuntamientos (en lo referido a las escuelas de primaria) se frustró cualquier mínimo avance docente que pudiera haberse producido en el terreno musical. En realidad, la enseñanza musical era un ámbito escueto, muy reducido, que seguía tres vías bien definidas: 1) la enseñanza en el contexto de la Iglesia, tradicional, 2) la enseñanza en los conservatorios, escuelas de tipo técnico sólo en ciudades muy grandes, no es el caso de Ciudad Real, y 3) la enseñanza privada: clases particulares de profesores de música al servicio de las familias burguesas (Sánchez, 1903). Este tipo de formación implicaba de forma especial a las niñas

---

[3] El presente apartado recupera los ensayos de Vicente Castellanos (2012): "Fuentes y contenidos de la historia de la música en Ciudad Real", en *Cuadernos de Estudios Manchegos,* núm. 37, Ciudad Real, IEM, y (2016): "El regionalismo musical manchego", en Moya Maleno, F.J. y Moya Maleno, P. (eds.): *Pedro Echevarría Bravo. Música y etnomusicología en La Mancha*. Almedina, RECM. Dichos ensayos han sido actualizados y ampliados con nuevas investigaciones y correcciones para la presente obra.

y se consideraba una clase de adorno personal de las virtudes femeninas. Lamentablemente esto continuó siendo así durante mucho tiempo en Ciudad Real.

30 de abril de 1885: música y beneficencia. Justo Sánchez Escribano fue nombrado director de la escuela de música del Hospicio Provincial y de la Banda Provincial. Este personaje fue un notable músico, ocupó el puesto hasta 1924 y llegó a ser académico de la Real de Bellas Artes de San Fernando, nombrado en 1915[4]. La institución que dirigió, la Banda Provincial, está ligada al Hospicio Provincial de Ciudad Real, centro de las actividades de Beneficencia de la Diputación Provincial. La banda se había creado en 1869 con treinta y seis músicos y era una oportunidad de formación semiprofesional de los muchachos del hospicio. Hoy resulta verdaderamente interesante contemplar esta "vinculación natural" en el siglo XIX entre Beneficencia y música, en función de los intereses políticos (Cayuela y Abad, 1999: 160). La Banda Provincial alargó su existencia hasta 1976 y conoció sus años de mayor esplendor durante la dictadura de Primo de Rivera, bajo la dirección de Antonio Segura.

10 de febrero de 1887: música y prestigio municipal. En sesión ordinaria del pleno del Ayuntamiento de Ciudad Real, presidido por Ramón Clemente Rubisco, se aprobó la fundación de una Academia y Banda Municipal de Música con el fin literal de "adecentar y adornar los actos públicos para prestigio de la capital de la provincia"[5]. El primer director fue Valentín Giraud. Las bandas de viento se pusieron de moda en La Mancha en la segunda mitad del siglo XIX debido a la influencia levantina y a la necesidad de prestigio público de cada localidad. Se convirtieron en escuelas de música para obreros de la ciudad y del campo, con calidad de academias nocturnas. Al mismo tiempo, crearon un tipo de público o clientela musical de carácter popular. El escenario natural de las bandas de música era la calle, los parques, donde la tímbrica de viento y percusión, en sus distintas calidades, alcanza mayor categoría sonora. Las bandas se vincularon enseguida con actos de religiosidad popular y fiestas de todo tipo, especialmente la tauromaquia. Apareció una amplia generación de compositores especializados y una estética propia, tradicionalista, alejada de vanguardias, que acostumbró a la masa a un tipo de audición económica. Los recursos de las instituciones locales y provinciales fueron destinados a las bandas y no a la financiación de una música de mayor altura (Casares, 1987: 271-272). El Ayuntamiento de Ciudad Real, por ejemplo, para prestigiar a la ciudad, organizó con cierta frecuencia magnos festivales de bandas de

---

[4] Archivo Histórico de la Diputación Provincial de Ciudad Real: *Libro de registro de empleados y sirvientes del Hospital Provincial, 1929.* Caja: Expedientes personales, núm. 3381.
[5] Archivo Histórico Municipal de Ciudad Real: *Actas del Ayuntamiento de Ciudad Real.* Legajo núm. 43, núm. 4, p. 93.

música en la plaza de toros. La Banda Municipal de Ciudad Real, en concreto, sobrevivió hasta 1973, lo que implica casi un siglo de existencia.

1 de enero de 1907: etnografía musical. Diario *La Tribuna*, publicación del artículo "Tonadas Manchegas" por Emilio Vega, director de la Banda Municipal entre 1905 y 1907. El maestro Vega era madrileño, pero estuvo en la capital manchega dos años y constató, por primera vez, la riqueza del folclore local. Aquellos primeros años del siglo XX constituyeron una fase de recogida del folclore regional en España, sobre todo en las regiones consideradas históricas. Vega no hace sino constatar la misma necesidad en la provincia de Ciudad Real, poniendo un punto de atención singular en las seguidillas y en los mayos. Por otro lado, recogía la preocupación de un círculo melómano de intelectuales regeneracionistas de Ciudad Real, círculo que desarrollaba su actividad a nivel privado con tertulias y conciertos domésticos en las casas de la burguesía local. Protagonizan lo que ha sido dado en llamar "música de camerata". En su horizonte, aparte de la recogida del folclore, aparecía como objetivo la formación de sociedades filarmónicas con capacidad para organizar conciertos públicos.

Emilio Vega, una vez fuera de Ciudad Real, cuando dirigía la Banda de Alabarderos de Madrid, estrenó su obra *Rapsodia Manchega*, basada en temas populares de Ciudad Real. Esta obra fue estrenada por la Orquesta Sinfónica de Madrid en diciembre de 1919 bajo la dirección del maestro Arbós y por la Orquesta Filarmónica de Madrid en 1921, dirigida por Bartolomé Pérez de las Casas (Subirá, 1919).

La investigación propuesta por Emilio Vega tardaría muchos años en hacerse realidad. En 1951, pasada la Guerra Civil, el director de la Banda Municipal de Tomelloso, el burgalés Pedro Echevarría Bravo, editó un magno *Cancionero Musical Manchego*, no superado hasta la fecha, en el que, en parte, se hacen realidad las tesis de principios de siglo (Pérez, 1971. 393-394)[6].

Otro manchego ilustre, natural de Daimiel, Francisco García Márquez, conocido como "Mazantini" o "el popular", está ligado de forma histórica a la recuperación de las coplas manchegas en toda su magnitud: cante y baile. Hasta su muerte en 1950 se dedicó a la enseñanza en la academia popular que fundó y regentó en su propia casa de la calle Progreso de Ciudad Real (Mena: 194).

---

[6] De las canciones recopiladas por Pedro Echevarría sólo se publicaron, aproximadamente, la mitad. El resto permanece en el Instituto de Musicología, Barcelona, a la espera de ver la luz. El investigador Francisco Javier Maleno Moya ha llevado a cabo una tarea de investigación al respecto.

14 de julio de 1920: la música culta. *El Pueblo Manchego*, publicación del artículo "Cuestiones musicales" por Pablo Vidal Carrero. Este otro escrito, en este caso de Pablo Vidal, forma parte de la historia contemporánea de la literatura musical en Ciudad Real. Su autor, inspector de enseñanza, intelectual de gran prestigio, articulista muy conocido en la capital, regeneracionista consagrado, plantea los temas fundamentales de la música en Ciudad Real: 1) la recogida del folclore (insiste en lo dicho años atrás por Emilio Vega), 2) la necesidad de mejorar la enseñanza musical mediante la fundación de una academia financiada con dinero público, y 3) la creación de una sociedad filarmónica para organizar conciertos de música clásica en Ciudad Real. En realidad, las reivindicaciones de Vidal Carrero habían comenzado muchos años atrás y seguirían algunos años más. Esta es una tónica que se puede rastrear en la prensa diaria de Ciudad Real y que pone sobre la mesa uno de los temas fundamentales: la aceptación de la música en la ciudad. Mientras una minoría intelectual, de origen administrativo, insiste en los beneficios de su propagación, una mayoría burguesa, atada a la propiedad, asume la música únicamente como valor ornamental en los actos sociales. Sin embargo, Vidal insiste en la participación de todas las clases sociales en el asunto musical; insiste igualmente en el carácter gratuito que debería tener la enseñanza de la música y en la mejora del conjunto de la población como consecuencia: "un pueblo que asienta su personalidad sobre bases musicales será mejor pueblo".

13 de agosto de 1922: la música teatral, Marcos Redondo Valencia. Inauguración del Teatro Cervantes en la calle Alarcos a cargo del cantante de ópera Marcos Redondo Valencia[7]. Esta fecha es significativa en dos sentidos: 1) la modernización de la infraestructura teatral y musical en Ciudad Real y 2) el reconocimiento de la ciudad a uno de los símbolos culturales de La Mancha, Marcos Redondo (Golderos: 65-67).

El teatro Cervantes sustituyó al antiguo teatro Circo de la calle Alarcos y se convirtió en uno de los símbolos de modernidad durante la dictadura de Primo de Rivera en Ciudad Real. En él empezó a proyectarse el cine mudo en la ciudad, en él se despertó la afición por el teatro y la zarzuela, y en él tuvieron lugar los conciertos de las sociedades filarmónicas que

---

[7] Marcos Redondo Valencia (1893-1976), nacido en Pozoblanco, Córdoba, se había criado en Ciudad Real y su primera formación musical se produjo en la capital manchega. Fue seise de la catedral bajo la dirección de Nicolás Fernández Arias y el director de la Banda Provincial, Justo Sánchez Escribano fue su mentor en la capital del estado, Madrid, al escribir una carta de presentación para el Conservatorio en 1913. En 1919 Marcos Redondo debutó en el mundo de la ópera y en pocos años consiguió convertirse en el líder de los barítonos, triunfando en los escenarios principales de España, Italia y México. Fue entonces cuando visitó Ciudad Real, donde vivía su madre, para inaugurar el teatro Cervantes. En 1924 cambió la ópera por la zarzuela, género que lideró hasta su retirada en 1956. Su boda en Cataluña le alejó de La Mancha, sin embargo, Ciudad Real siempre le consideró como un hijo predilecto. En determinadas ocasiones su presencia artística en los escenarios de la ciudad constituyó el hito cultural del momento. El 14 de febrero de 1944 recibió el título de "hijo adoptivo" de la ciudad. El 22 de agosto de 1957 recibió un último y clamoroso homenaje (*Lanza*, 23 de agosto de 1957).

se constituyeron en esta época. Hasta entonces los conciertos de música clásica habían tenido una periodicidad anual, por ferias, y en escenarios escasamente dotados. Pero eso cambió en los años veinte y treinta, los conciertos fueron mucho más frecuentes y la infraestructura mucho más apta.

4 de julio de 1924: la organización asociativa de la burguesía melómana. Reunión en el Palacio de la Diputación Provincial para constituir la Sociedad Filarmónica de Ciudad Real. Por fin las ilusiones de Pablo Vidal Carrero se hicieron realidad. La junta directiva de la Sociedad Filarmónica quedó conformada el 10 de julio, presidida por el propio Vidal[8]. La sociedad contrató dieciocho conciertos de cámara hasta su cierre el 24 de mayo de 1925. Al poco tiempo, 1 de septiembre de 1925, se inauguraron las actividades de una nueva sociedad, formada prácticamente por los mismos socios, la Asociación de Cultura Musical. Estuvo activa hasta el 16 de marzo de 1927 y ofreció dieciséis conciertos, actuando como delegación en Ciudad Real de la Asociación de Cultura Musical de Madrid. En este contexto, quedó para los anales la actuación del pianista Arthur Rubinstein el 21 de enero de 1926.

El recurso a la sociabilidad durante los años veinte es uno de los grandes acontecimientos musicales de la historia de Ciudad Real durante el siglo XX. Están registradas en la prensa local crónicas literarias y musicales muy logradas. Supuso la organización de la clientela melómana por primera vez. Este hecho no volverá a repetirse hasta muchos años después de terminada la Guerra Civil, cuando, en 1950, se organizó una nueva Asociación de Cultura Musical, que estuvo activa hasta 1957 y ofreció treinta y siete conciertos.

14 de agosto de 1927: Cristóbal Ruyra Ruescas asume el cargo de director de la Banda Municipal sustituyendo a su padre, César Ruyra. Bajo la dirección de Cristóbal Ruyra la Banda Municipal conoció una etapa de grandes éxitos y avances, que incluye la victoria en varios certámenes provinciales y regionales durante los años treinta. En aquella época los triunfos de la Banda Municipal en los concursos de bandas eran muy celebrados en la ciudad, con recibimientos clamorosos en la estación de ferrocarril y asistencia de todas las autoridades. La banda consiguió una gran calidad individual y un buen acoplamiento colectivo. Sin embargo, después de la guerra, la Banda Municipal no acabó nunca de reponerse y su calidad mermó considerablemente. En 1952 Cristóbal Ruyra abandonó su dirección y se marchó de la ciudad para hacerse cargo de la banda de Oviedo[9]. En 1955 el cordobés Eladio Bujalance León asumió la dirección de la Banda Municipal, cubriendo una larga fase final hasta 1973. En ese año, las tensiones entre los músicos y el director, la falta

---

[8] *Vida Manchega,* 11 de julio de 1924, núm. 2039.
[9] *Lanza,* 23 de noviembre de 1959, núm. 5020.

de nuevas generaciones de aprendices y la escasez de presupuesto del Ayuntamiento motivaron la disolución de la Banda Municipal de Ciudad Real[10].

26 de julio de 1929: el Orfeón Manchego. Presentación del Orfeón Manchego con una actuación en el Parque Gasset de Ciudad Real, bajo la dirección de Salomón Buitrago Gamero. Es digno de admiración el estudio y la práctica de la música coral en la capital manchega y en diversos pueblos de la provincia de Ciudad Real y de las demás provincias castellanomanchegas en el periodo previo a la Guerra Civil, un momento de fuerte sentimiento regionalista que condujo a la valoración del folclore propio y a la preocupación por su interpretación, conservación y difusión.

14 de julio de 1930: el primer conservatorio. Como consecuencia del éxito del Orfeón Manchego se funda en Ciudad Real una Asociación de Cultura Musical de carácter académico, con proyección de conservatorio provincial, idea de Salomón Buitrago que se hizo realidad bajo la dirección de Aureliano Bermúdez Ráez, músico titular del Casino de Ciudad Real[11]. La Asociación de Cultura Musical ejerció una amplia labor de enseñanza musical en la ciudad durante varios cursos, hasta el comienzo de la Guerra Civil. El número de matrículas no dejó de crecer de curso en curso. Tuvo como profesores a los mejores músicos de la ciudad y otros contratados para el efecto. Entre sus atribuciones estuvo la de conceder plazas en gratuidad para niños de familias sin recursos. En su seno se organizó, contando con voces procedentes del Orfeón Manchego, un cuadro de zarzuela que estreno siete obras y consiguió el aplauso de toda la provincia. Pero la violencia desatada de 1936 acabó, como en el caso del Orfeón, con todas sus esperanzas de desarrollo y progreso.

18 de julio de 1930: el pueblo con la zarzuela. Estreno en Ciudad Real de *La Rosa del azafrán*, zarzuela de Jacinto Guerrero, a cargo de la compañía de Marcos Redondo. El estreno inicial de la obra se había producido en Madrid en el mes de marzo, con variedad de críticas. Mientras constituía un gran éxito para algunos, otros la tachaban de obra populista en demasía (Fernández: 105). Lo cierto es que para La Mancha resultó todo un acontecimiento, especialmente para La Solana, provincia de Ciudad Real. Los autores de la obra, Guerrero y los libretistas Fernández Shaw y Federico Romero, habían recorrido la zona de la Mancha Baja y consiguieron llevar al pentagrama el alma popular de esta tierra. Las bandas de la provincia, incluida la Banda Municipal de Ciudad Real, popularizaron una síntesis de la obra con reducción para banda de viento, de obligada interpretación en los

---

[10] Archivo Histórico Municipal de Ciudad Real: *Expediente para la reorganización de la Banda Municipal* (27 de diciembre de 1973-27 de septiembre de 1974).
[11] *Vida Manchega*, 15 de julio de 1930, núm. 2914.

actos festivos. La Compañía de Redondo organizó una gira de presentación por varias localidades de la provincia: La Solana, Manzanares, Alcázar de san Juan y Ciudad Real. Junto a *La rosa del azafrán* se estrenaba *La Virgen Luna*, del solanero Tomás Barrera. La acogida en Ciudad Real fue verdaderamente apoteósica.

En realidad, este calor en torno a la obra de Guerrero era consecuencia del gusto por la zarzuela grande en la capital provincial, fenómeno que es absolutamente visible desde 1920 hasta 1936. La zarzuela constituyó el género musical más valorado por el público, que acudía en masa a las representaciones, normalmente a cargo de compañías que visitaban Ciudad Real durante la feria de agosto.

3 y 4 de marzo de 1931: los conciertos clásicos. Primeros conciertos sinfónicos en la historia de Ciudad Real a cargo de la Orquesta Sinfónica de Madrid dirigida por José Lasalle. Faltaban pocos días para la proclamación de la República cuando tuvieron lugar estos acontecimientos en Ciudad Real, con un retraso enorme con respecto a otras ciudades del ámbito europeo y español (por ejemplo, sesenta años después de que ocurriera en Madrid, capital de estado). La música culta a la que podía aspirar Ciudad Real y su limitada infraestructura de sociabilidad era la música de cámara, protagonizada en muchas ocasiones por grupos reducidos de músicos procedentes de las orquestas de Madrid, que cubrían así el tiempo sin actuaciones sinfónicas[12].

21 de julio de 1931: el breve impulso republicano. *Decreto de creación de la Junta Nacional de Música y Teatros Líricos*. Se publicó en la *Gaceta de Madrid* el 22 de julio. Fue desarrollado en un nuevo decreto sobre funciones, *Gaceta* del 16 de septiembre. En opinión de Emilio Casares Rodicio, el estado español reconocía por primera vez el hecho musical y su valor educativo. Los principios de actuación eran la proyección social de la música, su inserción dentro de la intelectualidad, el estímulo de la creatividad, la descentralización de

---

[12] Curiosamente, a finales del régimen de la Restauración, régimen que no había beneficiado especialmente el desarrollo de la música, tiene lugar este concierto, día 3 de marzo, que fue seguido de otro el día 4. En el primer concierto el programa estuvo conformado por la *Séptima Sinfonía* de Beethoven, la suite *Peer Gynt* de Grieg y el intermedio de *La Boda de Luis Alonso*, de Jiménez. En el segundo concierto interpretaron *Ballet Suite* de Grety, *Suite en la* de Julio Gómez, *Vals triste* de Sibelius y la *Obertura Rienzi* de Wagner. La crítica periodística de ambos conciertos la hizo Ángel Ávila, presidente de la Audiencia Provincial (nombrado gobernador civil interino poco después, con la proclamación de la República). Destacaba la reacción entusiasta de todos los amantes de la música en la capital, pero al mismo tiempo se quejaba de la escasa asistencia de público al teatro Cervantes: "ante la recalcitrante indiferencia de la mayoría… ¿qué vamos a hacer? (…) Es lástima que permanezcamos apartados de la intensa vida cultural de todo el mundo" (*Lanza*, 23 de agosto de 1957). Otro concierto destacado de esta fase se produjo en el verano de 1932, 21 de agosto, en la plaza de toros: actuación de un famoso de la lírica española del momento, el tenor Miguel Fleta, acompañado de la soprano Matilde Revenga y de veintiocho profesores de la Asociación Musical de Madrid, dirigidos por el maestro Anglada. Sin embargo, después de este concierto, la experiencia no se repetirá hasta muchos años más tarde, en mayo de 1950, con la presencia de la Orquesta Sinfónica de Bilbao. De ahí que estas veladas sinfónicas resulten verdaderamente excepcionales durante buena parte del siglo XX.

la música sobre la base de los regionalismos crecientes, la reforma de las enseñanzas de música, el fomento de las orquestas y las masas corales, la recuperación del folclore y su difusión. La idea básica era crear escuelas nacionales de música con financiación estatal, provincial y municipal. Se fijaba un plazo de ejecución del proyecto para seis años.

El Ayuntamiento de Ciudad Real del primer bienio de la II República, instituido el 11 de julio de 1931, presidido por José Maestro, se hizo eco de las preocupaciones del gobierno central e introdujo la música entre los objetivos culturales a nivel local. En esta línea, se hizo un esfuerzo por mejorar la infraestructura musical del municipio, reglamentando y legalizando algunas situaciones no reguladas en la Banda Municipal, que venían arrastrándose desde la Restauración. En 1932 se llevó a cabo la reorganización de la banda, convocándose oposiciones para cubrir distintos puestos, a fin de considerar a sus miembros como funcionarios locales[13]. De igual forma, la Diputación Provincial, presidida por Francisco Morayta Serrano, fomentó la concesión de becas musicales y convirtió al director de la Banda Provincial en funcionario especial[14].

Pero los planteamientos ideales de 1931 no tuvieron una continuación plena en la práctica. La política del bienio rectificador, a partir de 1933, tuvo una impronta negativa en este terreno. El nuevo ministro de Instrucción Pública, Filiberto Villalobos, suprimió las abundantes dotaciones económicas que había hecho el gobierno anterior con destino al fomento de la música (el presupuesto para esta materia había aumentado en un 80% respecto a la etapa de la dictadura). Durante los años 1934 y 1935 el proyecto del primer gobierno republicano quedó olvidado y sólo fue recuperado, ya sin garantías, debido a la situación, una vez iniciada la Guerra Civil (Casares: 319-320).

El resultado negativo de esta política idealista pone sobre la mesa uno de los principales temas que afectan a la música en Ciudad Real durante gran parte de su historia reciente: el abandono por parte de las instituciones administrativas.

9 de diciembre de 1934: la difusión radiofónica. Inauguración oficial de la emisora local de radio, conocida como estación EAJ 65. Con tal motivo se emitió un programa especial con músicos e intérpretes de reconocido prestigio local: el guitarrista Pablo Valencia Cuerva, la vocalista Manolita Arche, perteneciente al Orfeón Manchego, el tenor Casimiro Valencia, el Sexteto dirigido por Cristóbal Ruyra, de la Asociación de Cultura Musical, la Rondalla de dicha asociación, dirigida por Pablo Gómez y la interpretación final del *Canto a la Mancha*

---

[13] Ayuntamiento de Ciudad Real: *Veinte meses de labor municipal, 1931-1932.* Ciudad Real, Artes Gráficas del Hogar Provincial, 1933. P. 53.
[14] Archivo Histórico de la Diputación Provincial: *Memorias anuales de la Diputación Provincial, 1932-1933.*

de Tomás Barrera, a cargo de Marcos Redondo[15]. La emisora EAJ 65, con un presupuesto inicial de unas 20.000 pesetas, se sostuvo gracias a una asociación cooperante de radioyentes, que, de forma voluntaria, pagaba una peseta al mes. La empresa, ideada por los madrileños Eduardo Martín Maroto, Francisco Fernández Tejeda y Elsa Vela Doroso, no tenía un fin lucrativo sino de divulgación. En poco tiempo cautivó a Ciudad Real. La Unión de Radioyentes aumentó hasta 400 miembros y surgieron ingresos por anuncios publicitarios (Moreno: 75-80). La mayor parte de la programación, que abarcaba de 13 a 15 horas por la tarde y de 21 a 23 horas por la noche, estaba ocupada por música de todo tipo, sobre todo zarzuela. Tuvo especial importancia el programa *Música descriptiva* realizado por Francisco Fernández Tejeda, en el cual se podían escuchar grandes obras de la música culta comentadas de forma pedagógica en cuanto a su forma, instrumentación, contenido orquestal, historia, seguimiento de la audición, etc. Varios conferenciantes fueron invitados a unirse a esta práctica de difundir la música culta a través de breves charlas de carácter didáctico. Después de la guerra, incluso durante los años cincuenta, aún permanecía esta fórmula.

La radio local supuso un enorme progreso de la difusión musical en Ciudad Real. Donde no habían llegado los poderes públicos llegó con creces esta iniciativa privada. Este progreso suponía el consumo tranquilo de la música, de forma familiar, en casa, extremo beneficioso para el crecimiento de la cultura musical local (Pedrero: 21-22). Además, Radio Ciudad Real se empeñó y consiguió sacar a las ondas el talento musical de los mejores intérpretes locales del momento, una generación, vinculada a las actividades de los años treinta, que después nunca volvería a repetirse. Entre ellos destacan el ya citado Pablo Valencia, guitarrista de talla internacional, y Aureliano Bermúdez, pianista, que ofreció varios conciertos en directo.

Terminamos aquí este repaso a algunos de los momentos importantes de la música anteriores a la Guerra Civil, una revisión en forma de anuario que nos permite contemplar con claridad la reincidencia temática o contenidos fundamentales de la historia musical de Ciudad Real. Puede comprobarse que existe una clara distinción entre literatura musical y música civil.

La música civil se puede clasificar en música importada y música propia. La música importada llegó a Ciudad Real como reflejo del núcleo central, Madrid, gracias al esfuerzo asociativo de una parte pequeña de la burguesía local. En su mayoría se trata de música de cámara y resulta verdaderamente excepcional la presencia de la experiencia sinfónica. En lo que respecta a la música propia destacan las bandas de viento, fruto del orgullo capitalino

---

[15] *El Pueblo Manchego*, 10 de diciembre de 1934, núm. 7962.

decimonónico, y el reflejo del movimiento orfeonístico español de los primeros decenios del siglo XX en Ciudad Real a través del Orfeón Manchego.

Sin embargo, en este contexto amplio, sería imposible entender la música en Ciudad Real sin tres contenidos especialmente vinculados con la música religiosa: la creación de la Diócesis Priorato de las Órdenes Militares en Ciudad Real (18 de noviembre de 1875), el Motu Proprio *De Musica Sacra* del papa Pío X (22 de noviembre de 1903), que define el tipo de música que se escuchará en la catedral de la diócesis priorato, y el ascenso a maestro de capilla de dicha catedral de Salomón Buitrago Gamero (4 de abril de 1922), que hizo posible que esto ocurriera. A él dedicamos esta obra en la seguridad de que su persona fue la clave para el progreso de la música en la Mancha en todos los aspectos, antes y después de la indeseable Guerra Civil que marcó la historia de esta tierra.

Estructura de la obra

La dilatada investigación que da pie al presente libro nos permite estructurarlo en varias partes independientes, pero perfectamente vinculadas. En primer lugar, un capítulo sobre la historia de la música sacra en la SIP Catedral de Ciudad Real desde su creación hasta 1975. En segundo lugar, se introduce la biografía de Salomón Buitrago Gamero, conectada con la de su padre, Salomón Buitrago Rodríguez, también músico. Hemos tratado de reconstruir la vida del compositor con datos procedentes de la fuente oral, la fuente hemerográfica, la fuente documental y con la valiosa biografía escrita y donada por Pedro Pardo García.

El siguiente capítulo describe detalladamente el *Legado Histórico Musical de Salomón Buitrago Gamero*. En él se recoge un listado completo del *Catálogo VCG* –obras propias de Salomón Buitrago-. Los siguientes capítulos obedecen precisamente a los documentos musicales hallados en el legado. De esta manera se han podido recomponer y conservar los escritos de Salomón Buitrago sobre muchos temas –capítulo dedicado a la literatura musical- y sus obras clasificadas por contenido: un capítulo para su obra sacra, otro para su obra popular y, finalmente, un capítulo dedicado a sus obras para piano y órgano.

Tres anexos completan la presente obra. El Anexo I recoge imágenes en torno a 7 preguntas sobre el Legado Histórico Musical de Buitrago: qué es, dónde está, por qué se hizo, cuándo se fue construyendo (etapas de la música en la catedral), quiénes son sus protagonistas, cómo es y qué consecuencias tiene. El Anexo II es una colección de cuatro partituras seleccionadas como diferentes variantes de la composición de Salomón Buitrago. Y el Anexo III es una primera edición de las obras para órgano de Salomón Buitrago, realizada por Pedro Pablo López Hervás, organista de la catedral en el año de edición de este libro.

1. PROCESO HISTÓRICO DE LA MÚSICA SACRA EN LA SANTA IGLESIA PRIORAL, CATEDRAL DEL OBISPADO PRIORATO DE LAS ÓRDENES MILITARES EN CIUDAD REAL

1.1. La restauración de la música religiosa

La música en las catedrales tiene históricamente una doble función: la función litúrgica y la función social. Su proyección litúrgica pretende la mejor percepción de los católicos practicantes de los misterios de la fe cristiana a través de un arte que busca mayor espiritualidad dentro del templo. Su proyección social la ha convertido a lo largo del tiempo en un tipo de música imprescindible en la historia, a la que todos los grandes compositores han dedicado gran parte de su creatividad[1].

La fase dorada de la música dentro de las catedrales en España tuvo lugar en los siglos XVI y XVII gracias al trabajo de los polifonistas, los tratadistas y los organistas. Así se creó una mística musical hispana muy especial. En el siglo XVIII, sin embargo, tiene lugar una decadencia cuya única excepción fue la obra del Padre Soler en El Escorial (Le Bordays: 62, Martín, 1996:23 y Capdepón, 2000). Esa decadencia culmina en la primera mitad del siglo XIX debido al desastre archivístico provocado por la Guerra de la Independencia, a las pérdidas ocasionadas por la desamortización eclesiástica de Mendizábal (1836) y al propio Concordato de 1851, que generó bastante pobreza en los magisterios de Capilla, muchos de ellos desmontados. Los que permanecieron cayeron en un gusto musical precario debido a la mala formación del clero (Subirá, 1923).

La restauración de la música religiosa de calidad se produce a lo largo de la segunda mitad del siglo XIX, tanto en Europa como en España. En Europa destacan la creación de *sociedades cecilianas* en Alemania, la presencia del gran organista Cesar Franck en París, junto con la creación de una *Schola Cantorum* en Notre Dame, la reacción liturgista en Italia contra la presencia de melodías en el templo procedentes de la ópera, y, especialmente, la restauración salvífica del canto gregoriano realizada en la abadía benedictina de Solesmes (López Calo: 445).

En España la recuperación de la música religiosa de calidad se debe a la acción restauradora de importantes historiadores y estudiosos como Francisco Olmedo (Burgos

---

[1] El presente capítulo recupera el capítulo de Castellanos, V. (2005): "Música en la catedral", en *Musicalerías. Ciudad Real: música y sociedad (1915-1965)*. Ciudad Real, Diputación Provincial. Dicho capítulo ha sido actualizado y ampliado con nuevas investigaciones para la presente obra.

y Monasterio de las Descalzas Reales), el Padre Villalba en El Escorial, Hilarión Eslava en la Capilla Real y Felipe Pedrell, recuperador en gran parte de la obra de Tomás Luis de Victoria. También fue meritorio el trabajo de los maestros de capilla y organistas durante el periodo de la Restauración en centros muy destacados como la Capilla Real, las Descalzas Reales, La Encarnación de Madrid o el propio Monasterio del Escorial. En este auge deben ser tenidos en cuenta los músicos del País Vasco y Navarra, por ejemplo, Felipe Gorriti (organista de Tolosa), Nicolás Ledesma en Bilbao, Vicente Goicoechea en Valladolid o Julio Valdés. Al mismo tiempo, el canto gregoriano también recuperaba su vitalidad en España gracias, en gran parte, al *Tratado Teórico Práctico* de Eustaquio Uriarte (1891) y a la acción restauradora de cinco centros: el monasterio de Monserrat (Gregorio Suñol), el monasterio de Silos (Casiano Rojo y Germán Prado), Manacor (Antonio Noguera), la Capilla Isidoriana de Madrid (Felipe Pedrell) y la Capilla de San Felipe Neri en Barcelona (Luis Millet). Como evento más destacado de la recuperación hay que recordar el Congreso de Música Sacra de Bilbao en 1896, donde se estableció la necesidad de profundizar en la autenticidad y espiritualidad de la música católica en los templos (Livermore: 224).

Justo en esta fase fue creado el Obispado Priorato de las Órdenes Militares en Ciudad Real: 18 de noviembre de 1875, por bula *Ad Apostolicam* del Papa Pío IX, publicada el 4 de junio de 1876, día de *Pentecostés*. Se establece su sede en la catedral de la ciudad, antigua parroquia de Santa María del Prado, elevando su rango al de Santa Iglesia Prioral (SIP). La nueva circunscripción eclesiástica, desgajada de Toledo como "diócesis in partibus infidelium" ("diócesis en tierra de infieles"), estaría regida por un prior nombrado por el rey, que habría de ser miembro de alguna orden militar o hacerse miembro de ella en su nombramiento, e investido como obispo por el papa con el título de obispo Dora (Espadas: 302). Como consecuencia, en el terreno musical, la conversión de Santa María del Prado en SIP Catedral de Ciudad Real tuvo una enorme importancia como ejemplo de ceremonial y liturgia en toda la provincia (Gallego: 17-18)[2].

---

[2] *Boletín Oficial del Obispado,* Ciudad Real, 17 de noviembre de 1909. El priorato (*prelatura cluniense* o *priorato nullius dioceseos*, técnicamente) funcionó como una diócesis, incluida la creación de un Seminario diocesano en 1887, aunque no fue reconocida con este título hasta 1980. En 1931 las Órdenes Militares de Santiago, Calatrava, Alcántara y Montesa fueron suprimidas y nunca fueron repuestas. Sin embargo, el priorato continuó como tal después de la guerra. En 1953, con el Concordato, el obispo prior pasó a ser elegido bajo el derecho de presentación, igual que en las demás diócesis. Por ello, nuestro relato, nombra a la SIP como catedral y al propio priorato como diócesis para agilizar la comprensión de este, pues se trata de la nomenclatura popular y tradicional en la ciudad. En 1980 Juan Pablo II renombró definitivamente al priorato como diócesis de Ciudad Real, permitiendo al obispo el título de prior (García Barberena: 455).

1.2. El cecilianismo

El 22 de noviembre de 1903, día de Santa Cecilia, Roma intervino de forma decisiva para encauzar definitivamente la música cultual. Se produjo la proclamación del Motu Proprio *De Musica Sacra* del Papa Pío X, editado el 8 de enero de 1904 en las *Actas Apostolicae Sedis*. Este documento, de cumplimiento imperativo en las instituciones católicas, es importantísimo porque marca la historia de la música religiosa durante los tres primeros cuartos del siglo XX en la Europa católica, también en España y en la catedral de Ciudad Real, donde se siguieron con celo las instrucciones vaticanas. El documento papal hace especial énfasis en la calidad necesaria de la música sacra y en su aspecto cultual, absolutamente litúrgico. Es decir, la música no es arte para adornar la liturgia sino liturgia propiamente dicha, de ahí el especial interés en su cuidado y selección mediante organismos censores en cada diócesis (Gelineau: 53-55). Se rescata definitivamente el gregoriano, proclamándolo canto oficial de la Iglesia, sin posibilidad de expansión del repertorio. La polifonía religiosa clásica del Renacimiento es considerada también con alto grado de excelencia y adecuación al culto. En España resultó notable el resurgimiento de la figura de Tomás Luis de Victoria. Su estilo sobrio y la polifonía a capella al estilo de Palestrina se reserva para las ocasiones más solemnes. Se recomienda a todos los compositores de música sacra (maestros de capilla y organistas) que en su afán cuiden de la composición para coros a cuatro cuerdas clásicas y para coros de niños o escolanías. El órgano recupera su papel protagonista en el diálogo entre música y director de la liturgia, cabecera y pies del templo. Se prohíben otros instrumentos en el espacio sagrado, salvo cuerdas de arco en determinadas ocasiones y con licencia. Y para que todo ello se cumpla se plantea un especial énfasis en la educación musical del clero en los seminarios.

Por otra parte, el Motu Proprio de Pío X se organizó como movimiento cultural internacional con celebración de congresos, edición de revistas y publicación de partituras, dando lugar a varias generaciones de grandes compositores de música sacra, conocidos como "los compositores del Motu Proprio" (Araíz: 227-236). Destacó la figura de Lorenzo Perossi, director de la Capilla Sixtina del Vaticano. Otros centros de gran prestigio en Italia fueron la Escuela Superior de Música Sacra de Roma (1910) y la Editorial Ricordi de Milán. El Congreso que se celebró en Lieja en 1930 creó la Sociedad Internacional de Música Sacra, dos años después de que Pío XI, en la constitución apostólica *Divini Cultus Sanctitatem* (18 de agosto de 1928), reforzara las tesis del Motu Proprio de 1903. La música católica de toda Europa occidental quedaba estrictamente estipulada y vinculada al clero, y así permaneció hasta la celebración del Concilio Vaticano II en los años sesenta del siglo XX.

En España el gran precursor de la música cecilianista o derivada del Motu Proprio fue Vicente Goicoechandía en Valladolid. En dicha ciudad se celebró el Congreso Nacional de Música Sacra que estableció la obligatoriedad de seguir la normativa musical de Roma en España, año 1907 (Virgili:33). Representantes muy activos fueron Nemesio Otaño, creador de la revista *Música Sacra Hispana* y de la *Antología Orgánica Moderna Española*, y Luis Iruarrizaga, que en 1917 creó la revista *Tesoro Sacro Musical*. El País Vasco y Navarra se convirtieron en viveros de organistas y maestros de capilla para toda España. En Cataluña se hizo célebre Domingo Mas y Serracant. En Madrid, Aragón, Valencia, Mallorca y Asturias el estilo severo del Motu Proprio se impuso igualmente. Y así sucedió, igualmente, en la mayoría de las provincias.

En el Priorato de Ciudad Real la normativa musical de Pío X se impuso en dos ámbitos complementarios: 1) la *Schola Cantorum* del Seminario Diocesano, creado en 1887, elemento más visible de una amplia formación musical que recibían los futuros sacerdotes de la diócesis priorato, y 2) los cultos de la SIP Catedral, dirigidos, de hecho, por los maestros de capilla (Jimeno, Corchado e Higueruela: 344-345). El primer maestro de capilla que impuso la música motu Proprio en la catedral manchega fue Nicolás Fernández Arias, vallisoletano, en el cargo desde 1897 hasta 1922, creador de un coro de acólitos, gran amante del gregoriano y muy buen compositor (Virgili: 81-82).

Debe mencionarse que las opiniones sobre este estilo imperativo debido al seguimiento de las órdenes de Roma son diversas. Para algunos especialistas, por ejemplo, Federico Sopeña, la música Motu Proprio significó la restauración de la dignidad litúrgica, la huida del sentimentalismo por influencia operística, el renacimiento del órgano español y el rechazo a todo tipo de romanticismo impropio del culto (20-23). Para otros estudiosos, caso de Tomás Marco (112-113), el nuevo estilo situó la composición en un estadio motético muy limitado, encorsetado formalmente, lo cual frenó el crecimiento estético y apartó a la música religiosa del escenario de las vanguardias.

Sea como fuera, lo cierto es que el estilo cecilianista derivado del Motu Proprio de 1903 tuvo un gran éxito en la época final de la Restauración y durante la dictadura de Primo de Rivera en España. Las clases locales de nivel media-alto se vincularon a este tipo de liturgia musical, así como el movimiento de Acción Católica y el estilo denominado catolicismo de masas. Igual ocurrió con el catolicismo militante durante la II República. Esta conexión social se benefició del auge del orfeonismo en España: grandes masas corales que enaltecían los sentimientos nacionalistas y regionalistas, y que igualmente estaban vinculadas a la interpretación polifónica en las catedrales.

En la época de posguerra española (después de la Guerra Civil) y europea (después de la IIGM) este movimiento musical liturgista dio síntomas de agotamiento. En España se entrega a un mayor populismo, característico del nacionalcatolicismo de la dictadura franquista. Los esfuerzos de Higinio Anglés, al frente del Instituto Pontificio de Música Sagrada, y de Nemesio Otaño, comisario nacional de Música, no consiguieron frenar esta deriva. Durante la época del desarrollismo el estilo cecilianista pasa a formar parte del plano concertístico, por ejemplo, en la Semana de Música Religiosa de Cuenca, a partir de 1962. Pío XII se preocupó de legislar de nuevo la música sacra para encauzarla conforme a los criterios del Vaticano. El 20 de noviembre de 1947 aparece la encíclica *Mediator Dei*, que anima a los compositores del campo litúrgico. El 25 de diciembre de 1955 aparece la encíclica *Musica Sacrae Disciplina*, y el 3 de septiembre de 1958 la *Instrucción sobre Música y Liturgia Sagradas*, que reconoce mayor tipología de música sagrada, la participación de las mujeres en el canto, la participación del pueblo, si bien establece un celo riguroso de las comisiones de música sacra de cada diócesis para controlar y censurar, en su caso, la radiodifusión y la amplificación del sonido en los templos.

El final del *cecilianismo* o música motu proprio deriva del Concilio Vaticano II (1962-1965). La primera Constitución o *Constitución sobre la Sagrada Liturgia*, capítulo VI, establece un equilibrio entre lo tradicional y lo nuevo en lo que respecta a la música dentro de los templos. El canto gregoriano continúa siendo canto oficial de la Iglesia católica, pero se admiten en la liturgia manifestaciones musicales de todo tipo que se acojan a la norma de la calidad, igual que se admiten instrumentos siempre que sean interpretados con la mencionada calidad. El Concilio insiste en la importancia de la música polifónica a capela para las solemnidades, en la sumisión de la música a la liturgia, en el fomento de las *Schola Cantorum*, en la conservación del órgano como instrumento oficial y en la preparación musical del clero, pero igualmente fomenta la participación del pueblo en los cantos, especialmente como consecuencia de la admisión de las lenguas vernáculas en el culto, y que los compositores tengan en cuenta dicha participación popular y la ejecución por parte de coros menores (Velado: 227). En todo caso, se aconseja celo respecto a la fidelidad a los textos litúrgicos y dignidad musical[3].

---

[3] La nueva normativa de Pablo VI sigue esta tendencia: Motu Proprio *Sacram Liturgiam* de 25 de enero de 1964 e Instrucción *Musicam Sacram* de 7 de marzo de 1967.

1.3. La organización musical en la catedral de Ciudad Real

El *Legado Histórico Musical de Salomón Buitrago* que se guarda en la SIP Catedral de Ciudad Real y del que se hablará después, arroja luz sobre dos hechos históricos innegables: la vinculación estricta del Priorato de las Órdenes Militares de Ciudad Real con el Motu Proprio, música cecilianista, y la relación del estilo local con el cecilianismo internacional. Gran parte de las partituras, revistas y legajos que se guardan en esta colección proceden de las editoriales de Italia, Francia, Alemania, Checoslovaquia y Austria. En cuanto a editoriales de España, destacan tres zonas de procedencia: País Vasco, Cataluña y Madrid. En consecuencia, obedeciendo sobre todo al gran volumen de documentación en formato partitura, resulta elocuente el celo musical de la sede catedralicia de Ciudad Real.

El primer cabildo de la SIP Catedral fue establecido el 27 de mayo de 1877, diez años antes de la inauguración del Seminario Diocesano antiguo en la calle Alarcos de Ciudad Real. El establecimiento de cabildo iba acompañado de una reglamentación estricta. Los 17 canónigos que se crean tenían rango de caballeros de las principales órdenes militares de La Mancha (órdenes de Calatrava, Santiago, Alcántara). Su nombramiento era nombramiento real y se ajustaban a un ceremonial especial, incluido el vestuario y la música.

En el orden del clero catedralicio se establecía una rígida jerarquía. El cabildo contaba con diecisiete canónigos: el deán, cuatro canónigos considerados dignidades (arcipreste, arcediano, chantre u organizador de la música en la catedral, y maestrescuela). Por debajo estaban los canónigos de oficio: doctoral, lectoral, magistral y penitenciario, y por debajo ocho canónigos de gracia y oposición. En un segundo plano estaban los capellanes asistentes o beneficiados, que ocupaban diferente sacristía y recibían distinto sueldo. Entre los asistentes destacaban el maestro de ceremonias y el archivero. Algunos de los beneficiados tenían oficio técnico especializado, especialmente los relacionados con la música en el templo, y debían acceder por oposición: el cantor salmista, los tenores 1º y 2º, los sochantres 1º y 2º, el maestro de capilla y el organista (Jimeno, Corchado e Higueruela: extracto). Todos ellos formaban el núcleo central de la Capilla Musical de la Catedral, donde se integraban las personas musicalmente más habilitadas y mejor preparadas del clero de la diócesis. Ocupaban plazas prolongadas en el tiempo, dotadas de gran estabilidad, pero muy difíciles de obtener.

El maestro de capilla era, en la práctica, el delegado del chantre o director musical de la catedral. Dicho de otra forma, tenía la responsabilidad directa de la ejecución musical en la liturgia. Las condiciones para ser maestro de capilla eran ser clérigo, estar entre los 35 y los 45 años, tener títulos y registro de buena conducta y haber realizado oficios previos como tenor 1º o 2º, o sochantre 1º o 2º. El examen de ingreso por oposición era considerablemente complicado y exigente:

> Ejecutar una obra orgánica de libre elección; 2. A) improvisación de varios versos largos de Vísperas, alternando con el coro, en los tonos y por la cuerda coral que se designe, B) improvisación de versos cortos para Kyries en el género imitado, con iguales condiciones que el anterior, C) desarrollo de un tema de Ofertorio, por espacio de cuatro minutos; 3. A) Escribir el acompañamiento orgánico de una melodía gregoriana en tres horas, B) contestar por escrito a varias cuestiones sobre canto gregoriano con relación al órgano en cuatro horas. 4. Ejecución de una obra para voces, orquesta y órgano obligado, en la que se pedirá algún transporte"[4].

> Ejecución de una obra que el tribunal designe, acompañar una obra que cante la Capilla con cinco minutos de preparación, transporte al tono que se señale de una obra orgánica que el tribunal presentará, armonización de una melodía gregoriana, hacer una composición musical en el plazo de veinticuatro horas, conforme al tema de un himno que se designará, y la dirección de una obra para voces y orquesta[5].

Las atribuciones del maestro de capilla eran múltiples: la obligación de componer, bajo el estilo del cecilianismo, por supuesto, formar parte de la Comisión de Música Sacra que inspeccionaba la música en la diócesis y dirigir la Capilla Musical en todos los actos litúrgicos de la SIP Catedral. Aparte, asumía funciones docentes en el Seminario.

Igualmente, el organista, también beneficiado, accedía al puesto a través de pruebas de oposición muy duras, juzgadas por una comisión técnica con el chantre y el maestro de capilla al frente. Sus obligaciones litúrgicas se resumían en la interpretación del órgano de todos los actos requeridos y en una requerida función docente, también en el Seminario. Literalmente, las ocupaciones del organista eran:

> Tocar el órgano o armonio todos los días y horas que se acostumbre en esta Santa Iglesia Prioral, y también en las funciones que dispusiese el Cabildo, así dentro como fuera de ella. 2) Dar lección de piano y de órgano a los niños de coro. 3) Asistir a los ensayos dispuestos

---

[4] AOCR. BOO. Ciudad Real, 17 de noviembre de 1909. Pg. 484.
[5] AOCR. BOO. Ciudad Real, octubre de 1946. Pp. 301-304.

por el maestro de capilla. 4) Vendrá además obligado, si el Cabildo se lo ordena, a formar parte del Tribunal Técnico en oposiciones a Beneficios, examen de niños de coro y casos análogos. 5) Cumplir lo que el Cabildo estableciere relativo a la conservación y cuidado del órgano, estando por último como los demás comprendidos entre los beneficiados, sujeto a los Estatutos y acuerdos vigentes o que en adelante lo fueren en esta Santa Iglesia Prioral, prácticas loables de la misma, y lo que disponga el Prelado o el Cabildo[6].

Los chantres, maestros de capilla y organistas de la SIP catedral de Ciudad Real durante el periodo de tiempo que ocupa este estudio, 1889-1975, fechas de nacimiento y fallecimiento del compositor Salomón Buitrago, fueron los siguientes: durante el obispado de Victoriano Guisasola (1876-1882) hubo dos chantres: Segundo Valpuente (1876) y Clemente León Rivas (1877-1891). Con este segundo encontramos al primer maestro de capilla de la catedral: Félix Lorente Lola (1877-1883) y al primer organista: Marcelino Viar Beteta (1877-1909). Durante el obispado de Antonio María Cascájares Azara (1882-1886) comienza la etapa como maestro de capilla de Elías Hernández (1884-1891). El siguiente obispo fue José María Rancés Villanueva (1886-1899). Durante su obispado encontramos al chantre Manuel Añeto Guijarro (1891-1901) y al maestro de capilla Nicolás Fernández Arias, encargados ambos de promover la música motu proprio de Pío X en la catedral. La fase al frente de la Capilla de Fernández Arias fue bastante prolongada (1893-1922) y arroja como testimonio una serie de partituras originales de dicho maestro, propias de la restauración liturgista que se estaba produciendo.

La etapa de Casimiro Piñera Naredo como obispo prior abarca desde 1899 hasta 1905. En esta etapa, en 1901, Miguel Serrabona Fernández ocupó el cargo de chantre, mientras Nicolás Fernández Arias continuaba como maestro de capilla y Marcelino Viar Betetea ejercía de organista. El siguiente prelado fue Remigio Gandásegui Gorrachategui (1905-1915). Con él ocupan el puesto de chantre Alejo Larrión Ambueza (1908-1914) y Eloy Fernández Alcázar (1914-1923). También se produce un cambio al frente del órgano, después del dilatado espacio temporal ocupado por Marcelino Viar. En 1910 Daniel Rincón Oliva le sustituye hasta 1936, también durante mucho tiempo, lo que nos permite valorar la estabilidad en la organización musical de la SIP Catedral en esta época.

En 1915 ocupa el puesto de obispo prior Javier Irastorza Loinaz, hasta 1923. Fue entonces, en 1922, cuando Salomón Buitrago Gamero accedió por oposición el puesto de

---

[6] AOCR. BOO. Mayo de 1953, pp. 145-146. El mismo esquema se repite en la convocatoria de 1959 (boletín de abril, pp. 126-127).

maestro de capilla, puesto que defendería durante 52 años, hasta 1975, fecha de su muerte. Este larguísimo periodo de tiempo al frente de la organización práctica de la liturgia musical, en colaboración con diferentes chantres, le confiere un papel protagonista en la historia de la música de la catedral de Ciudad Real. Además, Buitrago fue organista en funciones en dos etapas: entre 1939 y 1946, y entre 1950 y 1959. Estuvo al servicio de cuatro obispos: el mencionado, Irastorza Loinaz, Narciso Esténaga Echevarría (1923-1936), Emeterio Echevarría Barrena (1942-1955) y Juan Hervás Benet (1955-1976).

Los chantres en la etapa de Salomón Buitrago fueron los siguientes: Eloy Fernández Alcázar (hasta 1923), Alfonso Pedrero García Noblejas (1923-1928), Evaristo Quirós Quirós (1928-1936), Juan Mugueta (1947-1956), Pedro Rebassa Bisquerra (1956-1966) y Antonio Lizcano (1966 en adelante). Como puede observarse, entre 1939, una vez finalizada la guerra, y 1947, no hubo chantre oficial en la catedral, años en los cuales Salomón Buitrago ejerció en la práctica todos los cargos musicales de la SIP: chantre, maestro de capilla y organista.

Los organistas con los que colaboró Salomón Buitrago fueron tres: Daniel Rincón Oliva, en el puesto hasta que empezó la guerra en 1936, Eugenio Goicoechandía Uriarte (1946-1950) y Ángel Jiménez de los Galanes (desde 1959).

La capilla musical de la catedral, dirigida por el maestro de capilla, como se ha dicho, estaba conformada por los beneficiados con oficio musical, uno por cada una de las cuerdas vocales clásicas. Encontramos así al beneficiado tenor primero, al beneficiado tenor segundo, al beneficiado sochantre primero y al beneficiado sochantre segundo[7]. La capilla actuaba de oficio en el llamado canto o liturgia de ordinario, básicamente la misa conventual o de coro, todas las mañanas del año, y también en el canto o liturgia extraordinaria, la que se desarrollaba durante las fiestas de Navidad, el triduo Pascual de Semana Santa, las novenas y fiestas del día y de la octava de la Virgen del Prado en agosto, y todas aquellas fiestas consideradas de importancia por la liturgia católica: Corpus Christi, el día de la Ascensión, etc. Entre las fiestas importantes se incluían las de

---

[7] Las pruebas para el acceso al puesto de tenor o sochantre también eran exigentes. Los tenores y sochantres más destacados fueron, entre otros (se indica la fecha de ingreso): Tenores primeros: Juan Ortega Vera del Río (1877), José Manuel Cogull (1888), Cándido Orol Gazio (1894), Francisco Aguilar Campo (1907), Francisco Fernández Granada (1919), muerto en la Guerra Civil. Tenores segundos: Damián González (1994), Antonio Marguelí Lorenzo (1909), Eduardo de Dios Villacañas (1914), víctima en la Guerra Civil, Mauricio Padilla Sandiego (1948), Antonio Vera Núñez (1953) y Luis Gómez del Pulgar (1957). Sochantres primeros: Ildefonso Vera del Río (1876), Leopoldo López Malo (1888), Andrés Andreu (1911), Ramón Farré Xuola (1914), Salomón Buitrago (1921), Victorino Pascual Martínez (1923), Antonio Lizcano (1961) y Juan Miguel Villar Pérez (1971). Sochantres segundos: Salomón Buitrago (1911), Pedro José Moreno (1922) y Eugenio García Guzmán (1925). Cantor salmista: Álvaro Baeza Moreno (1963). Fuente: BOO.

los patronos de la diócesis, Santo Tomás de Aquino, San José, San Juan de Ávila (10 de mayo) y Santo Tomás de Villanueva (10 de octubre).

En todas estas ocasiones solemnes la música interpretada por la capilla musical de la SIP debía entroncar especialmente con la defendida en el motu proprio de Pío X: música polifónica clásica y canto gregoriano. Era frecuente que la capilla musical recibiera ayudas importantes para fechas tan significativas, fundamentalmente la ayuda de la Schola Cantorum del Seminario Diocesano, de músicos voluntarios de la ciudad, del Orfeón Manchego (entre 1929, año en que se creó, y 1936, año en que desapareció debido a la guerra) y de las sucesivas escolanías de niños que se crearon en torno a la catedral de Ciudad Real: la Escolanía de Seises a principios del siglo XX, la Escolanía de los Maristas durante los años 20 de dicho siglo y la Escuela Escolanía de Santa María del Prado, dirigida por Antonio Jurado, entre los años 1958 y 1972.

En este sentido, llama la atención la aplicación estricta de la música de estilo cecilianista en la SIP Catedral de Ciudad Real frente a la relajación musical en las parroquias de la diócesis, a pesar del celo del maestro de capilla, que dirigía la Comisión Diocesana de Música Sacra, encargada de velar por el cumplimiento de las buenas prácticas musicales de sacristanes y coros de diverso tipo en las iglesias de la provincia eclesiástica. Hay pruebas testimoniales en la prensa y denuncias escritas en diversos medios de la falta de escrúpulo litúrgico en muchos templos diocesanos[8].

Un adyacente obligado de la música en la catedral era la enseñanza de la música oficial liturgista en el Seminario de Ciudad Real, que desde el principio empezó a ser llamado Seminario Diocesano (1887). En los planes de estudio del Seminario estaba incluida de manera evidente la formación musical del futuro clero. El Plan del obispo Rancés en 1887 contemplaba clases de liturgia, pastoral y canto. El Plan del obispo Casimiro Piñera en 1900 introdujo los estudios de Solfeo. Y el Plan de los Seminarios Españoles de 1940 incluía Solfeo, Música Sacra y Gregoriano en casi todos los cursos, a lo que debe sumarse los cursos de gregoriano de verano impartidos por León González Casero y otros profesores, provenientes de la Universidad de Comillas. Estos cursos fueron frecuentes en los años cuarenta y cincuenta (Jimeno, Corchado e Higueruela: 344-345).

---

[8] Por ejemplo, Pablo Vidal hace una denuncia al respecto en *Vida Manchega*, 1913 ("En pro de la música litúrgica", número de 20 de febrero). Muchos años más tarde, Pedro Echeverría Bravo hace lo propio en el diario *Lanza*, año 1944 (12 de agosto de 1944, núm. 386). Y en 1952 aparece un artículo en el mismo sentido en *Lanza*, firmado con el pseudónimo "El caballero de la media capa" ("La música en la Iglesia", 6 de junio, núm. 2823).

La institución musical por excelencia del Seminario era la Schola Cantorum, vinculada estrechamente a la catedral, donde actuaba con frecuencia. Formaban parte de esta coral sacra los alumnos más aventajados en música y los más aptos para el canto. El número de cantores que la componían fue variando mucho con el tiempo y dependía de las circunstancias o del contexto, en especial el número de alumnos que tenía el Seminario. En este sentido, hay un primer apogeo durante los años 20 y un segundo apogeo durante la etapa del nacionalcatolicismo, años 40 y 50. A finales de los 50 y comienzo de los 60 había más de 300 seminaristas, por lo cual la Schola Cantorum estaba también muy poblada, resultando sus intervenciones muy espectaculares, no solo por el número de cantores sino por la coincidencia con grandes músicos como directores y asistentes de la misma, especialmente Agustín Sánchez de la Nieta.

Al frente de la Schola Cantorum encontramos a Nicolás Fernández Arias, maestro de capilla de la catedral, entre los años 1900 y 1922. Posteriormente a Salomón Buitrago, igualmente maestro de capilla, durante los años 20 y 30. Después de la Guerra Civil, en los años 40, se hace cargo José María Sánchez Esquinas, y finalmente destaca la labor del mencionado Sánchez de la Nieta en los años cincuenta y sesenta, años en que es muy celebrada la participación de la Schola en conciertos en Ciudad Real, especialmente los conciertos de Semana Santa que coincidían con la celebración del pregón de Semana Santa. Si bien, en todo momento, la función principal de la Schola era enriquecer la liturgia musical de la catedral acompañando a la Capilla musical de la SIP.

1.4. Música en la catedral entre 1903 y 1922

Es posible establecer una serie de fases diferenciadas en la evolución de la música sacra en la catedral de Ciudad Real durante el siglo XX, concretamente en el tiempo que va desde 1903 (Motu Proprio de Pío X) y 1975, fallecimiento de Salomón Buitrago.

La primera fase empieza en 1903, con el establecimiento oficial del cecilianismo a partir de la orden de Roma para restablecer el orden musical tradicional y clásico en los templos más destacados. En la catedral de Ciudad Real el seguimiento del motu proprio se realiza desde un primer momento y siempre con gran rigor.

El primer obispo del Priorato de las Órdenes Militares en el siglo XX era vasco, Remigio Gandásegui, prelado entre 1905 y 1914. Su ministerio hizo estricto seguimiento de la moral que caracterizó al pontificado de Pío X. Se crearon *círculos católicos* (Espadas: 304) y la liturgia se ajustó a los modelos impuestos por la Santa Sede. Se ordenaron el canto y la música sacra en la catedral conforme a la normativa romana.

Influyeron el origen vasco del señor obispo prior y su preferencia por el orden tradicional. Por ello, se creó enseguida una *Comisión de Música Sacra* encargada de velar por la corrección del canto en las iglesias de la diócesis. Cuando la *Comisión* empezó a trabajar encontró que gran parte de la música no era adecuada y ejerció un papel fiscalizador al respecto.

En la catedral se estrenó un nuevo órgano en 1907 con un concierto del maestro Joaquín Larregla Urbieta, evento que constituye un símbolo de los nuevos tiempos de restauración musical. Por entonces actuaba en la sede episcopal una *escolanía de seises,* dirigida con celo por el maestro de capilla Nicolás Fernández Arias, que orientó los ensayos hacia el canto gregoriano y la interpretación de polifonía clásica. A esta escolanía perteneció el que luego fuera gran barítono de la escena musical española, Marcos Redondo, llegado a Ciudad Real con su madre, procedentes de Pozoblanco (Córdoba).[9].

En 1910 falleció el organista de la catedral Marcelino Víar y fue sustituido por Daniel del Rincón Oliva, que ocupó el cargo hasta julio 1936. Las crónicas hablan de un gran organista, austero y dedicado al cumplimiento de la norma litúrgica[10].

Destaca también en esta fase el esfuerzo del Seminario por la formación musical del futuro clero. Se organizaban cursos de canto gregoriano, por ejemplo, el que dirigió el Padre Plácido Aseguinolaga, procedente del monasterio de Silos, a principios de 1913[11]. En esa línea, la diócesis se hizo eco los congresos de música sacra celebrados en Valladolid y Barcelona. La Capilla musical interpretaba obras de Vicente Goicoechea, maestro de la catedral de Valladolid y del vasco Julio Valdés, aparte de las propias de Fernández Arias, el maestro de capilla, testimonio de la inspiración gregoriana[12]. El miércoles santo 19 de abril de 1916, se cantó por vez primera el *Miserere* de Julio Valdés en los oficios de la tarde (*Tinieblas*) en una actuación conjunta de la *Schola Cantorum* juntamente con la Capilla de la SIP. Dicha interpretación se convertiría en una tradición a la que los ciudarrealeños acudían con veneración.

Otro claro ejemplo de música cecilianista en la catedral lo encontramos el 15 de agosto de 1914, festividad de la Virgen del Prado, despedida del obispo Gandásegui, cuando se interpretó la *Primera Misa Pontifical* a tres voces mixtas de Lorenzo Perosi, de la Capilla Sixtina, el compositor más destacado del Motu Proprio. El 14 de abril del año siguiente,

---

[9] Vidal Carrero, Pablo: *"En pro de la música litúrgica",* revista *Vida Manchega,* 20 de febrero de 1913.
[10] AOCR. Los datos proceden del BOO.
[11] Fuente: VIDAL, Pablo: *"En pro de la música litúrgica". VM,* 20 de febrero de 1013.
[12] Fuente: *El Pueblo Manchego,* 14 y 19 de abril de 1916. Sobre las composiciones de Nicolás Fernández se hablará más adelante.

1916, falleció Vicente Goicoechea, gran protagonista del Motu Proprio español, y la noticia trascendió en la prensa de Ciudad Real.

El siguiente obispo fue Javier Irastorza Loinaz, secretario del prelado anterior. Su entrada solemne se produjo en enero de 1915, mientras se interpretaba un solemne *Te Deum,* composición muy repetida en la época del Motu Proprio. Su gestión hasta 1922 insistió en dar protagonismo a este modelo de música. El nuevo obispo fue conocido por fundar la *Federación de Sindicatos Agrarios Católicos de la Mancha* (Espadas: 304) y por inaugurar el *Instituto Popular de la Concepción* para la enseñanza de hijos de familias pobres, bajo la tutela de los Marianistas, en cuyo seno se fundó una escolanía infantil. En el tiempo de su prelatura la única música de calidad que se podía escuchar en Ciudad Real era la producida en la catedral. Era frecuente la integración de la Capilla y de la *Schola Cantorum* del Seminario, y también el acompañamiento del canto coral con orquesta de cámara, compuesta de cuarteto de cuerda e instrumentos de viento de sonido suave (flauta, clarinete, saxofón, etc.), conforme a lo establecido por la regla papal. El *Sexteto Balsa,* que actuó casi todos los veranos entre 1915 y 1920, se prestó en varias ocasiones a este tipo de acompañamiento, realzando la labor coral de la Capilla y la *Schola.*

Pueden señalarse como ejemplo las funciones del 14 y 15 de agosto de 1918, definidas por los amantes de la música del momento como verdadero acontecimiento en Ciudad Real. La Capilla, La *Schola* y los músicos del grupo de José Balsa estuvieron acompañados, en esta ocasión, por dos cantantes de gran talento: el barítono Marcos Redondo y el tenor Marcellián, de la Capilla Real. Tanto la interpretación de dos salves originales de Fernández Arias, en la noche del día 14, como de la *Misa Pontifical* de Perosi, en la función litúrgica del día 15, tuvieron un gran eco filarmónico, capaz de marcar época[13]:

> Todos conocemos que el ilustre maestro Fernández Arias posee un dominio absoluto de la técnica musical; su exquisito gusto y fecunda inspiración, circunstancias que aparecen continuamente en el desarrollo de sus preciosas composiciones, sin decaer un momento, el interés armónico y melódico de sus producciones musicales. La primera salve, en Sol Mayor, aunque trabajada sin un plan determinado, se ve que está compuesta para el lucimiento de las voces, en armonización impecable y trabajada con conocimiento completo del que domina la composición musical y la instrumentación, poniéndonos de relieve la personalidad del renombrado maestro (...).

---

[13] *El Pueblo Manchego,* 16 de agosto de 1918, núm. 2275.

La segunda Salve del Sr. Fernández, en Si bemol Mayor, es una obra de conjunto en la que se oye constantemente el tema gregoriano, tratado con exquisita técnica, haciéndolo aparecer en distintas voces e instrumentos. Su armonización, ajustada a la más esplendorosa técnica, hacen ver a profesionales y extraños que su autor domina el contrapunto bajo diferentes formas, y lo domina con delicadísimo arte.

Pero lo notabilísimo de estas dos composiciones, lo que en verdad avaloran su mérito, es que el cultísimo maestro ha sabido adaptar de manera habilísima la música a la letra, cosa harto difícil y más en el género religioso litúrgico, conforme al Motu Proprio del inmortal Pío X[14].

Efectivamente, Nicolás Fernández Arias, fue el personaje más importante de la música catedralicia en esta primera fase del Motu Proprio[15]. Gran parte de sus esfuerzos estuvieron encaminados a la restauración plena del canto gregoriano, por el que sentía veneración. Entre sus obras destacan las siguientes (Virgili: 81-83): dos misas a tres voces y orquesta; una misa a tres voces y órgano; el motete *Veni Sancte Spiritus* a 4 voces y orquesta, un *Ave María* para solo de bajo y orquesta; *O Salutaris,* motete a 3 voces y órgano; la *Salve Breve,* para tiple, tenor, bajo y órgano; el *Miserere a 4 voces,* para coro y orquesta; y el *Himno a la Inmaculada,* para solo, coro y orquesta.

En el Legado Histórico Musical de Salomón Buitrago sito en la catedral de Ciudad Real se han hallado dos obras manuscritas de aquel interesante compositor. En primer lugar, un *Invitatorio de Difuntos* a tres voces mixtas y orquesta de cámara, en Mi bemol Mayor. Se trata de una copia manuscrita por el propio Fernández Arias, con fecha 24 de octubre de 1901. Y, en segundo lugar, un *Ave María* para solo de bajo, con acompañamiento al órgano, en re menor. La copia conservada es de Salomón Buitrago (fecha: 8 de julio de 1912)[16].

En 1922 Fernández Arias decidió volver a su tierra, Valladolid, y dejar el cargo de maestro de capilla. Según María Antonia Virgili, en Valladolid participó en distintas instancias musicales, hasta su fallecimiento, diciembre de 1938 (82). Su legado en Ciudad Real era un camino bien trazado, una forma de hacer y trabajar. Ese testigo fue recogido con eficacia por Salomón Buitrago.

---

[14] Vidal Carrero, Pablo: *"Las dos salves del Sr. Fernández interpretadas en la noche del día 14", El Pueblo Manchego,* 16 de agosto de 1918, núm. 2275.

[15] Este maestro de capilla había nacido en Laguna del Duero, el 10 de septiembre de 1863. Inició los estudios musicales con su padre, cursó violín con Cipriano Llorente, y *Armonía y Composición* con Enrique Barrera. En Ciudad Real mantuvo una gran amistad con José Subirá y Justo Sánchez Escribano.

[16] LHMSB, Caja núm. 9, Carpeta núm. 1. Ver la obra *Ave María para solo de bajo,* manuscrita por el propio Fernández Arias, en Anexo I.5.

Un año antes de la marcha de Fernández Arias, en la semana Santa de 1921, el estilo del *Motu Proprio* salió de la catedral para procesionar por las calles. Un grupo de setenta de niños, instruidos por los Marianistas, y un coro de seminaristas, participaron en una de las procesiones, tal como describe la prensa local:

> Vimos un nutrido coro de niños en la procesión del Santo Entierro del Viernes Santo. Constituyen la Escolanía del Instituto Popular de la Concepción, perfectamente ordenados y escoltados por dos filas de seminaristas, la *Schola*, cantando en gregoriano el *Miserere* y el *Stabat Mater Dolorosa*, con una gravedad y una afinación que ponen de relieve la alta labor educativa de sus profesores, los beneméritos hermanos Maristas[17].

Se ignora, por falta de documentación, la suerte que corrió aquella escolanía y su vinculación exacta con la catedral de la diócesis. Es conveniente indicar que se trataba de un segundo intento de formar niños para el canto litúrgico, y que no será el último, si bien hay que esperar hasta finales de los años 50.

1.5. Música en la catedral entre 1922 y 1936

Salomón Buitrago accede al puesto de sochantre primero el 12 de diciembre de 1921, por vacante de Ramón Farré, y al año siguiente, el 4 de abril, se convierte en el nuevo maestro de capilla, tras superar la correspondiente oposición. Tenía 33 años, una gran vitalidad, una formación sólida, que ampliaría de forma oficial durante los años treinta. Los tiempos eran propicios para el desarrollo de la música litúrgica. Así empezaba la etapa de mayor esplendor de la música en la SIP de Ciudad Real.

Coincidió dicha fase con el pontificado de Pío XI (1922-1939), una edad de oro en lo que al apostolado seglar se refiere, incorporado, incluso, a la jerarquía de la Iglesia, a imagen del *"Reinado de Cristo en la Tierra"* (encíclica *Quas Primas* de 1925). En España, la traducción de este talante fue una mayor participación social y política de la Iglesia a través de órganos como la prensa (*El Pueblo Manchego* en Ciudad Real) y la política. Fue la gran etapa de *Acción Católica,* que en nuestra provincia estuvo promovida por el obispo Narciso Esténaga Echevarría, natural de Logroño, recibido en Ciudad Real con un solemne *Te Deum,* cantado en la catedral, 13 de agosto de 1923. Durante la etapa de la Dictadura de Primo de Rivera la Iglesia no se comprometió en exceso con el régimen, mucho más lo hizo con la monarquía de Alfonso XIII, tradicional garante de los privilegios eclesiásticos. Debido a ello la República fue una mala fase, considerada en

---

[17] *El Pueblo Manchego,* 26 de marzo de 1921, núm. 3058.

general y debido a las directrices constitucionales que recortaban las atribuciones eclesiásticas, sobre todo en el terreno de la educación. La activación social y política de la Iglesia se intensificó, reforzada por el contexto de persecuciones internacionales como las de México o la URSS, y su postura se vio comprometida en la vida pública, cada vez más crispada y dispuesta para la violencia. El propio obispo de Ciudad Real fue víctima de esa violencia nada más comenzar la Guerra Civil, en agosto de 1936 (Espadas Burgos: 304).

En este contexto, los actos litúrgicos, en ocasiones, trascendían el simple culto y adquirían carácter de símbolo. De ahí el auge de la catequesis de masa, de los actos devocionarios populares y de las advocaciones multitudinarias. La música sacra, como parte inherente de la liturgia, creció en número y calidad, y en la diócesis de Ciudad Real lo hizo especialmente en su catedral, sobre todo por coincidir con el dinamismo desbordante de Salomón Buitrago. Esta fue su etapa de mayor creatividad en todos los terrenos, el eclesiástico y el civil, una fase de esperanzas marcada por el afán de hacer y escribir música de calidad.

Hay que distinguir dos tipos de música litúrgica en la SIP: el Motu Proprio que podemos considerar ordinario, es decir, la Misa Conventual diaria y las acciones litúrgicas que se repiten en el ciclo anual, y el Motu Proprio extraordinario, destinado para actos de especial simbolismo religioso, conforme a la actuación eclesiástica de este tiempo.

La música del Motu Proprio ordinario seguía fielmente los tiempos litúrgicos marcados por cada parte del año. Era música cíclica anual, mediatizada de forma tradicional por las fiestas más brillantes que se celebraban en el templo. Algunas de las más importantes estaban en relación con la Virgen en sus distintas advocaciones, sobre todo con la Patrona:

- En mayo se celebraba el novenario, cuyo término coincidía con San Urbano, día 25, fecha de la aparición de la imagen en la Edad Media. La Capilla y la *Schola* cantaban acompañadas por los mejores instrumentistas de la ciudad, con el gran músico Aureliano Bermúdez a la cabeza, que nunca negó su participación en dichas fiestas.
- La doble celebración de agosto, día del Prado y *Octava,* se revestía de música esplendorosa de coro con acompañamiento instrumental. En 1922 se interpretó una Misa de Sancho Marraco y desde 1923 en adelante fue costumbre la interpretación de la *Segunda Misa Pontifical* de Lorenzo Perosi (en ocasiones la *Primera*), con orquestación original del propio Salomón Buitrago. Por la tarde, cuando la procesión de la Virgen tocaba a su fin y la imagen entraba de nuevo en el templo, era tradicional

la interpretación de una Salve solemne a todo coro y orquesta, momento que inspiró varias composiciones marianas de este tipo del maestro de capilla[18].

- Otra celebración mariana de trascendencia era el día 8 de diciembre, festividad de la Inmaculada Concepción, que coincidía con el *Día de la Madre*. En esa fecha la música mariana volvía a ser protagonista en la catedral, incluso cuando, durante la II República, dejara de ser un día de fiesta oficial[19].

Dos celebraciones que revestían especial gravedad litúrgica y grandeza musical eran las festividades del Corpus Christi y del Sagrado Corazón, ambas en la frontera entre la primavera y el verano. El día del Corpus se hizo tradicional la interpretación de la *Misa Eucarística* de Perosi, si bien algunos años se alternó con la *Pontifical*. De igual forma la celebración de Santa Cecilia revestía carácter de acontecimiento de música sagrada. La función solemne tenía lugar en la iglesia de San Pedro, no en la catedral. Hasta allí se desplazaban la Capilla y la *Schola*[20].

La Capilla anunciaba con tiempo los programas musicales e invitaba a los instrumentistas y cantantes de la ciudad a colaborar con ella[21]. Esta dinámica implica que no se sintiera aislada ni alejada del pueblo de Ciudad Real; intentaba conseguir adhesiones musicales que la enriquecieran para beneficio del propio pueblo y de la asamblea de fieles. En este sentido, cabe decir que la Capilla no actuaba sólo tras los muros de la catedral, por el contrario, hacía salidas y cantaba en diversos templos con asiduidad: en San Pedro, en la iglesia de la Merced, en el Hospicio, regentado por las Hermanas de la Caridad (especialmente en la fiesta de San Vicente Paul), en la iglesia de Santiago por San Antón o para el septenario de la Virgen de los Dolores, patrona del Perchel, y en la terraza o el balcón de la Casa Consistorial (donde era tradicional su presencia para interpretar una Salve al paso de la Virgen del Prado, el día de su procesión). También era relativamente

---

[18] En la víspera del día de la Patrona, día 14 de agosto por la noche, con motivo de su bajada desde su camarín habitual al templo, era también tradicional la interpretación de una salve solemne, como culminación al rezo y canto de las vísperas, completas, maitines y laudes por parte de la Capilla. El templo se llenaba de fieles y resultaba especialmente conmovedor el momento musical de oración mariana. Fuente: *PM* (agosto de sucesivos años).

[19] Consta como ejemplo la interpretación por la Capilla y la *Schola* de la *Misa a 3 voces y coro popular* de Pedro Bilbao (año 1932). Fuente: *El Pueblo Manchego*, 8 de diciembre de 1932. Núm. 3869.

[20] Conste como ejemplo el programa que ofrecieron el día de la santa de los músicos de 1925: *Misa a tres voces mixtas* de Licinio Recife, gradual *Audi Filia*, obra de Salomón Buitrago, ofertorio *Afferentur a 4 v m* de Haller, *Ripieno final para órgano* de Daniel del Rincón, organista de la catedral, e *Himno a Santa Cecilia a coro y solos,* obra también original de Salomón Buitrago. Fuente: *El Pueblo Manchego*, 18 de noviembre de 1925. Núm. 4303.

[21] *Idem*. Existen otros ejemplos en la prensa local: publicación de programas y requerimiento de músicos para ensayos en la catedral.

frecuente que visitara parroquias de otras localidades de la provincia con motivo de sus fiestas patronales[22].

Entre todas las solemnidades anuales que se vivían en la SIP, la mayor era la celebración de la Semana Santa. La Capilla, la *Schola Cantorum* de seminaristas y la orquestina de profesores locales ensayaban durante semanas y llegaban a preparar varias decenas de piezas correspondientes a ese tiempo fuerte de la liturgia católica.

El Domingo de Pasión, previo a Ramos, el coro catedralicio tenía por costumbre actuar de forma solemne en la función de la Cofradía de *Nuestro Padre Jesús Nazareno* en la iglesia de San Pedro.

El Domingo de Ramos se interpretaba *la Pasión* de Tomás Luis de Victoria, que se repetía el Viernes Santo. La Misa de Ramos se solía hacer en gregoriano con motetes clásicos intercalados. En ocasiones también se hacía *la Pasión* con canto gregoriano, dividiéndose los papeles de la siguiente forma: el tenor de la Capilla interpretaba a la sinagoga y el pueblo, el cantor salmista hacía de narrador, y el sochantre o bajo interpretaba el papel de Jesús; desde 1923, fecha de su acceso al beneficio, dicho papel quedó en manos de Victorino Pascual, bajo de voz excelente según las crónicas[23].

El Miércoles Santo por la mañana continuaban los oficios con la celebración de la *Misa Crismal,* dentro de la cual se bendecían los santos óleos. Se cantaba una misa gregoriana. Por la tarde se celebraban los oficios de *Tinieblas:* consistía en la interpretación de las vísperas dentro de una ceremonia especial, en la cual, sucesivamente, se iban apagando doce luces. El templo se quedaba pequeño para los fieles que deseaban asistir a este oficio, subrayado por la presencia musical del canto del *Miserere Mei Deus,* salmo núm. 50, cargado de aflicción y arrepentimiento, acompañado del solemne *Christus factus est,* que se cantaba al apagarse la última luz. Cada año se interpretaba un *Miserere* distinto por parte del coro catedralicio y era tal la importancia de esta obra que merecía artículos en la prensa local. Los más repetidos, durante los años 20, fueron los *Misereres* de Vicente Goicoechea (a 6 voces mixtas), y de Nemesio Otaño (a 5 voces mixtas); ambos fueron comentados ampliamente por Salomón Buitrago en el diario *El Pueblo Manchego,* con antelación a su interpretación, de tal forma que los fieles, y especialmente los melómanos,

---

[22] *El Pueblo Manchego,* periodo 1922-1936.
[23] Fuente oral: Pedro Pardo García, canónigo de la catedral. Victorino Pascual Martínez (Sotos de Burgo, Soria, 1899-Madrid 1971) fue beneficiado de la SIP con oficio de *Sochantre* desde el 1 de agosto de 1923. Previamente había sido sochantre en Soria y *Salmista Cantor* en la Seo de Zaragoza. Sus intervenciones corales resultaron muy brillantes y gozó de una merecida fama en Ciudad Real. Fuente: BOO, 1971. Necrológica, p. 510.

podían asistir totalmente informados al "acontecimiento musical" de la catedral. También se interpretó con frecuencia el *Christus factus est* compuesto por el propio Buitrago[24].

Las sesiones de Jueves Santo y Viernes Santo revestían una especial solemnidad. Anualmente *El Pueblo Manchego* publicaba el programa de interpretaciones musicales que acompañarían a los Oficios. Victoria, Palestrina, Perosi, Goicoechea, Ravanello, y los motetes del maestro de capilla eran el eje vertebral del programa, presentado como si se tratara de un concierto sacro completo y bien escogido[25].

El Domingo de Resurrección era costumbre la interpretación de la *Misa Pontifical* de Perosi y el *Aleluya* de Haendel, así como de la secuencia correspondiente del gregoriano: *Victima Paschali Laudes*, cerrándose así el ciclo propio del momento litúrgico más importante del año, de tal manera que todas las formas recomendadas por el Motu Proprio de Pío X estaban presentes con profusión, para devoción de los piadosos y gustar de los filarmónicos.

Respecto a la liturgia extraordinaria, fuera del orden anual de la liturgia, tenían lugar sesiones solemnes en la catedral o fuera de ella, con distintos motivos, que requerían la presencia de la música piadosa de la Capilla y la Schola (para realzar su carácter de acontecimientos religiosos). En la fase que estamos considerando destacan varios oficios extraordinarios, recogidos en el cuadro núm. 1.

En los años treinta la Capilla y la Schola estuvieron reforzadas con los componentes del *Orfeón Manchego*, que participó activamente en muchas de las funciones ordinarias y extraordinarias. El Orfeón Manchego, conocido también como Masa Coral Manchega,

---

[24] Ver los siguientes artículos de Buitrago, Salomón: "El Miserere del Miércoles y la polifonía clásica", "Lo que dice el maestro de capilla sobre el Miserere del Miércoles" y "Ante la Semana Santa. Mañana en la Prioral", todos en *El Pueblo Manchego,* respectivamente: 26 de marzo de 1921, núm. 3058, 12 de abril de 1924, núm. 3915, y 12 de abril de 1927, núm. 4810.

[25] Se incluye, como ejemplo, el programa correspondiente a la Semana Santa de 1926: "Mañana MIÉRCOLES SANTO en la Sta. Iglesia Prioral a las cinco y media de la tarde comienzan los Maitines ejecutándose el siguiente programa: Antífonas y Responsorios, canto gregoriano; Lamentación Primera a cuatro voces mixtas, T.L. de Victoria; Lamentación Segunda a cuatro voces mixtas, T.L. de Victoria; Lamentación Tercera a cuatro voces iguales, Palestrina. Terminadas las laudes la Capilla cantará, con la colaboración de la Schola Cantorum del Seminario Conciliar, las obras siguientes: Christus factus est, a cuatro voces mixtas, de Salomón Buitrago; Miserere Mei Deus a cinco voces mixtas, de Nemesio Otaño. JUEVES SANTO. Mañana a las nueve, misa con partes variables en canto gregoriano, Kyrie y Gloria a tres voces iguales y órgano, pertenecientes a la "Misa Davidica" de L. Perosi; Credo, Sanctus, Benedictus y Agnus Dei a cuatro voces mixtas, pertenecientes a "Misa Cuarti Toni" de T.L. de Victoria. Comunión: Oh Bone Jesu, a cuatro voces mixtas, de Palestrina, Cantabius illis cinco voces iguales, de M. Haller. En la procesión: Pange Lingua, canto gregoriano en tercer modo, y Tantum Ergo, a cuatro voces mixtas, de T.L. de Victoria. Para los Maitines: Antífonas y Responsorios, en canto gregoriano. Lamentaciones primera, segunda y tercera a tres voces iguales, Orestes Ravanello; Christus factus est a cuatro voces iguales, Palestrina; y Miserere a tres voces mixtas, J. Valdés. VIERNES SANTO: por la mañana a las nueve Oficios. Vere Panguores a cuatro voces mixtas, T.L. de Victoria; Popule meus, a cuatro voces mixtas, idem.; Vexilla Regis, en canto gregoriano" (Fuente: *El Pueblo* Manchego, 30 de marzo de 1926. Núm. 4497).

fue un coro mixto de más de cincuenta voces creado y dirigido por Buitrago. Estuvo en activo desde 1929 hasta 1936, fecha de inicio de la guerra, y conoció grandes éxitos a nivel de toda la provincia. Contaba con dos precedentes: un orfeón dirigido por Cándido Orol a pincipios de siglo y otro intento de coro en 1924, dirigido por Cristóbal Ruyra. El repertorio del Orfeón Manchego fue muy amplio. Recoge gran parte del folclore regional de España, sobre todo de Cataluña (no en vano, el gran ejemplo de coral en aquella época era el Orfeó Catalá). Sin embargo, destaca que, por primea vez, se arregló como música culta a varias voces el folclore manchego, obras de Salomón Buitrago.

Cuadro núm. 1: Motu Proprio extraordinario (1922-1936)

FECHA	ACONTECIMIENTO RELIGIOSO O EFEMÉRIDE	MÚSICA LITÚRGICA
4 de julio de 1926	Solemne *Te Deum* por el fracaso del complot para asesinar a Alfonso XIII	*Te Deum* a cuatro voces de L. Perosi
7 de octubre de 1926	Visita de Primo de Rivera a Ciudad Real y a la catedral	Salve Solemne, de S. Buitrago, Himno de J. Valdés a la Virgen del Prado
1 de enero de 1927	Bodas de Oro del Sacerdocio (Ambrosio Núñez, arcipreste de la SIP)	Estreno de *Tu es Sacerdos* de Salomón Buitrago.
14 de noviembre de 1927	Beatificación de la Madre Beatriz de Silva, fundadora de la orden Monjas Franciscas	Actuación Capilla y Schola en el templo de la Inmaculada. Himno Oficial de Buitrago.
5 de mayo de 1929	Coronación Canónica de la Virgen de la Encarnación en Carrión de Calatrava	Actuación de la Capilla y la Schola del Seminario. *Misa Pontifical* de Perosi.
20 de octubre de 1929	Coronación canónica de la Virgen de las Nieves, Almagro	Actuación conjunta de la Capilla, la Schola, el coro de Padres Dominicos de Almagro y el Orfeón Manchego. *Misa Pontifical* de Perosi.
10 de mayo de 1935	Peregrinación diocesana a la tumba del beato Juan de Ávila en Montilla, Córdoba.	Estreno de un himno oficial a Juan de Ávila, compuesto por Salomón Buitrago

Fuente: Prensa local de Ciudad Real y BOO (1922 – 1936). Elaboración propia.

De esta manera, a pesar de no contar con un apoyo oficial decidido, el Orfeón consiguió abrirse paso en la sociedad local y situarse en la cima de los hitos culturales de la II República en Ciudad Real. Su participación en los actos de la SIP se hizo frecuente. En 1934 se organizó un patronato local que contaba con el apoyo del Ayuntamiento presidido por José Maestro, gran admirador de Buitrago, de la Diputación Provincial y de la Asociación de Cultura Musical. El patronato actuaba como asociación al estilo de las corales decimonónicas (Nagore: 427). Por primera vez una gran coral manchega se ubicaba en el panorama orfeonístico español y se incorporaba plenamente a la música sacra[26].

De igual forma, los profesores de la *Asociación de Cultura Musical* aportaron su colaboración a la música religiosa y a la catedral. Fue una etapa de labor fructuosa, en la cual la práctica católica y el amor a la música se aunaron en no pocas ocasiones, telón de fondo para el momento más vital, en cuanto a proyectos y composición se refiere, del maestro de capilla Buitrago.

Con la Guerra Civil y la persecución del clero en la diócesis de Ciudad Real, aparte de la destrucción iconoclasta en 1936, finaliza este periodo álgido de la música litúrgica en la catedral. La guerra produjo una pérdida irreparable de documentario musical y partituras, así como la destrucción del órgano donado por el obispo Gandásegui en 1907.

Como resumen final de aquel periodo recogemos un fragmento de un artículo escrito por el P. Luis Llausás (P. Siúl) en 1925, en el que se identifica claramente el espíritu que define a la música sacra en esta fase, "su valor como plegaria":

> La música sagrada es parte integrante del culto, necesaria e imprescindible, más siendo parte no puede ser libre sino ajustada a culto, a la liturgia, al Código Jurídico, es decir, al Motu Proprio de Pío X, verdadera orientación para los compositores de música sagrada, contenida en el canto gregoriano. En él están el ambiente, el espíritu y el alma que ha de mover o guiar su inspiración. El compositor, embebido en la inspiración arrancada del espíritu gregoriano, busca su desarrollo y lo encuentra en la polifonía clásica. ¡Oh admirable conjunto de voces!, todas tienen vida, no se estorban y dan el sello de

---

[26] Ha de decirse, sin embargo, que el abandono de gran parte de las coralistas en 1935-1936, motivado por estar "en edad de casarse", la imposibilidad de conseguir nuevas voces y, sobre todo, la guerra, acabaron con sus expectativas artísticas. Aún durante 1936-1937 es posible encontrar a gran parte de sus componentes actuar como Coros del Socorro Rojo Internacional, dirigido por el propio Buitrago, un sacerdote que, gracias a esta actividad, fue respetado incluso en los peores momentos de violencia fratricida (Alía, 1994: 292-293). Pero después de 1937 el Orfeón Manchego desapareció de la escena cultural manchega.

impersonalidad; presentan la idea que la ha de mover y no la figura; por esta razón la polifonía lleva a la meditación y el oyente se une espiritualmente, brotando de sus labios la plegaria, sin perder de vista que la música es impersonal por el carácter de oración que tiene, que no implica anulación del numen del compositor[27].

1.6. La música en la SIP Catedral en la posguerra

La SIP de Ciudad Real, utilizada como garaje y almacén de armas durante la Guerra Civil, recuperó paulatinamente su función cultual. La imagen de la Virgen del Prado, desaparecida durante la contienda, fue sustituida por una pequeña copia en torno a la cual se renovó la devoción. En la parte musical encontramos que la *Schola Cantorum* del Seminario está desorganizada, como consecuencia de los años de violencia, y la Capilla de la SIP se hallaba muy incompleta, sobre todo porque algunos de sus miembros habían sido víctimas de la persecución religiosa, en concreto Francisco Fernández Granada, tenor primero, y Eduardo de Dios Villacañas, tenor segundo. Tampoco había órgano ni organista, fallecido Daniel del Rincón en 1936. En consecuencia, el maestro de capilla, Salomón Buitrago, asumió tareas de organista interino, sentado tras un pequeño armonio, aunque ya no contaba con ciertas capacidades anteriores: la guerra minó su personalidad vitalista, y, aunque sigue trabajando intensamente, la profunda huella del drama vivido quedará marcada en su carácter[28].

Todos éstos son los factores que explican la difícil recuperación de la música en la catedral de Ciudad Real. Hasta 1944 no se puede hablar de una restauración, más o menos global, de la música litúrgica en el templo. Sigue después una década, aproximadamente hasta 1955, en la que el Motu Proprio vigente se recupera, pero nunca con la fuerza con que contribuyó al esplendor catedralicio en los años veinte y treinta. Esta recuperación tiene dos escenarios históricos más amplios: los años más duros de la posguerra y la renovación del poder social de la Iglesia en España, demostrado con aparatoso ceremonial de captación popular (en el contexto del pontificado conservador de Pío XII, 1939-1958, volcado en la observancia de la ortodoxia litúrgica dentro de los templos).

Tomás Marco Aragón (1987: 410) observa una proyección clara del ambiente histórico en la música religiosa:

> Desde las instituciones más altas de influencia musical hasta la enseñanza, el clero estuvo omnipresente y contribuyó no poco a crear estructuras fuertemente conservadoras en la

---

[27] P. Siúl: "De actualidad, algo de música", *Vida Manchega,* 2 de octubre de 1925, núm. 1504, p. 1.
[28] Fuente oral: Pedro Pardo García. Entrevista realizada en Ciudad Real, septiembre de 1999.

música. Por otro lado, la profusión de ceremonias religiosas, que el nuevo Estado propicia, tiene en esa época una incidencia musical grande (...).

El espíritu musical de la *Prioral,* durante esos años, obedece claramente a esta situación y se ajusta al modelo que los historiadores han llamado "nacionalcatolicismo", dentro del cual se mezcla el simbolismo político, militar y religioso. Por ello, debemos definir esta fase musical de la catedral como "un seguimiento parcial" de la intención musical incorporada por Pío X a principios de siglo, un seguimiento mediatizado por las circunstancias especiales de la posguerra española.

El nacionalcatolicismo ha sido definido de muchas maneras. El término, desde el punto de vista histórico, hace alusión a la legitimación del nuevo régimen, nacido de la guerra, a través del apoyo que otorga y recibe de la Iglesia (Carr: 223-227). Los propios "logros eclesiásticos" en la posguerra lo atestiguan: incorporación al gobierno en 1945, privilegios fiscales, obligatoriedad del matrimonio religioso y del catecismo en las escuelas, control de la enseñanza universitaria, del Consejo de Investigaciones Científicas... Los conceptos éticos y morales procedentes del catolicismo se convierten en ejes estructurales de la nueva legislación (Castelló: 23). Desde el punto de vista sociológico se identifica al "buen español" con el "buen católico", dentro de una clara simbología entre la vida religiosa y los supuestos destinos de España. En consecuencia, la Iglesia era la guardiana y controladora de la vida intelectual, artística y cultural (De Miguel: 313-321).

Pierre Vilar dijo que esta mentalidad era "fruto del terror de la guerra, del odio mutuo entre las dos Españas y del enfrentamiento espiritual de España con su pasado" (1988: 169). La fuerza de la persecución religiosa en 1936 tuvo su respuesta contraria a partir de 1939. Frente al proceso de "martirización del clero" se impone la ideología de "cruzada". Para el musicólogo J. Climent "el auge religioso fue una reacción lógica a las privaciones impuestas durante tres años, y llevó consigo un auge musical, floreciendo por muchos sitios nuevos cantorales" (1989: 78-80).

Después del extremo del sacrificio, vivido durante la guerra, vino otro extremo, "la celebración del triunfo". Dicho proceso condiciona y determina las actitudes artísticas en general, también las musicales. Durante algún tiempo la música litúrgica no pudo escapar de este proceso en la catedral de Ciudad Real. El efecto se puede considerar doble: por una parte, este tipo de música experimenta un impulso. Por otro lado, sufre un vacío de ciertos contenidos en favor de otros de signo social o político, además de producirse una cierta vulgarización debido a un fenómeno de captación populista. De ahí que podamos considerar una relativa pérdida de identidad en la música religiosa, comparada con la etapa anterior, es decir, una "relativa crisis" del Motu Proprio[29].

Un ejemplo de lo que decimos son los himnos sacros de diversa categoría (marianos, a los santos, al Sagrado Corazón...), que proliferan en esta fase y que tratan de captar la participación popular a través de estrofas cargadas de lenguaje triunfalista, eco de la "ideología de la victoria" impuesta en la sociedad española. En este sentido, en el plano local, destaca la colaboración entre Salomón Buitrago, autor de la música, y José Jiménez Manzanares, canónigo de la Prioral, promovido a Arcipreste en 1946 y a Deán en 1950, autor literario de gran cantidad de composiciones himnódicas de esta fase[30].

En cuanto al populismo vigente en la época de la posguerra, cabe reflexionar sobre la tipología variada de cantos religiosos que se practicaban. Frente a la música sacra plenamente litúrgica, propiamente del *Motu Proprio,* con carácter culto, aparecen los cantos paralitúrgicos (repertorio paralelo en lengua vulgar, utilizado en misas menos importantes) y los cantos populares correspondientes a dos tipos de devoción: la colectiva y la relacionada con la piedad particular. Al respecto, aparecen o se rescatan del pasado gran variedad de cánticos: rosarios de la aurora, novenas, quinarios, septenarios, "trece martes", "primeros viernes", triduos, dolores, gozos, "siete domingos", peregrinaciones, rogativas, romerías, y devociones a todos los santos y santas de la Iglesia. Esta impronta es recogida por muchos compositores, entre ellos el propio Salomón Buitrago, en Ciudad Real, respondiendo así a una demanda popular creciente dentro de la Iglesia[31].

Atendiendo al orden cronológico hemos de destacar, en primer lugar, el año 1940, con tres hechos importantes en la catedral, que merecieron la presencia de la música litúrgica solemne (Balcázar: 248):

---

[29] Aunque pueda apreciarse una multiplicación de obras y mayor presencia musical, debido a la profusión ceremonial, el espíritu o esencia de plegaria y supeditación al rito estrictamente religioso no están tan presentes como en etapas anteriores de la catedral. Nuestras investigaciones conducen a pensar en un mayor pragmatismo acorde con la situación política emanada de la guerra, con la cual, la Iglesia, en principio, se encontraba satisfecha.

[30] José Jiménez Manzanares (Membrilla 1882-Ciudad Real 1966) fue un hombre de extraordinaria cultura que ocupó el cargo de canónigo por oposición realizada en 1916. Fue profesor de la Cátedra de Teología en el Seminario diocesano y ocupó diversos cargos en la Curia Diocesana. Entre sus estudios destaca la recopilación titulada *Martirologio Diocesano,* que recoge el nombre de todos los clérigos que fueron víctimas de la Guerra Civil. Fue condecorado en varias ocasiones y ocupó un cargo importante en el Instituto de Estudios Manchegos. BOO, 1966. Pp. 155-156.

[31] Valga como ejemplo de interés las ocho ediciones, a partir de 1947, que tuvo el *Cancionero en estilo popular* de José María Alcácer (Alonso: 112 y ss.).

- Celebración de la *Santa Misión,* dirigida por los jesuitas (del 3 al 10 de marzo);

- Traslado y entierro definitivo de los restos del *obispo mártir,* Narciso Esténaga Echevarría (10 de mayo);

- Reposición de la Virgen del Prado (día 1 de junio).

En el primero de los acontecimientos reseñados destaca la presencia de un coro de niños formado por los jesuitas en su residencia en la Plaza Cervantes de Ciudad Real, constituido para los oficios de la Iglesia de San Ignacio, en la Plaza del Pilar, dirigido hasta 1958 por el maestro Antonio Jurado Gallego, natural de Almadén. Dicho coro, según el propio testimonio de su director, actuó en diversas ocasiones en la Prioral durante los primeros años 40, al tiempo que se recomponía la *Schola* de seminaristas[32].

El día 10 de mayo de 1940, fiesta de San Juan de Ávila, patrón de la diócesis, tuvo lugar el solemne traslado de los restos de Narciso Esténaga, asesinado a comienzos de la Guerra Civil, depositados de forma provisional en el panteón de canónigos del cementerio de Ciudad Real, hasta la catedral, en cuyo suelo recibieron descanso definitivo. Fue un acto fúnebre solemnísimo, presidido por el luto espontáneo del pueblo, "un gentío que dejó de trabajar aquella mañana y se echó a la calle para contemplar el paso del cortejo fúnebre", presidido por el Cabildo de la Catedral, los obispos de Segovia y Coria, y una señera representación del Real Consejo de las Órdenes Militares. La Capilla Musical de la S.I.P. acompañó al féretro por las calles de Ciudad Real (llevado a hombros por el clero secular, regular y por los seminaristas), entonando los salmos litúrgicos correspondientes. Una vez en la catedral, durante la Misa previa al acto del enterramiento, la Capilla, ampliamente reforzada con elementos musicales de la capital, interpretó la *Misa Pontificial* de Perosi a tres voces mixtas y toda orquesta, composición muy especial que Salomón Buitrago elegía reiteradamente para los momentos de mayor significación[33].

El 1 de junio de 1940 fue recibida en la SIP de Ciudad Real una nueva imagen de la Virgen del Prado, idea del pintor Carlos Vázquez, presidente de la Cofradía. La nueva escultura fue encargada al escultor de Barcelona Vicente Navarro y el propio Carlos Vázquez se ocupó de su policromía, siguiendo fielmente el modelo de la anterior imagen, que se había venerado en el templo durante siglos. Los cronistas locales atribuyen a la música un papel central en el solemne y alegre acto de recepción: "Oiremos de nuevo la

---

[32] Jurado Gallego, Antonio: *Escuela Santa María del Prado. Niños cantores de la catedral de Ciudad Real.* Ciudad Real. Edición manuscrita del autor, 1995. El coro de los jesuitas, según su director, sería antecedente directo de la escolanía que se creó para la catedral en 1958.

[33] AOCR. BOO. Núm. del 30 de mayo. Ciudad Real 1940. Pp. 123 a 127.

música de don Salomón, y se cantarán coplas regionales, y se bailarán manchegas, (...) y habrá entusiasmo general" (Balcázar: 269).

El acontecimiento del primero de junio estuvo precedido de fiestas en la víspera, entre las que destacó una velada musical en el Teatro Cervantes. Allí se interpretaron dos cuadros con música de Salomón Buitrago, el primero de carácter dramático, obra de Federico Romero, y el segundo con carácter lírico: *Una noche de Pandorga,* sobre un libreto de Manuel de Mozos. Al día siguiente intervino la Capilla de la SIP, muy reforzada, en los actos litúrgicos de Misa y bendición de la imagen en una capilla provisional, establecida unos metros más allá de la puerta de Toledo, por donde tuvo lugar la entrada oficial del cortejo[34]. La procesión de entrada se tuvo que retrasar hasta la noche debido a problemas de orden por el inmenso gentío que se agolpaba en las calles. Cuando la comitiva con la Virgen se detuvo en la Plaza del Generalísimo, tras el discurso del alcalde José Adán, cantó una plegaria el barítono Marcos Redondo, y cuando entró en la catedral, ya de madrugada, la Capilla ejecutó una Salve Solemne "que emocionó a la concurrencia que abarrotaba el templo" (Gómez Moreno: 41-44)[35].

Hasta diciembre de 1942 el Priorato de las Órdenes Militares no tuvo un nuevo obispo. Fue designado como nuevo titular Emeterio Echeverría Barrena, navarro, nacido en Arlegui. Hizo su entrada oficial en la catedral el 18 de abril de 1943, como siempre bajo los acordes de un *Te Deum* entonado por la Capilla. Estuvo en el cargo hasta su muerte, en Ciudad Real (23 de diciembre de 1954), muy sentida en la ciudad. Entre sus empeños más destacados estuvo la construcción de un nuevo Seminario, mucho mayor y mejor dotado, propio para unos tiempos de enorme afluencia de alumnos con vocación sacerdotal. Años después de su fallecimiento, en 1960, se inauguró el nuevo edificio, una monumental construcción de estilo neoherreriano (Espadas: 304 y ss).

En el orden musical, durante la cátedra de Echevarría Barrena, destaca la recuperación y consolidación de la *Schola Cantorum* del Seminario, que contó con un gran número de voces, gracias al aumento considerable del número de chicos en el centro. Por ello su papel en la catedral empezó a ser trascendental, en unión a la buena dirección de Agustín Sánchez de la Nieta[36].

Otro hecho muy destacado fue la compra de un nuevo órgano, absolutamente necesario para la liturgia solemne de la Prioral, inaugurado con un concierto espectacular del

---

[34] López, Cecilio: "*25 años de la vuelta a Ciudad Real de su Patrona*". *Lanza,* 13 de agosto de 1965, Núm. 6549.
[35] Ver también: BOO. 1940. Pp. 165 a 167.
[36] Fuente oral: Pedro Pardo García. Ciudad Real, septiembre de 1999.

compositor vasco Jesús Guridi, día 13 de agosto de 1944. El nuevo órgano de la catedral supuso un gran gasto de 150.000 pesetas (901,52 euros), precio muy considerable en aquella época. Era un órgano grande, eléctrico, construido en una fábrica de Azpeitia (Guipúzcoa), en un tiempo aproximado de seis meses, realizado por la empresa Organería Española S.A.[37] La prensa local del momento se enorgullecía del nuevo instrumento eclesiástico para la catedral, asegurándose que sólo había cuatro órganos semejantes en toda España: el del monasterio de Guadalupe, el del Palacio Nacional de Barcelona (construido con motivo de la Exposición Internacional de 1929), el del palacio del Pardo en Madrid y el de las iglesia de los PP. Jesuitas en Santander[38].

El concierto inaugural de Jesús Guridi, el afamado autor de *El Caserío* o la ópera *Amaya,* catedrático numerario de órgano en el Conservatorio de Madrid, fue un gran éxito desde el punto de vista artístico y desde el punto de vista del público asistente, que llenó la amplia nave de la catedral. El programa se ajustó en gran medida a las exigencias del órgano litúrgico emanado del *Motu Proprio* de Pío X[39].

La crítica positiva del evento motivó, en los años siguientes, la celebración de nuevos conciertos en el mismo privilegiado lugar y con el mismo destacado instrumento. El protagonista de estos recitales fue el nuevo organista de la SIP, Eugenio Goicoechandía Uriarte, procedente de la parroquia de San Juan en Estella (Navarra), que ganó las oposiciones correspondientes en 1945. Goicoechandía desempeñó el cargo desde esa fecha hasta 1953 y se caracterizó por el vigor de su música, por el genio expresivo y la potencia de sus interpretaciones, resultado de una personalidad fuerte e impulsiva. Su primer concierto en la Prioral se produjo el 4 de noviembre de 1945. Repitió conciertos de este tipo en el templo catedralicio y también fue conocido a nivel local por sus conciertos de piano en el Casino. Por ejemplo, en el *Pregón Ferial,* agosto de 1946, o con motivo del 35 aniversario de dicho círculo (12 de febrero de 1950). Fue profesor de la

---

[37] Constaba de 1.980 tubos sonoros de muy diferente tamaño, situados a diecinueve metros de los teclados o pieza central, en los costados opuestos del coro de la catedral. Para su montaje se utilizaron 5.000 metros de hilo conductor y 2.000 contactos. La fachada del órgano tenía unos 10 metros de altura. Desde el punto de vista musical constaba de dos teclados manuales de cincuenta y ocho notas cada uno; el primer teclado estaba pensado como gran órgano, con diversos registros, y el segundo para los recitativos expresivos; constaba también de un pedal de treinta notas para bordón (Fuente: López Pastor, Cecilio: "El órgano de la catedral es uno de los más modernos de España". Lanza, 14 de agosto de 1944, núm. 387).

[38] *Idem.*

[39] San Martín, Carlos María: "Magnífico concierto del maestro Guridi en la catedral", Lanza, 14 de agosto de 1944, núm. 387. El programa ejecutado fue el siguiente: 1. Primer tiempo de la Sexta Sinfonía, Widor; 2. Tercer Coral, César Franck; 3. Tocata, Welelman; 4. Tema y Variaciones, Hesse; 5. Paréntesis e improvisaciones, Jesús Guridi.

Escuela de Comercio de Ciudad Real, en cuyo salón de actos ofreció también algún que otro recital[40].

Tras Goicoechandía, la plaza de organista de la SIP quedó de nuevo vacante hasta las oposiciones de 1959, siendo cubierta, otra vez de forma interina, por el propio maestro de capilla Salomón Buitrago, que llegó a conocer el espléndido órgano con todo lujo de matices y detalles. En el documentario que aparece en su Legado Histórico Musical existe una descripción mecanografiada que consta de diez folios y demuestra un trabajo de estudio minucioso sobre las posibilidades sonoras del instrumento y sus diversos registros[41].

En el tiempo del obispado de Echevarría Barrena se produjeron una serie de hechos litúrgicos especialmente destacados, en los que participó la música sacra realizada por la Capilla de la catedral y la *Schola* del Seminario. Son los momentos que consideramos como Motu Proprio de carácter extraordinario, y que en esta fase tuvieron que ver, sobre todo, con el culto mariano en las diversas advocaciones de la Virgen María. En el cuadro núm. 2 aparece una relación de estas actividades.

Cuadro núm. 2: Motu Proprio extraordinario (1939-1955)

FECHA	ACONTECIMIENTO RELIGIOSO O EFEMÉRIDE	MÚSICA LITÚRGICA
23 de septiembre de 1944	Peregrinación diocesana al Cerro de los Ángeles en Madrid.	Himnodia dedicada al Sagrado Corazón de Jesús.
26 de mayo de 1946	Celebración solemne de las ordenaciones sacerdotales	Repertorio vocacional de la Schola Cantorum y la Capilla de la SIP. Misa de Licinio Recife.
31 de mayo de 1948	Peregrinación diocesana de la imagen de la Virgen de Fátima: final en la iglesia de las Misioneras del Corazón de María en Ciudad Real.	Especial importancia de la música mariana.
25 de noviembre de 1948	Solemne funeral en la SIP por los bienechores difuntos del Seminario.	Misa solemne: Réquiem de Lorenzo Perosi.
27 de septiembre de 1949	Peregrinación diocesana a Montilla (Córdoba).	Recuperación del *Himno de San Juan de Ávila* de Salomón Buitrago, 1935

---

[40]Fuentes: extractos del diario *Lanza* y fuente oral: Pedro Pardo García. Ciudad Real, septiembre de 1999.
[41] Buitrago, Salomón: *Características del órgano de la catedral y algunas orientaciones para su manejo.* En LHMSB. Caja núm. 7, Carpeta núm. 2. El órgano ha sido restaurado en 2000, siendo reinaugurado por Philippe Lefebvre, organista de Notre Dame de París, 15 de octubre de 2001.

5 de abril de 1950	Entrada en Ciudad Real de una nueva imagen de la Virgen del Prado.	Misa solemne y motetes de realce mariano.
1- 5 de noviembre de 1955	Celebración en la SIP del dogma de la Asunción, declarado oficialmente por el Papa.	Ejecución de un amplio repertorio de motetes marianos.
16 de mayo de 1954	Consagración del culto a la Virgen de las Lágrimas en Ciudad Real	Misa *Cum Jubilo,* e *Himno a la Virgen de las Lágrimas,* obra de S. Buitrago
8 de diciembre de 1954	Culminación del Año Santo Mariano decretado por Pío XII con una congregación de todas las patronas de la Diócesis en Ciudad Real.	Misa con motivos y motetes marianos
26 de diciembre de 1954	Funeral y entierro de Emeterio Echevarría Barrena, obispo de la Diócesis	Misa solemne de Réquiem
21 de febrero de 1955	VII Centenario de la fundación de Ciudad Real	Misa solemne en la catedral, intervención de la Capilla Musical y la Schola Cantorum.
15 de mayo de 1955	Ceremonial entrada en la Diócesis del nuevo obispo, Juan Hervás Benet.	Solemne *Te Deum* en la SIP.
25 de mayo de 1955	Oficio especial en honor de la Virgen del Prado con motivo del VII centenario de la fundación de Ciudad Real.	Misa Pontifical y motetes marianos.
29 de agosto de 1955	Inauguración del nuevo órgano de la Iglesia de Santiago por Salomón Buitrago	Intervención de la Capilla de la SIP
24 de septiembre de 1955	IV Centenario de Santo Tomás de Villanueva.	Misa Pontifical solemne. *Himno a Santo Tomás de Villanueva* de Salomón Buitrago
30 de octubre de 1955	Apertura del curso de Acción Católica (fiesta de *Cristo Rey* en la catedral)	Misa cantada solemne
22 de noviembre de 1955	Celebración de Santa Cecilia en el Hospicio	*Misa de Donatelli,* interpretada por la Capilla y la Schola

Fuente: *Lanza* y BOO (1939 – 1955). Elaboración propia.

Desde el día 8 de diciembre de 1943, en que tuvo lugar la consagración de la diócesis al Sagrado Corazón de María, hubo un especial sentido mariano en la Iglesia provincial y eso influyó notablemente en el camino que tomó la música litúrgica dentro de la SIP. El propio Salomón Buitrago dedica gran parte de su creación de esta fase al tema de la

Virgen María. El año culminante fue 1954, Año Santo Mariano, durante el cual tuvo lugar la consagración de una nueva advocación en la ciudad: la Virgen de las Lágrimas (cuyo himno fue compuesto por Buitrago).

Los santos patronos de la diócesis también fueron tema central de la música himnódica propia de la época, especialmente el beato Juan de Ávila y Santo Tomás de Villanueva, cuyo IV Centenario de su muerte se celebró con profusión en 1955. El maestro de capilla de la Prioral, Buitrago, compuso varias piezas con este motivo. Algunos himnos fueron editados e impresos por la diócesis, que trataba de promover el canto de los fieles en las ceremonias. Por ello, el carácter musical predominante es popular.

Aparte de estos actos, expresamente señalados, revestían gran ceremonial y requerían especial presencia de la música sacra las ordenaciones sacerdotales en el templo de la catedral, algunas de ellas especialmente masivas. También adquieren importancia las siguientes celebraciones[42]:

- *Misas Oficiales de Réquiem*: el día de los finados ("en honor de los Caídos"), el día del Dolor (en recuerdo de José Antonio), pro-mártires de la persecución religiosa, en recuerdo del primer caído (Calvo Sotelo), ...

- Las *Misas Conmemorativas* (por ejemplo, en el mes de marzo de cada año, para celebrar la elevación al Pontificado de Pío XII).

- Los solemnes *Te Deum* cantados. En este periodo la Capilla, acompañada por la *Schola Cantorum*, entonó himnos de este tipo, pertenecientes a los más importantes autores del Motu Proprio[43]. Dichos actos de acción de gracias se celebraban por convocatoria del obispo, que invitaba a todas las autoridades políticas y militares, y coincidían con fechas señaladas del calendario al uso: el 18 de julio, el 1 de octubre, el primero de abril...

Este aspecto de la música religiosa, al servicio de determinadas fechas de simbología política, ensombrece un tanto la motivación primera de la música del Motu Proprio, "únicamente súbdita de la liturgia". Si bien, con el tiempo, en los años cincuenta, disminuyen las referencias en la prensa a dichos actos (lo cual no significa que no siguieran celebrándose).

El sábado 29 de mayo de 1954 el Papa Pío X, autor del documento origen de la renovación de la música en los templos, fue canonizado, y dicho acontecimiento,

---

[42] Fuente: Notas en *Lanza*, 1943-1955.
[43] Es voluminosa la colección de *Te Deum* que aparece en el LHMSB (Caja núm. 60).

celebrado por la Iglesia Universal, redundó a favor del estilo litúrgico ortodoxo. En Ciudad Real se escribieron algunos artículos informativos sobre la importancia del mencionado documento. Fue especialmente importante la conferencia pronunciada por Agustín Sánchez de la Nieta, director de la *Schola Cantorum,* en el Centro Interparroquial de Acción Católica. Aparte de la información aportada, la intervención del coro de seminaristas, ejemplificando el espíritu del *Motu Proprio,* fue motivo para que los melómanos de Ciudad Real tomaran en consideración, de nuevo, la base estrictamente cultual de la hermosa y digna música religiosa en los templos, desplazada, a veces, por la utilización que se hiciera de ella[44].

La ideología impuesta tras la Guerra Civil, aquella que llamaba y consideraba "cruzada" a la contienda, al estilo medieval, ensombreció, en no pocas ocasiones, la música religiosa de estilo funcional, hecha como plegaria, servidora del culto en la catedral. A mediados de los años cincuenta, sosegado el espíritu de victoria militar, fue posible, de nuevo, asumir dicha música en su esencia espiritual y artística. Es entonces, aproximadamente, cuando termina lo que hemos considerado "crisis relativa del Motu Proprio", en lo que respecta a sus valores originales.

1.7. La restauración del Motu Proprio esencial en la SIP Catedral (1955-1967)

Según avanzaba la dura posguerra se produjo un lento regreso a la normalidad: "el fervor religioso se iba consolidando en unos y adormeciendo en otros, y la música religiosa quedaba estancada" (Climent: 80). La música, en general, estaba necesitada de nuevas dinámicas individuales que la impulsaran. En el terreno de la música sacra parecía difícil la renovación de las generaciones del Motu Proprio.

En los años cincuenta, sin embargo, es posible observar un retorno a la religiosidad individual, "los fieles prefieren plegarias personales". En este sentido se aceptaba bien un tipo de música que no les involucraba, sobre todo si la calidad de interpretación era buena. Este contexto favoreció el retorno a los cánones del Motu Proprio, estrictamente considerado. Ayudó a ello la creación de la Escuela Superior de Música Sagrada (1953), que ofrecía cursos de verano de gregoriano y polifonía clásica a seminaristas y sacerdotes jóvenes. La tendencia de los cánticos populares, creciente en los años anteriores, se estancó ligeramente. De Francia llegaron influencias diversas en este sentido, por

---

[44] *Lanza,* 7 de junio de 1954, núm. 3424. Artículo de Ricardo Burgos Boezo, cronista de la Asociación de Cultura Musical.

ejemplo, los Salmos y *Misas Comunitarias* del P. Gelineau, pero no proliferaron en España, debido, precisamente, al individualismo de los fieles españoles: "gusto por oír la misa en paz, sin tener que participar en cantos". Indirectamente, este factor también contribuyó a la recuperación del Motu Proprio estricto. Esta opinión de Tomás Manzárraga (1967: 154-157), en aquel momento director de la Escuela Superior de Música Sagrada y de la revista *Tesoro Musical,* es interesante porque coincide con el análisis que se hizo de la música sacra un tiempo después, en el Concilio Vaticano II.

La recuperación de la plenitud de la música litúrgica en su contenido esencial dentro de la SIP de Ciudad Real tuvo mucho que ver con la llegada del obispo Juan Hervás Benet, 1955, procedente de la diócesis de Palma de Mallorca. Su gestión ha pasado a la historia por la introducción, a nivel nacional, de los *Cursillos de Cristiandad* y por haber participado en las sesiones del Concilio Vaticano II, convocado por Juan XXIII el 25 de diciembre de 1961 y concluido el 8 de diciembre de 1965, durante el pontificado de Pablo VI. En el orden interno, en lo referente a la música, fue muy importante la decisión del nuevo prelado de traer desde Palma de Mallorca al que había sido su Vicario General, Pedro Rebassa Bisquerra, para ocupar el mismo cargo en la Diócesis Priorato de Ciudad Real (Espadas: 330).

El día 19 de octubre de 1955 Rebassa tomó posesión del cargo de vicario[45]. Era un clérigo con gran capacidad de organización y un gran músico. Había nacido en Palma de Mallorca el 7 de abril de 1919. Fue ordenado sacerdote el 3 de junio de 1944, tras estudiar en el Seminario diocesano de Palma. Ocupó primer destino en la parroquia de San Jaime de Palma como coadjutor y organista. En 1953 fue designado párroco regente de la parroquia de Felanitx y en poco tiempo, ese mismo año, fue nombrado vicario general de la diócesis mallorquina. Cuando el obispo Hervás Benet se trasladó a Ciudad Real se le encomendó la tarea de gobernador eclesiástico de Mallorca, que desempeñó durante poco tiempo pues enseguida fue llamado por Hervás para ocupar el cargo de vicario en Ciudad Real. Se mantuvo en dicho puesto hasta su regreso a Palma en 1972 debido a una enfermedad, de la que murió dos años después[46].

Por tanto, Pedro Rebassa Bisquerra permaneció en Ciudad Real dieciséis años y estuvo vinculado estrechamente a la curia diocesana y a la catedral, gracias a su nombramiento como canónigo con la dignidad de chantre el día 11 de julio de 1956 (designado por bula

---

[45] *Lanza,* 20 de octubre de 1955, núm. 4014.
[46] AOCR. BOO *Priorato de las Ordenes Militares,* 1974. Pp. 226-227.

de SS el Papa). Tomó posesión el 13 de agosto de 1956[47] y puede afirmarse que dio un impulso considerable al "Oficio de Cantor" en la Prioral. A él se debe en gran parte el nuevo encauzamiento de la música litúrgica propia del templo.

Durante el tiempo del Concilio Vaticano II Rebassa fue nombrado por la Santa Sede *Prelado Doméstico* de SS el Papa[48], dirigió la diócesis en ausencia del obispo, presente en las sesiones del Concilio y, finalmente, fue promovido a deán de la catedral el 16 de mayo de 1966, oficio que desempeñaba cuando decidió regresar a Mallorca.

El espíritu reorganizador de Pedro Rebassa Bisquerra se apreció con rigor en la música sacra. De él destacan su aportación teórica sobre la música y el papel que debe jugar en el templo, la organización de una escuela de niños cantores o acólitos de la catedral en 1958, el impulso en la renovación del repertorio de la Capilla y *la Schola Cantorum* y, finalmente, la convocatoria de oposición para cubrir el puesto vacante de organista, que quedó ocupado, en 1959 por el joven sacerdote Ángel Jiménez de los Galanes[49]. A estos méritos debe incorporarse su propia labor compositiva. Rebassa fue amante del estilo polifónico puro, gran melodista y autor de numerosas obras sacras.

Profundizando en las aportaciones de Rebassa, en el plano teórico destacan dos artículos suyos, publicados por el diario *Lanza* con ocasión de la Semana Santa, el primero con fecha 27 de marzo de 1956 y el segundo, cinco años después, el martes santo 28 de marzo de 1961, en un número extraordinario[50]. En ambos escritos, largos, documentados en historia, claros, pedagógicos y apasionados, defiende el mismo estilo de música sacra: aquella que emana del gregoriano y de la polifonía clásica, la que sirve para ahondar en la liturgia eclesiástica, especialmente en épocas de fuerte énfasis cultual (sobre todo la Semana de Pasión y la celebración posterior de la Pascua de Resurrección). Toda su aportación se centra en la siguiente idea: "la música sacra debe servir de vehículo a la expresión del sentimiento religioso, que une el alma con Dios". Rebassa considera que la

---

[47] *Lanza,* 14 de agosto de 1956, núm. 4211.

[48] *Lanza,* 7 de noviembre de 1954.

[49] *Lanza,* 16 de junio de 1959, núm. 4794. Jiménez de los Galanes tomó posesión en el Palacio Episcopal el 13 de junio de 1959. Continuaba siendo el organista oficial de la catedral en 2000, fecha de la última reforma de los estatutos catedralicios. Falleció en septiembre de 2023. Una obra suya correspondiente a 1976, compuesta para festejar en I Centenario de la Diócesis, se guarda en el legado de Salomón Buitrago. Se trata de *Clunia, Presentación, Vida y Ofrenda de un Centenario,* para tres voces iguales y canto llano (*LHMSB,* Caja núm. 9, Carpeta núm. 1). El mismo año de toma de posesión de Jiménez de los Galanes se constituyó una *Hermandad de organistas, Sacristanes y Servidores de las Parroquias del Obispado,* 20 de noviembre de 1959 *(*BOO de 1959, pp. 90-91).

[50] El resurgimiento de la Semana Santa en Ciudad Real, con sus procesiones coloristas, orientada a imitación del estilo andaluz, y con profusión de cofradías, supuso un impulso paralelo de los rituales sacros y de la música litúrgica propia de ese tiempo. Esto, que sucedió en Ciudad Real, es constatable también en otras ciudades, por ejemplo, Valladolid (Virgili Blanquet: 98).

verdadera música sacra es aquella que eleva los sentimientos y hace fácil la relación que pretende establecer la liturgia entre los fieles y Dios mismo, por tanto, es una parte esencial e irrenunciable del culto católico. En este sentido admiraba el gregoriano, con su forma "ágil y alada, capaz de transportarnos", y admiraba, sobre todo, a Tomás Luis de Victoria, creador de atmósferas sonoras incomparables, "las que aparecen en sus motetes de Semana Santa"[51].

Consecuente con esta filosofía del chantre de la Prioral, se volvieron a editar en la prensa local los programas musicales completos de los Oficios de Semana Santa, desde el Domingo de Ramos al de Resurrección. A la presencia permanente de Victoria y Palestrina se unen las composiciones de Orlando de Lasso y los cantos gregorianos propios de cada oficio, siendo muy del gusto del momento la *Misa de Angelis.* Entre los compositores modernos destacan Perosi, Otaño, Orestes Ravanello, Samuel Rubio, Urteaga, Usuarrizaga, Haller y Valdés. No faltaba la presencia de J.S. Bach. Tampoco faltaba, anualmente, alguna composición del maestro de capilla Salomón Buitrago, siendo especialmente repetida la composición a tres voces iguales *Mandatum novum,* VCG 188, propia de los Oficios del Jueves Santo[52].

Al respecto de Rebassa compositor no disponemos de excesiva información en la SIP de Ciudad Real. Han sido catalogadas varias partituras manuscritas de obras suyas en el Legado Histórico Musical de Salomón Buitrago*,* eje documental de nuestra argumentación[53]. Se trata de siete obras, seis vocales y una orgánica, copiadas casi todas por la inconfundible caligrafía de Buitrago, excepto una manuscrita por el propio Rebassa: *Improperium Expectavit,* ofertorio propio del Domingo de Ramos, a 4 voces mixtas (obra dedicada expresamente al Excmo. Cabildo de la catedral de Ciudad Real).

---

[51] Rebassa Bisquerra, Pedro: "La música sagrada en Semana Santa", *Lanza,* 27 de marzo de 1956, núm. 4148.

[52]Fuente: Programas de Semana Santa en *Lanza* (1955-1965). A través de este diario (anuncios de solemnidades importantes) conocemos también las novedades en el repertorio sacro de la Capilla y la *Schola.* Aparte de la reiterada *Misa de Angelis,* aparecen la misa del mismo nombre (a tres voces iguales) de J. Valdés, las misas *Hoc Corpus Meum, Te Deum Laudamus* y *Davidica* (de Lorenzo Perosi), la misa *Lux et Origo* de Ravanello, la *Misa a tres voces* de A. Mingote, y las propias composiciones sacras del P. Rebassa, por ejemplo su *Improperium expectavit,* a 4 v m. Continuó también la antigua costumbre de recitar la Pasión en gregoriano, aprovechándose las excelentes cualidades que aún conservaba el bajo Victorino Pascual.

[53] LHMSB, Caja núm. 9, Carpeta núm. 2. En este sentido, es muy posible que exista más información en la Diócesis de Palma de Mallorca, en su catedral y en el seno de su familia en Baleares. Este no es un estudio monográfico de este personaje. Aquí nos hemos limitado al estudio de su paso por la catedral de Ciudad Real. Es posible que exista más información en las parroquias de San Jaime de Palma y de Felanitx, así como en la catedral de Palma.

Cuadro núm. 3: Obras del P. Rebassa en el LHMSB

TÍTULO	FORMA	CARTACTERÍSTICAS TÉCNICAS	CONSERVACIÓN
Ofertorio del Domingo de Ramos: *Improperium expectavit*	4 v m. A capella	Ritmo moderato. Tonalidad si b M y sol m. Compás: 2/4	1 copia manuscrita por el autor, bien conservada, 1963
Tota Pulchra est María	3 v m. A capella	Tonalidad: fa m. Compás: 2/4	7 copias de Salomón Buitrago (3 globales y 4 por voces) Buena conservación.
Misa *"Sacerdos in Aeternum"*	3 v i. Partes invariables. Con acompañamiento de órgano.	Diversas tonalidades: Kyrie en re m, Gloria en Re M, Credo en Do M, Sanctus en la m, Benedictus en la m, Agnus en Do M.	5 copias de Salomón Buitrago, una global y 4 por voces. Buena conservación.
Dulce mirar de Jesús	Canción plegaria en castellano, para solo.	Tonalidad: re m. Compás: 3/4	1 copia hecha por S. Buitrago. En buen estado.
Canto a la Virgen	Melodía a una voz, acompañada de órgano. En castellano.	Tonalidades: sección A o estribillo en fa M, sección B o coplas en re m. Compás binario: 2/4.	Una copia de Salomón Buitrago. En buen estado.
Salve Regina	3 v i. Combina polifonía con melodía acompañada.	Tonalidad re m. Compás binario: 2/4 Introducción gregoriana y basada en la Salve *Montserrat* del P. Escofet	7 copias de S. Buitrago: una global y seis por voces (tenores primeros, segundos y bajos)
Tocata para órgano	Tocata arpegiada con coda en acordes largos. Bajo Pedal.	Compás binario: 4/4. Tono principal: la bemol M. Final en fa M.	1 copia manuscrita, dedicada al canónigo Jesús Abad. En buen estado.

Fuente: Legado Histórico Musical de Salomón Buitrago. Elaboración propia.

En el cuadro núm. 3 aparecen reflejadas todas las obras del P. Rebassa que se guardan en el Legado histórico musical de Salomón Buitrago. La característica común de las siete obras reseñadas está en la claridad de expresión melódica, conseguida a través de una gran sencillez estructural y armónica. El melodismo está profundamente inspirado en sentimientos diáfanos, profundos, dejando traslucir una especial sensibilidad y serenidad de ánimo. Esta forma de entender y componer la música, su concepto de música sacra se dejó sentir en la catedral durante los últimos años en que estuvo vigente el Motu Proprio de San Pío X.

La etapa de Rebassa coincide con una fase de transición hacia el final oficial del *Motu Proprio* por propia decisión de la jerarquía eclesiástica. Entre 1962 y 1965 se celebran las sesiones del Concilio Vaticano II y se acordaron cambios litúrgicos trascendentales, que implican también el final del tipo de música litúrgica vigente, debido a la forma como se aplicaron. Entre esos cambios, el más importante fue la adopción de las lenguas vernáculas. En Ciudad Real este proceso coincide con la realización de obras en la catedral (1961-1967) y una consiguiente adaptación de las grandes solemnidades, que tuvieron que ser celebradas con menor ceremonial, debido a la escasa infraestructura disponible.

Desde 1956 hasta 1967, fecha de la Coronación Canónica de la Virgen del Prado, podemos destacar una serie de hechos y efemérides que requirieron música sacra de carácter especial. En este esquema se observa claramente el lapsus cronológico mencionado. La referencia de estos actos aparece en el cuadro núm. 4.

Cuadro núm. 4: Motu Proprio extraordinario (1956-1967)

FECHA	ACONTECIMIENTO RELIGIOSO O EFEMÉRIDE	MÚSICA LITÚRGICA
15 de marzo de 1956	Llegada de la reliquia de San Ignacio de Loyola a Ciudad Real. Solemne Triduo.	Coro de la Iglesia de San Ignacio. Capilla de la Prioral.
23 de septiembre de 1956	Inauguración del retablo y altar de Sto. Tomás de Villanueva en la catedral	*Misa Pontificial* cantada
14 de diciembre de 1956	Visita de la esposa de Franco, Doña Carmen Polo, a la Virgen de las Lágrimas y a la Virgen del Prado	Recital de motetes marianos en el Camarín del Prado por la Schola del Seminario
9 de marzo de 1958	Solemne coronación de Nuestro Padre Jesús Nazareno, Iglesia del Pilar	*Escolanía de cantores* de Madrid, director Fr. Cegoñal
10 de diciembre de 1959	25 aniversario de la radio local: *EAJ 65*	Concierto en directo de la Capilla, dirigida por S. Buitrago al armonio
23 de febrero de 1960	Entierro en San Ignacio del P. Ángel Ayala. Funeral oficial el 1 de marzo. Fundador Misioneros del Corazón de Jesús.	Coro de San Ignacio

22 de mayo de 1960	Coronación de la Virgen del *Corazón de María* (Iglesia PP. del Corazón de María), en el atrio de la iglesia de San Pedro	Misa cantada por la *Schola* del Seminario
12 de diciembre de 1965	Misa de Acción de Gracias por la clausura del Concilio Vaticano II el día 8 y el regreso del prelado Juan Hervás a C. Real	Misa Pontifical cantada por la Capilla y la Schola
25 de mayo de 1967	*Corpus Christi.*	*Misa Hispana,* cantada por la Capilla de la SIP.
26 de mayo de 1967	Reinauguración de la catedral tras obras durante varios años. Consagración del altar.	Misa gregoriana cantada por la *Schola Cantorum*, dirigida por Juan Miguel Villar.
28 de mayo de 1967	Coronación canónica de la Virgen del Prado en la Plaza del Generalísimo	Coral formada para la ocasión, dirigida por Pedro Pardo García., en unión a la Escolanía de Antonio Jurado. Intervención especial de Marcos Redondo.
24 de junio de 1967	Misa de consagración de la catedral como *Basílica Menor* (por *Letra Apostólica* de Pablo VI de 25 de febrero de ese año).	Capilla y *Schola: Misa Pontifical.*

Fuente: diario *Lanza* de Ciudad Real y BOO (1956-1967). Elaboración propia.

El 22 de febrero de 1967 terminaron las obras en la SIP, justo a tiempo para la celebración de una serie de grandes acontecimientos que marcaron ese año. En la fiesta del Corpus Christi la Capilla y la *Schola* interpretaron una misa en castellano derivada del canto mozárabe y del gregoriano, obra de Ismael Fernández de la Cuesta, claro ejemplo de los nuevos tiempos que comenzaban. Se trata de la *Misa Hispana* sobre motivos mozárabes[54].

Días después, domingo 28 de mayo, se celebró la coronación de la Virgen del Prado en la Plaza del Generalísimo ante veinticinco mil personas que abarrotaban su espacio. A la misa asistió la Banda Municipal y fue cantada por una coral formada para dicho acto por el sacerdote Pedro Pardo García, a la que se unió el coro de acólitos de la catedral, dirigido por Antonio Jurado Gallego. A la entrada de la Virgen en el templo catedralicio, ya coronada, dos "ilustres ancianos" de la música en Ciudad Real interpretaron una plegaria

---

[54] *Lanza,* 26 de mayo de 1967.

de ·A. Álvarez: Marcos Redondo, haciendo gala de su portentosa voz de barítono, y Salomón Buitrago, acompañándole al órgano (Gómez Moreno: 57-62)[55].

Un mes más tarde de este acto, el día de San Juan, 24 de junio, se celebró la consagración de la catedral como *Basílica Menor*, título concedido por bula papal del día 25 de febrero. Se cantó una *Misa Pontifical* en un acto que significaba, fundamentalmente, el reconocimiento del especial cuidado, decoro y esmero de culto y ceremonial en el templo central de la diócesis de Ciudad Real (Gómez Moreno: 174-178)[56].

1.8. Una escolanía para la catedral

Desde la época de las *scholae puerorum,* organizadas por los primitivos cristianos, después de las persecuciones, las voces de los niños siempre han sido muy valoradas en la música sacra:

> En las voces puras e inocentes de los niños la Iglesia ha visto siempre un reflejo de los cantos de los ángeles en el cielo. La institución de los niños cantores siguió siempre, paso a paso, a lo largo de los siglos, a través de las vicisitudes de la música sagrada, y de modo especial después de la restauración de Pío X. Se vieron nacer por todas partes Scholae de niños (Colino: 105-106)[57].

Este movimiento, que relaciona el Motu Proprio con la formación de escolanías, fue importante bajo el pontificado de Pío XII. Se entiende por escolanía la agrupación coral de voces blancas con finalidad religiosa. Al no estar admitidas las mujeres, eran los niños los elegidos para tal misión. La conformación del grupo se realizaba mediante la selección de las mejores voces y su adoctrinamiento en régimen de internado estricto. El horario y la formación musical, así como las obligaciones de estos niños, eran muy intensos (Cabañas: 168-169)[58]. En España la tradición era larga, empezando por la abadía de Montserrat. En 1958 se fundó la Escolanía del Valle de los Caídos, para servir al culto en la basílica. En 1973 fue fundada la Escolanía del Escorial, con función análoga.

El 30 de septiembre de 1957 el Obispado de Ciudad Real creó la Escuela Parroquial Unitaria de Santa María del Prado, con sede en el mismo edificio del Instituto Popular de

---

[55] *Lanza,* 29 de mayo de 1967.
[56] *Lanza,* 25 de junio de 1967.
[57] Pablo Colino era instructor musical de los niños cantores de la *Venerable Capilla Julia* de la Basílica de San Pedro en el Vaticano (año 1967).
[58] En general, la institución de los "niños de coro" fue la única vía de acceso a la enseñanza de la música durante siglos (Martín Moreno: 25).

la Concepción, en la calle de la Mata de Ciudad Real[59]. En esta escuela, aparte de las materias generales y normales de cualquier escuela nacional de Educación Primaria, se desarrollaron las enseñanzas especiales de música, educación de la voz y liturgia católica, con la finalidad de formar y nutrir una escolanía infantil bajo la advocación de la Virgen del Prado, afecta y servidora de la liturgia en la catedral, es decir, pensada para actuar en la Misa de Coro diaria y en los oficios solemnes que tuvieran lugar en el templo. Aquel intento de escolanía se mantuvo en activo entre 1958 y 1972.

Este hecho sucedía en un contexto favorable a la creación de coros parroquiales en Ciudad Real, muchos de ellos formados para participar en los concursos de la Delegación de Juventudes Falangistas y otros con carácter más estable. Destacan el coro de los Marianistas, el del Instituto, el del noviciado del *Corazón de María,* la rondalla y el coro de la Guardia Civil, el coro de la Merced, y sobre todo el coro de la Iglesia de la Barriada del Pilar, que, a partir de 1966, dirigió Pedro Pardo, con gran éxito social y musical[60].

Económicamente, la nueva escuela dependía del patrocinio del *Consejo Diocesano Escolar*, con sede en el edificio del Obispado. Este organismo sería el encargado de supervisar sus directrices didácticas y las actividades extraescolares. Relegó dicha tarea en la figura de un maestro regente, contratado como director de la escuela y del propio coro, Antonio Jurado Gallego (convocatoria de plaza en octubre-noviembre de 1957)[61].

Antonio Jurado Gallego, director del colegio y de la escolanía del Prado, era maestro nacional, nacido en Almadén en 1911. Políticamente se autoconfesaba "republicano decepcionado", debido a lo que optó por su ingreso en Falange, a la cual sirvió con fidelidad (secretario de la organización en la provincia, condecorado por la Delegación Nacional de Falange con la Medalla de la Constancia de Primera Clase). Había trabajado como maestro en la escuela de los Padres jesuitas, Plaza Cervantes de Ciudad Real, y, pese a no tener una formación musical sólida, dirigió el coro de dicha entidad, actuando

---

[59] Este tipo de escuelas unitarias estaban reguladas por la *Orden Ministerial* del 30 de octubre de 1948 (BOE del 16 de diciembre).

[60] Esta parroquia estaba situada en uno de los barrios marginales de Ciudad Real y el coro, mixto, formado por adolescentes entre 12 y 15 años, fue una buena medida para combatir el desarraigo social de la zona. Consiguió ser un coro de alta calidad: introdujo polifonía a voces combinando las tesituras gruesas y las blancas, novedad fuera del ámbito propiamente catedralicio, y logró espléndidos resultados en todas sus participaciones en certámenes y concursos de la época. Fuente oral: Pedro Pardo García, Ciudad Real, septiembre de 1999.

[61] BOO, 1957. *Edicto anunciando la creación de una Escuela Parroquial de Niños y convocando un concurso para su provisión.* Pp. 273-275. En esta fase, con Jurado incluido, había cuatro maestros que dependían del *Consejo Diocesano Escolar*: Segundo Peláez, director del *Instituto Popular de la Concepción*, Manuel Espadas y Juan Manuel Moreno.

en la catedral en varias ocasiones desde 1941 hasta 1958 (año en que se hizo cargo de la nueva escuela unitaria de acólitos cantores de la SIP).

Desde el primer momento mostró entusiasmo con el proyecto, para el que obtuvo mucho menos ayuda de la esperada por parte de la Iglesia diocesana. Su forma de actuar, a veces paternalista y a veces demasiado impulsiva, no contentaba a todos los miembros del cabildo catedralicio, pese a lo cual el secretario diocesano afirmaba lo siguiente (agosto de 1963):

> Durante los cinco años que lleva funcionando esta Escuela Parroquial sus resultados han sido altamente satisfactorios. Tres alumnos ingresaron en el Seminario, cinco hicieron su ingreso en el Instituto de Enseñanza Media; un tercer premio y cuatro primeros fueron el resultado que tuvo el coro al participar en el concurso de villancicos organizado por la Delegación Provincial de Juventudes (...). Informes excelentes y últimamente un voto de gracia son garantía suficiente de eficacia a favor del señor maestro que regenta esta Escuela Parroquial[62].

La escuela acogía a chicos procedentes de familias humildes. Se organizaba en seis cursos de primaria, divididos en tres secciones de dos grupos, lo cual garantizaba la continuidad del coro, si bien los niños se veían obligados a cambiar de tesitura cuando las condiciones de su voz iban variando. Para el ingreso era necesario poseer una voz adecuada y normalmente se intentaba hacer de una forma proporcionada, por parroquias de la capital. En los primeros años la matrícula no fue demasiado numerosa. En el verano de 1963 se optó por poner anuncios en la prensa y en Radio Popular, informando del papel que desarrollaba la escuela como coro de la catedral. La matrícula aumentó a cuarenta alumnos en el curso 1964-1965 (sumando los seis cursos), y se mantuvo más o menos en el mismo número hasta 1971, en que se redujo a veintiocho alumnos. Debido a ello, fue necesario sustituir el coro masculino por uno mixto que incluía alumnas del Instituto Popular. El curso 1971-1972 fue el último año de funcionamiento, debido a la aplicación de la Enseñanza General Básica[63].

Los niños de la Escuela Santa María del Prado recibían una doble enseñanza. En primer lugar, la instrucción primaria propia de la época, basada en la utilización de la

---

[62] *Lanza*, jueves 29 de agosto de 1963. "Anuncio de matrícula oficial para la Escuela Sta. María del Prado".
[63] Toda la información personal, docente y musical que se aporta sobre la escuela y el coro Santa María del Prado es una síntesis de un informe cronológico, por cursos, hecho por su propio director. Dicho informe está manuscrito. Una de las copias está depositada en el Centro de Estudios de Castilla la Mancha, Facultad de Letras de Ciudad Real (Jurado Gallego, Antonio: *Escuela Sta. María del Prado. Niños cantores de la catedral Basílica de Ciudad Real.* Ciudad Real. 1995. 91 páginas).

Enciclopedia Álvarez. Era una enseñanza pobre, diezmada por una indignante falta de medios e infraestructuras, de la que siempre se quejó su director ante la Inspección de Enseñanza y ante la propia Comisión Escolar Diocesana. La escolanía empezó ocupando un aula con mínimo mobiliario escolar, situada en una de las alas del Instituto de la Concepción, careciendo del material básico, con una estufa de carbón que apenas funcionaba. La financiación del Obispado y de tres parroquias de Ciudad Real resultaba claramente insuficiente. Hasta el curso 1959-1960 no se habilitó un patio de recreo y deportes, y, hasta pasados unos años, no fue posible la compra de uniformes dignos, cuyas prendas eran sufragadas por la familia y por la escuela. Ante la situación de precariedad fue preciso pedir ayuda económica a los padres de los niños, que quedó estipulada en 10 pesetas (0,06 euros) y luego en 30 pesetas al mes (0,18 euros), durante el curso 1965-1966. Gracias a ello, a distintos donativos recibidos (la mayor parte procedentes del Obispado y de familias de la burguesía local), a los premios obtenidos en concursos de Falange, y a la ornamentación navideña de belenes, escaparates y carrozas (tanto pública como privada), fue posible la continuidad, a duras penas.

En segundo lugar, los niños recibían una educación musical, que corría a cargo de clérigos de la SIP. Hasta 1960 se ocupó Ángel Jiménez de los Galanes, organista de la SIP desde 1959. En el curso 1960-1961 ocupó su puesto el sochantre Victorino Pascual. A partir del curso 1961-1962 la enseñanza corrió a cuenta de Agustín Sánchez de la Nieta, director de la *Schola Cantorum* del Seminario. La educación musical obligaba a los escolanos a tener un horario distinto que sus compañeros del Instituto Popular, determinados como estaban a asistir a las misas conventuales y a los ensayos. A partir de 1967 está documentada su asistencia diaria a la Misa de canónigos, situándose en el coro alto, tras el órgano, y algunos entre los fieles, animando a la participación en los cantos. De igual forma fueron partícipes de las Misiones que se celebraron en el templo para preparar la coronación canónica de la Virgen del Prado, acto en el que actuaron como parte integrante de la coral formada al efecto.

Las fuentes de que se dispone para el estudio de este coro no dicen nada del repertorio sacro que utilizaron (en el contexto de transición entre el Motu Proprio y la nueva música litúrgica), y hacen hincapié, por el contrario, en el repertorio popular y profano que ejecutaban: canciones regionales, villancicos populares y cultos, a voces (terreno en el cual se especializaron, de cara a los concursos y a la ornamentación de la Navidad), himnos, marchas, y alguna canción manchega, por ejemplo unas *Seguidillas a la Virgen del Prado* que el propio Antonio Jurado escribió y estrenó en mayo de 1969.

Aparte de su labor en la SIP, no excesivamente alabada por el clero[64], y de su concurso anual en los certámenes navideños locales y nacional de 1964, dónde obtuvieron el tercer premio[65], la escolanía de Santa María del Prado actuó en numerosos lugares, con motivo de actividades extraescolares, excursiones, visitas, actos de caridad o beneficencia, y festividades destacadas. He aquí algunos ejemplos: recital en el Colegio Menor de Toledo (diciembre de 1964), concierto ante público en Radio Popular de Ciudad Real (invierno de 1965), actuación en la prisión provincial (Navidades de 1965), concierto del décimo aniversario de su fundación en 1967, actuaciones benéficas en el salón de actos del Obispado, actuaciones en el Seminario diocesano con motivo de la onomástica del obispo, veladas navideñas en el Instituto Popular y en la Residencia de ancianos, actuación en la Escuela de Artes y Oficios para celebrar la fundación de la Asociación de Belenistas (1965), un recital en Puertollano ante la Virgen de Gracia (1970), actuación en Almadén ante la Virgen de la Estrella (1971), actuación en la Escuela de Magisterio (1970), actuaciones en colegios, ante los enfermos de la Atalaya, etc.

La calidad musical del grupo empezó a ser reconocida a partir de 1965:

> Componen el simpático coro, que ya ha cantado en distintos lugares de nuestra geografía provincial, y siempre con éxito, por supuesto, un número indeterminado de voces infantiles, que, sobre todo, el cancionero navideño lo interpretan con candor. Decimos número indeterminado de voces porque el conjunto está condicionado a la matrícula de la escuela y a las cualidades, y hasta los quehaceres, de los pequeños que forman este cuadro músico-vocal. Los cantores son niños (...) que en esto del canto coral obedecen apasionadamente a su director que, como todo el mundo sabe, porque todo el mundo conoce y quiere a Antonio Jurado, se desvive en la formación no ya elemental y musical de "sus" niños, sino incluso en su primera formación humanística. Nosotros hemos escuchado muchas veces a los coros de Antonio Jurado, (...) tal vez mejor uniformados, pero no tan extraordinariamente identificados con el buen gusto de su director. Consideramos un gran triunfo (...) el que haya logrado hacer ese coro, que, con una "miajita" de ayuda de autoridades y público, podría ser el cimiento de una auténtica coral infantil ciudarrealeña, que está haciendo mucha falta[66].

---

[64] Fuente oral: Pedro Pardo García, canónigo. Entrevista realizada en Ciudad Real, septiembre de 1999.
[65] En el diario provincial *Lanza* aparecen reflejados todos estos concursos. La presencia de la *Escolanía* de Antonio Jurado es continua desde 1963 hasta 1972, así como el Coro de la iglesia de la barriada del Pilar, su gran rival en dichos certámenes navideños.
[66] Arjona, E.: *"Los niños cantores de Jurado"*, *Lanza,* 29 de diciembre de 1965, núm. 9624.

Una de las virtudes que tuvo la escuela Santa María del Prado, aparte de facultar educación musical a niños de procedencia modesta, fue la capacitación de los alumnos para ingresar en otros centros, una vez terminados los seis años de permanencia. Aparte del Seminario, interesado en captar vocaciones, encontramos antiguos escolanos en el colegio de los Marianistas, en el Instituto de Segunda Enseñanza, en las Escuelas Profesionales Hermano Gárate, en la Universidad Laboral de Córdoba, y en otros centros culturales donde se garantizaba su formación. Un caso especial es el del alumno Gregorio Poblador Fuente, el primero de tres hermanos que estuvieron en la escuela, el cual consiguió una plaza para la afamada Escolanía del Valle de los Caídos, tras la gestión realizada por el director de la escuela en el verano de 1965, con motivo de una reunión de directores de coros que allí tuvo lugar (Jurado: 65).

Sin embargo, quedan dudas sobre la solvencia del coro en el desarrollo litúrgico de la catedral, dudas que las fuentes no pueden aclarar. En definitiva, sólo es posible decir que se trató de un intento más de formar una escolanía ligada al templo prioral, como a principios de siglo lo fue el grupo de seises dirigidos por Nicolás Fernández Arias. La precariedad de dotación, el cambio en la música litúrgica y la introducción de un nuevo sistema de enseñanza, más adaptado a los tiempos del desarrollismo, terminaron con dicho intento, que ha sido el último de esta índole en la historia musical de la catedral.

1.9. La reforma litúrgica y musical a raíz del Concilio Vaticano II (1964-1967)

La *Constitución Primera del Concilio Vaticano II,* referente a la Sagrada Liturgia, y su capítulo VI, en lo que concierne a la música en el culto, suponían una aceptación de las lenguas vernáculas en el rito y en la música, pero también un riesgo evidente de confusión en los fieles, de ambigüedad o error en la interpretación, de desorden en el culto. Por ello la Iglesia, a nivel general, y la diocesana en particular, se preocuparon de reglamentar el cambio hasta en sus mínimos detalles.

A ello responde la *Instrucción Pastoral* del obispo Juan Hervás, con fecha 12 de febrero de 1965. En ella el obispo planteaba la reforma litúrgica como el fruto de largas preparaciones, a través de la cual variaban los elementos humanos del rito, adaptándose a los nuevos tiempos. El criterio básico para la reforma era pastoral ("corrección y perfeccionamiento de los ritos sagrados"*)*. Abogaba, fundamentalmente, por una convivencia entre lo antiguo y lo nuevo, entre lo anterior y lo venidero ("las formas nuevas deben ser un florecimiento espontáneo de las ya existentes") [67].

Esta es la línea que siguió la curia diocesana de Ciudad Real para adaptar la nueva liturgia y, dentro de ella, intrínsecamente unida, la música sagrada. En este camino, se circunscribió a las decisiones de la jerarquía española, es decir, de la Conferencia Episcopal y la Comisión Episcopal de Liturgia. Esta segunda advertía, en 1964, que estaba prohibido experimentar con la música sagrada en los templos mientras no dictaminara en consecuencia la Conferencia Episcopal. Llamaba la atención sobre el empleo de la lengua vulgar en los cantos y nuevas composiciones antes de que existieran unas normas que encauzasen el proceso, aunque al mismo tiempo animaba a los compositores a comprometerse en el reto histórico que suponía el cambio[68].

Las Conferencias Plenarias que celebró el Episcopado Español en Madrid, 15 de abril de 1964, y Roma, 22 de octubre del mismo año, determinaron la forma de aplicación nacional de las nuevas normas litúrgicas y musicales. Entre otras cosas se permitía el empleo de la lengua vulgar en los cánticos del ordinario de la misa, a saber: el Kyrie, el Gloria, el Credo, el Sanctus – Benedictus y el Agnus Dei [69]. Se fijaba como fecha para la puesta en práctica de la nueva liturgia cantada el 7 de marzo de 1965. *Radio Popular*, servidora de la Conferencia Episcopal española, ofreció, durante varios días, del 8 al 13 de marzo, a las 15 y 20,45 horas, los "tonos de oración, lecturas y diálogos" para la misa en castellano, aprobados oficialmente[70]

La Comisión Episcopal de Liturgia dio instrucciones precisas a las diversas comisiones diocesanas, advirtiendo, debidamente, que las composiciones musicales nuevas, en castellano, debían reunir tres cualidades inexcusables: calidad, ser artísticas y "ser sagradas". Estos condicionamientos pesaron sobre la reglamentación en la diócesis de Ciudad Real. La Comisión de Apostolado Litúrgico hizo una edición de la traducción oficial del ordinario de la Misa que se podía adquirir en el Palacio Episcopal al precio de una peseta[71] y, en la línea marcada por el obispo Hervás, se hicieron comunicados para que nada de lo nuevo anulase a lo viejo, sino que "cualquier novedad recuerde su cohesión

---

[67] BOO, 20 de febrero de 1965.
[68] BOO, 1965. Pp. 36-37.
[69] BOO, 1965. Pp. 38-39. Respecto a las traducciones de dichas partes de ordinario de la Misa se utilizarían, de forma provisional, los misales publicados por Ribera, Rambla, Nácar – Colunga, Castillo – Sanz, Goldáraz, Pons, Serra, Gubiana, Molina, Lefebvre, Vilariño, Sánchez – Ruíz, Antoñana y Pérez de Urbel.
[70] BOO, 1965. Pg. 146.
[71] *Idem*, pg. 101.

y concordancia con la tradición"[72]. De igual forma se hizo una lista de "Misas aprobadas para la Diócesis" con la finalidad de encauzar el proceso y censurar cualquier experiencia no controlada por la Iglesia[73].

En 1967, una vez consolidado el nuevo rito en castellano, y como consecuencia de la Instrucción *Musicam Sacram* (9 de febrero), apareció la Subsomisión Diocesana de Música Sagrada, desgajada de la Comisión Diocesana de Liturgia, encargada de supervisar más de cerca lo concerniente a la nueva música sagrada en los templos. Entre sus funciones principales se establecen las siguientes:

> Atender a los sacerdotes y demás responsables de la formación de los cristianos en todo lo referente a la música sagrada. Velar por el incremento de la música en la Diócesis, atendiendo tanto a la música vocal, gregoriana – polifónica antigua y moderna – religiosa popular, como a la de órgano e instrumento en general (...). Tener un archivo musical selecto para poder suministrar material e información conveniente (...). Promover la formación de escolanías y coros, facilitándoles repertorio y programas de formación litúrgica adecuada; asesorar en la adquisición de órganos para las iglesias; facilitar un elenco de cantos para toda la diócesis, incrementándolo muy lentamente y partiendo de los que ya usa el pueblo. Urgir a los delegados arciprestales de liturgia para que dediquen su atención al cuidado del canto y a la música general en sus zonas. (...) Cuidar de la formación musical del Seminario, tratar de introducir un elenco uniforme de cantos en las Escuelas de Magisterio, y llegar hasta la formación musical de los niños en las escuelas de enseñanza primaria. Promover la formación de organistas. (...) Prestar asesoramiento en la construcción de nuevas iglesias para lograr una mejor inserción de los coros y tribunas de cantores en la asamblea[74].

Desde el principio la subcomisión dio instrucciones sobre el canto en la celebración de la Misa, y la utilización del órgano, armonium u otros instrumentos:

---

[72] *Idem*, pg. 120.
[73] Esa lista estaba compuesta por las siguientes obras: *Misa Hispana,* de los PP. Benedictinos de Silos. Esta misa de estilo gregoriano es obligatoria para todas las parroquias, de tal forma que cuando el Sr. Obispo baya de Visita Pastoral será la única que podrá cantarse. Queda también aprobada la interpretación de la *Misa Nueva*, del P. José Ignacio Prieto, la *Misa Cantada*, de Tomás Aragüés, y la *Misa Cantada*, de Juan Alfonso García. (...) Así mismo esta Comisión Diocesana recomienda para las misas rezadas y cantadas los *Salmos y Cánticos Bíblicos* del P. Gelineau, y *Un solo Señor* y *Pueblo de Reyes* del P. Deiss, que pueden ser interpretados a una o varias voces. La Comisión Diocesana de Liturgia, en su oficina del Obispado, tiene depósito de partituras y discos de las Misas aprobadas, de los tonos para las oraciones, lecturas y diálogos de la Misa..." (Fuente: BOO, 1965. Pg. 270).
[74] BOO*,* 1967. Pp. 464 y 465.

En el acompañamiento de los cantos es bueno el empleo de los instrumentos para sostener las voces, facilitar la participación y hacer más profunda la unidad de una asamblea; el sonido de los instrumentos no debe jamás cubrir las voces ni dificultar la comprensión del texto. Solos, esos instrumentos pueden tocarse: al principio de la Misa, hasta el momento de dar comienzo el diálogo inicial entre el sacerdote y el pueblo; en el Ofertorio; durante la Comunión, y al final de la Misa[75].

Se abría el espectro de posibilidades que ofrecía la nueva liturgia y la renovada música sagrada, que en absoluto excluía el recomendable uso de la anterior. Sin embargo, con la perspectiva que da el tiempo, observando la realidad posterior de la música religiosa en la provincia, advertimos que hubo un doble y distinto seguimiento de dichos cambios: el que se hizo en la catedral y el llevado a cabo en el resto de la diócesis[76].

Por su propio carácter, especialmente tras ser considerada *Basílica Menor* por la Santa Sede en 1967, la catedral continuó cuidando la tradición ceremonial, al mismo tiempo que admitía en su seno las novedades en castellano. Pedro Rebassa fue chantre hasta 1966, año en que fue sustituido por Antonio Lizcano, nombrado chantre por el papa Pablo VI con una edad extraordinariamente joven tras su intervención como bajo en el Vaticano en la Semana Santa de 1965, interpretando la voz de Jesús en la Pasión. En su gestión conciliaron lo nuevo y lo antiguo, tal como se había recomendado en múltiples ocasiones.

Así continuó sucediendo, por lo menos, hasta la muerte del maestro de capilla Salomón Buitrago (1975), y también después, con Pedro Pardo y Francisco Romero como prefectos de música. Juan Miguel Villar estuvo al frente de la *Schola Cantorum* hasta principios de los años 70, en la que se aprecia una disminución de componentes por la merma de vocaciones. La Capilla, a su vez, fue reforzada por la Coral Polifónica de la Agrupación Musical de Ciudad Real, creada en 1974, dirigida por Rafael Calonge y, desde 1983, por Pedro Pardo. Sin embargo, la observancia de las recomendaciones en las demás iglesias diocesanas fue más tibia. En algunas se produjo una desvirtualización del cambio musical. De esta manera, la música del Motu Proprio empezó a quedar como recuerdo y, con el paso del tiempo, prácticamente se olvidó.

---

[75] *Idem*, Pp. 309-310.

[76] Esta reflexión, como queda dicho, parte de la observación de la realidad musical actual en los templos de la diócesis (tiene valor de hipótesis). Hemos de pensar que la provincia no quedaría excluida del fenómeno general, de signo pastoralista, por el cual se desvirtuó el sentido de la renovación musical.

No abordamos en esta obra el tiempo posterior a 1967. Investigaciones futuras deben plantear como fue aplicada la reforma litúrgica y musical del Vaticano II en Ciudad Real, verificar o no la hipótesis aquí avanzada. Pero una cosa es cierta: la interpretación de obras procedentes del *Motu Proprio* quedó paralizada, con la excepción de la catedral.

2. LA VIDA DEL MAESTRO DE CAPILLA

SALOMÓN BUITRAGO GAMERO (1889-1975)

2.1. Datos básicos de una vida plena

> Día de visita en el Hospital, ir y rebullir de gente de variada clase y condición. En una sala se ve bullicio con abundancia de sacerdotes, gente moza, señoritas, vemos músicos conocidos del inmediato Malagón. En una habitación contigua, amplia, con mucha luz, teniendo por perspectiva la torre del templo, está el enfermo que despierta tan vivo interés. La experta mano de Luis Cilleruelo ha puesto fuera de peligro a don Salomón Buitrago. ¿Os explicáis el ir y devenir de la gente? Han aprovechado el día de entrada para visitar al amigo, al hombre que está realizando titánico esfuerzo por encauzar el sentido musical manchego. El sentido musical y el amor por lo regional. Así lo pregona su "Ronda Manchega", una de cuyas coplas, la titulada "Canción del Hogar", es apropiada para ser cantada en esta noche feliz para el mundo cristiano (...). Don Salomón recibe con visible emoción a las visitas. Son los muchachos y las señoritas del Orfeón los que rodean su cama. Un momento de silencio. Al periodista le parece que mentalmente todos cantan, todos elevan una súplica por el pronto restablecimiento del maestro. Hasta nos parece ver la batuta invisible dirigiendo un gran concertante de cariño. ¿Quién me dice, que, en esta noche solemne, don Salomón, lejos de los suyos, de su amado Orfeón, no traza las directrices de una partitura en la que se fundan todas las emociones de estos días[1].

Así se refería a su amigo Salomón Buitrago, por entonces director del Orfeón Manchego, el periodista Ponciano Montero, en la Nochebuena de 1934. Es tan solo una muestra del cariño que este hombre despertaba en Ciudad Real. Buitrago, el "famoso cura" (Alía: 292)[2], era conocido por su carácter afable, siempre dispuesto, por su cordialidad, por su sencillez, y por ser "el que más sabe de solfa y música en todo Ciudad Real, es decir, el conservatorio de la ciudad; allí donde había buena música, detrás siempre estaba su mano" (Pardo, 1999)[3].

La vida de Salomón Buitrago Gamero (Almadén, 17 de marzo de 1889 - Ciudad Real, 4 de octubre de 1975), es un ejemplo de llaneza manchega, franqueza, honradez, y estabilidad. Vivió alejado del brillo de los grandes hechos y de la fama ruidosa. Su historia es extraordinariamente sencilla: fue sacerdote, sirvió a la catedral como beneficiado durante toda su vida, y murió en dicho puesto, sin mayores altibajos. Sólo la guerra, con su crueldad incomprensible para un espíritu sensible, le dejó marcado hasta la muerte, sumiéndole, a veces, en una tristeza melancólica, según cuentan los que le

---

[1] Pepe Patacón: "Notas del día", *El Pueblo Manchego*, 24 de diciembre de 1934, núm. 7975.
[2] Alía Miranda, Francisco: *Ciudad Real, la guerra civil en retaguardia*. C. Real, 1994. Pg. 292. El autor emplea esta expresión para referirse a Buitrago cuando éste dirigía los coros del *Socorro Rojo Internacional*. Es una expresión acertada pues Buitrago era un hombre de carisma popular.

conocieron. Antes y después de ese terrible acontecimiento, que dejó su huella en todos, la música, siempre presente, en todas sus manifestaciones posibles. La música vivida como liturgia, pero también con el placer que experimenta el melómano y el investigador.

Salomón Buitrago Gamero era hijo de un sacristán con oficio de organista, Salomón Buitrago Rodríguez. De su padre aprendió el servicio a la Iglesia y el arte de la música. Buitrago Rodríguez era buen músico. Llevó a cabo desde el principio la ejecución de los cánones impuestos por el Motu Proprio de Pío X en 1903 y, en el plano profano, gustaba de componer pasodobles y obras para piano al estilo de las piezas breves del Romanticismo, con títulos elocuentes, algunas de los cuales llegó a publicar[4].

A finales del siglo XIX el padre de Salomón Buitrago se traslada de Almadén a Malagón, localidad muy cercana a Ciudad Real, donde sirvió en la iglesia de la Magdalena, en cuyos actos litúrgicos era acompañado, con frecuencia, por su hijo, que actuaba con voz de tiple. Buitrago, aún niño, empezó sus estudios en el Seminario de Toledo, donde cursó los años de Humanidades. Entrado el siglo XX se traslada al Seminario diocesano de Ciudad Real para realizar los cursos de Filosofía y Teología. Al tiempo profundiza en los estudios de música, siendo instruido por los propios profesores del Seminario[5].

En 1911, siendo tonsurado y diácono, opta al puesto de sochantre segundo de la catedral de Ciudad Real (vacante de José Plaza) y obtiene dicha plaza, entrando a formar parte de la Capilla de la SIP, que dirigía el maestro de capilla Nicolás Fernández Arias (era el 19 de octubre de 1911, tenía 22 años y ya no abandonaría el servicio de dicho templo hasta su muerte, con 86 años).

En la catedral asumió, entre otras, la responsabilidad de dirigir ocasionalmente el coro de seises (al que pertenecía Marcos Redondo, unos años más joven que él). Reforzó su

---

[3] Fuente oral: Pedro Pardo García, canónigo de la catedral. Entrevista en Ciudad Real, septiembre de 1999.

[4] LHMSB: Caja núm. 3, carpeta núm. 8. Allí están recopiladas 37 obras para piano de Salomón Buitrago padre (obras breves y pasodobles). Algunas de ellas son manuscritos originales del padre y otras son copias, algunas corregidas, realizadas por Buitrago hijo. Una de sus mazurkas, con el título "Eres hermosa, la mariposa", llevaba como dedicatoria "a mis queridos hijos, Eduvigis y Salomón"; Buitrago hijo se encargó de hacer una copia de la pieza, bajo cuyo título escribió: "Jamás te olvidaré". Aunque no se ha conservado consta que, tras el fallecimiento del padre, cuya fecha exacta se desconoce, Salomón compuso un "Pasodoble a la muerte de mi padre" con el fin de perpetuar su recuerdo.

[5] Pardo García, Pedro: *Don Salomón Buitrago Gamero, sacerdote y músico manchego. Algunos datos de su vida y de su obra musical.* Trabajo monográfico sobre la figura del maestro, sin editar, cedido para la elaboración de esta tesis por gentileza de su autor. Pp. 1 y 2. Allí se explica como el Seminario de Toledo contaba con mayor tradición que el de Ciudad Real, hasta que en 1900 el nuevo plan de estudios permitió el acceso de mayor número de alumnos.

formación musical con el aprendizaje directo de Fernández Arias, experto en canto gregoriano y otras materias de la música religiosa. En 1912 se produjo su ordenación como sacerdote (tenía 23 años). Y en los años siguientes consiguió los ascensos más importantes dentro la catedral:

- 12 de diciembre de 1921: puesto de sochantre primero (vacante de Ramón Farré).
- 4 de abril de 1922: puesto de maestro de capilla (debido a la renuncia de Nicolás Fernández y tras superar una dura oposición). En este cargo permaneció durante 53 años y 6 meses[6].

Los años veinte y treinta fueron los más activos en la vida de Salomón Buitrago. Aparte de componer sin cesar, fomentó la música en la ciudad y estuvo detrás de todos los intentos para difundir la cultura musical. Al mismo tiempo consolidó sus estudios. En 1930 ingresaba en el Conservatorio de Madrid para dar un carácter oficial a su aprendizaje. Tenía 41 años, había estudiado música a través de la enseñanza eclesiástica tradicional, pero no poseía un título oficial. En consecuencia, entre 1930 y 1934, primeros años de la II República, cursó una gran cantidad de asignaturas, tal como queda reflejado en el cuadro núm. 5.

**Cuadro núm. 5: Ficha personal de Salomón Buitrago
en el Conservatorio de Madrid**

ASIGNATURAS	CURSOS	CALIFICACIÓN	OBSERVACIONES
Solfeo 1°	1930-31	A	libre
Solfeo 2°	1930-31	A	libre
Solfeo 3°	1930-31	S	libre
Armonía 1° y 2°	1930-31	A	libre
Historia de la música	1931-32		libre
Estética	1931-32		libre
Armonía 3°	1931-32	S	libre
Armonía 4°	1932-33	S	oficial
Estética	1932-33	S	oficial
Piano 1°	1932-33	S	oficial

---

[6] BOO, 1975. Número de octubre.

Piano 2º	1932-33	S	oficial
Composición 1º	1933-34	S	libre
Composición 2º	1933-34	N	libre
Piano 3º	1933-34	S	libre
Piano 4º	1933-34	S	libre
Piano 5º	1933-34	A	libre

Fuente: Secretaría del Conservatorio Superior de Música de Madrid. Actas de examen de enseñanza no oficial, años 1930-34. Real Conservatorio de Música de Madrid. Elaboración propia. Aclaraciones: A = aprobado, S = sobresaliente, N = notable. En observaciones se incluye el tipo de matrícula (oficial o libre).

En este sentido, debe destacarse su esfuerzo personal. En aquellos años Buitrago se ocupaba de muchos cargos en la ciudad: magisterio de capilla, dirección del Orfeón Manchego, profesor de la Asociación de Cultura Musical. Pese a ello, en un gesto de dignidad profesional, invirtió gran parte de su tiempo en la consolidación de sus conocimientos en el Conservatorio de Madrid.

Sus afanes públicos en favor de la música fueron reconocidos por todos los sectores sociales, también por la prensa local de cualquier signo o adscripción, pero, en la práctica, fueron baldíos, al menos en gran parte. La Guerra Civil acabó con casi todos los proyectos de aquella fase de gran dinamismo. En los duros años del conflicto, especialmente en 1936, caracterizado por la persecución del clero (en el que perdieron la vida el obispo, su secretario, varios canónigos y tres beneficiados), Buitrago fue respetado por su condición de gran artista y por la estima pública con que contaba. Cuando fue requerido para una labor benéfica, dirigir los *Coros del Socorro Rojo Internacional* en Ciudad Real, durante 1937-1938, prestó su experiencia y sabiduría musical a una causa que, al menos, contradecía el sinsentido general de la violencia desatada.

Buitrago vivía con su hermana Eduvigis, viuda, en una casa de la antigua carretera de Miguelturra. Posteriormente se trasladaron a una casa que hacía esquina en la Ronda de Granada. A partir de la muerte de su hermana (1969), ya anciano, Buitrago recibió los cuidados de las monjas a las que había servido como capellán. Murió a comienzos del otoño de 1975. Tras un funeral solemne, en la iglesia de San Pedro, fue enterrado junto a su hermana en el cementerio de la capital. En su casa quedaba una amplia habitación atestada de partituras, escritos, revistas, legajos, libros, copias..., base material recogida hoy en su Legado Histórico Musical (Pardo, 1999).

2.2. Análisis biográfico

La profundización en la biografía de Buitrago arroja datos y aportaciones importantes, que, incluso, podemos clasificar: 1) su labor eclesiástica o pastoral, 2) su trabajo como profesor, 3) la tarea local como dinamizador, fundador y organizador, 4) la función de director, 5) el grado de compromiso y colaboración que ejerció, 6) el esfuerzo investigador, y 7) su labor compositiva, compendio de todo lo anterior.

1) En el campo eclesiástico podemos distinguir tres planos: el pastoral, el servicio a la diócesis y el servicio a la catedral:

- En el plano pastoral Salomón Buitrago fue capellán de dos congregaciones en Ciudad Real: entre 1914 y 1928 en el convento de las Hermanitas de los Pobres; desde 1928 hasta su muerte en el convento de las Siervas de María, situado en la Plaza de San Francisco.

- En el ámbito diocesano ocupó diversos cargos. Desde 1917 era miembro de la Comisión Diocesana de Música Sacra, puesto que no abandonó a lo largo de su ministerio. En 1921 fue nombrado vicetesorero del Consejo de Acción Eucarística, y en 1922 vocal de la Junta Diocesana de Doctrina Católica[7]. En el Seminario diocesano ocupó los cargos de auxiliar de Mayordomía (1946-1948) y Mayordomo (1948-1956).

- En la catedral ejerció como maestro de capilla con constancia y dedicación admirables. Fue recopilador de música y archivero (de toda partitura de calidad que caía en sus manos), conservador y compositor. Conviene recordar, entre otras cosas, que guardó y salvó gran cantidad de partituras y documentario al estallar la Guerra Civil, gracias a lo cual conocemos las prácticas musicales catedralicias anteriores al conflicto. Destaca su personalidad como magnífico copista de obras de todos los tiempos y estilos, sacras y profanas. Su caligrafía musical era extraordinaria y se cuentan por miles las partituras que copió y en las que no se observa ni un borrón de tinta. Se han podido registrar hasta 30 o 40 copias de una misma obra y en todas destaca la caligrafía perfecta, serena, propia de un hombre que gozaba con la música, no sólo a la hora de ejecutarla, hacerla o escucharla, sino con la simple escritura de la misma. De esta forma mejoró su calidad como armonizador de obras y como compositor, pues con la copia directa de las grandes obras del pasado

---

[7] BOO, 1975. Número de octubre.

adquirió técnicas y las puso en práctica. Entre sus copias se cuentan óperas, conciertos y zarzuelas de gran volumen. Todas se guardan en su Legado Histórico Musical, del que se habla en el siguiente capítulo de este libro.

2) Salomón Buitrago dedicó gran parte de su vida a la tarea docente:

- Fue profesor de música en el Seminario (desde 1922), antes y después de la Guerra. Formó a un buen número de sacerdotes, que se encargaron de extender la música litúrgica de calidad por la diócesis. Entre sus alumnos destacan muchos que llegaron a ocupar puestos importantes dentro de la música del propio Seminario y de la catedral.

- Ejerció como profesor en la Sección Femenina y dio clases particulares a numerosos alumnos de Ciudad Real. También ejerció en el Instituto, durante un breve periodo.

- En edad ya avanzada, con 66 años, asume el reto de impartir clases de música en las Escuelas Normales Masculina y Femenina de Magisterio, en sustitución de Cristóbal Ruyra. Ejerció como *profesor especial* durante diez cursos, desde el otoño de 1955 hasta junio de 1965[8]. En los apuntes que se conservan en su Legado Histórico Musical, manuscritos por él, se observa un enorme cuidado en la enseñanza de la historia de la música (como base para aprender, respetar y amar dicho arte)[9].

3) Salomón Buitrago ha pasado a la historia local de Ciudad Real como un manchego atípico, inconformista, inquieto, dinamizador de la vida cultural y artística de la ciudad. De esta tarea hay notables pruebas durante las dos décadas anteriores a la Guerra Civil:

- Estuvo en la Comisión de Calidad de la Sociedad Filarmónica, fundada en 1924, de la que fue promotor junto a Pablo Vidal.

- Fundó, organizó y dirigió el Orfeón Manchego, la mejor muestra coral profana de la historia de Ciudad Real.

- Creó, junto a otros profesores (por iniciativa suya), la Asociación de Cultura Musical (1930-36), que aspiró a convertirse en conservatorio provincial de música.

4) La forma de dirigir de Salomón Buitrago fue admirada en todos los ámbitos de su actividad, profana y religiosa. Se caracterizó por el perfeccionismo, no exento de un

---

[8] AMAG, Cajas: 1) *Nóminas de 1958, primera carpeta, 2) Nóminas de 1963,* y 3) *Justificantes de cuentas de 1965.* Salomón Buitrago abandonó su trabajo como profesor a la edad de 76 años.
[9] LHMSB: Caja núm. 7, carpetas núm. 1 y 2.

trato personal estrecho y una excelente relación con los coralistas. Entre las tareas de dirección que desempeño, destacan las siguientes:

- Dirección de la Capilla Musical de la SIP, desde 1922 hasta fechas ya muy cercanas a su fallecimiento.

- Dirección del Orfeón Manchego, del que fue fundador, como se ha dicho, desde 1929 hasta 1936, de cuyos miembros recibió un cordial homenaje el 9 de noviembre de 1929.

- Dirección de los coros del *Socorro Rojo Internacional,* durante la Guerra Civil.

- Dirección de la *Schola Cantorum* del Seminario (desde 1922 hasta 1936, y también, ocasionalmente, tras la Guerra Civil).

- Dirección del Coro de la Sección Femenina de Ciudad Real, de forma circunstancial (años 40 y 50).

5) La imagen de Buitrago está ligada a una idea de colaboración y compromiso con gran cantidad de proyectos culturales y musicales:

- Apoyó las asociaciones musicales de Ciudad Real, estuvo en la mayoría de los tribunales y jurados (que requerían su presencia continuamente), manifestó su adhesión a la Banda Municipal (incluso en los momentos de mayor crisis)[10], y colaboró con su director, Cristóbal Ruyra, en diferentes proyectos y composiciones[11].

- Apoyó, igualmente, a la Banda Provincial (tanto en tiempos del maestro Segura como en los de Chacón), componiendo para ella himnos (por ejemplo, el dedicado a Santa Cecilia Mártir).

- También colaboró con las actividades musicales del Frente de Juventudes y de la Sección Femenina después de la guerra. Durante treinta y seis años fue asesor musical provincial de la Sección Femenina (1939-1975), incorporando a la mujer al canto coral como actividad social y educativa[12].

---

[10] Por ejemplo: está documentada la presencia de Buitrago en las fiestas de Sta. Cecilia de 1962 y años siguientes, con la Capilla, cantando en San Pedro con la Banda Municipal como invitada. Eran los tiempos en que se intentaba dar un apoyo oficial a la agrupación para reconstruirla y garantizar su continuidad.
[11] Por ejemplo: hubo un *Himno a la Virgen de Alarcos* compuesto en colaboración. No se conserva. Destaca también la obra titulada *Pandorga.*
[12] *Lanza,* sábado 4 de octubre de 1975, núm. 9908. *"Necrológica. Don Salomón Buitrago Gamero".*

- Personalmente, aparte de su relación con Ruyra, Buitrago tuvo muy buena conexión con Aureliano Bermúdez (colaborador asiduo en la SIP), con José Martín Gil[13], con Pedro Echevarría Bravo (al que donó una buena cantidad de obras extraídas del folklore popular, para su *Cancionero Popular Manchego*) y con el propio Francisco Márquez, *Mazantini* (con el que compartió la formación de los coros y danzas de la Sección Femenina, durante la posguerra).

- Su carácter generoso le proporcionó una gran cantidad de amistades dentro y fuera de Ciudad Real, desde el alcalde José Maestro (admirador de sus esfuerzos artísticos durante la República), hasta Marcos Redondo, pasando por Ponciano Montero (el gran protector de la Asociación de Cultura Musical), José Subirá, Eugenio Goicoechandía, Pedro Rebassa, Cecilio López Pastor (redactor de *Lanza* y concejal en los años 60), Rafael Benedito (director de la Masa Coral Madrileña), Fr. Ramón Fernández (compositor de Almagro), los compositores Beltrán Cervera, Brunet Recasens, los memorables directores de la banda de Campo de Criptana Bernardo Gómez y Angulo Sepúlveda y Vicente Arias (afamado constructor de guitarras)[14].

- Entre las direcciones que manejaba Salomón Buitrago, halladas en un cuaderno de anotaciones de su *Legado,* están las de reputados profesores del Conservatorio de Madrid (por ejemplo: Emilio Alonso, Abelardo Bretón, Pilar Blasco, Rafaela González, Benito García de la Parra, Conrado del Campo, Antonio Sardá, José Robles, el director Pérez Casas o el gran compositor Joaquín Turina)[15].

- La tarea musicológica de Salomón Buitrago no resulta nada despreciable. En un tiempo en el que prácticamente nadie daba valor a la cultura popular, salvo algunas mentes muy preclaras, él se aventura a contactar con el pueblo y extraer fandangos, seguidillas y rondas características de la Mancha, transcribiendo lo que escuchaba de viva voz, tarea de gran dificultad. En los años veinte y treinta, como fruto de una afición previa de su padre, dedicó parte de su tiempo a captar la música popular y ponerla sobre el papel, mérito que salió a la luz gracias a las interpretaciones del

---

[13] Martín Gil, como director de la *Banda de Infantería de Toledo,* dedicó a Buitrago su marcha militar titulada *"El sitio del Alcázar de Toledo"* (fecha 3 de julio de 1940). LHMSB: Caja 9, carpeta núm. 2.

[14] LHMSB: Caja núm. 9, carpeta núm. 2. En esta ubicación podemos encontrar gran cantidad de obras dedicadas expresamente a Salomón Buitrago, como pruebas de afecto y amistad. De Ramón Fernández encontramos tres dedicatorias correspondientes a 1941-42: *Oí cantos dividinales, Corona de hielo en la noche* (dos villancicos) *y Oración* para órgano; de Brunet Recasens una canción plegaria para la Virgen del Prado titulada *El Labrador* (1920); de Beltrán Cervera el vals Boston *El beso,* fecha de dedicatoria el 21 de agosto de 1924; de Bernardo Gómez un *Himno a Cervantes,* escrito en el centenario del Quijote con letra de Carlos Servet; etc.

[15] LHMSB: Caja núm. 7, carpeta núm. 2.

Orfeón Manchego, antes de la guerra, y de los Coros y Danzas de la Sección Femenina, después de la guerra. En este ámbito, es interesante reconocer su colaboración a la composición musical de *La rosa del azafrán* en 1929-1930, acompañando al letrista Federico Romero y al maestro Jacinto Guerrero, autor de la música, en su vistitas a La Solana y otras localidades de la Mancha baja para documentarse, y prestando generosamente sus conocimientos a dicha composición (Pardo: 10-11). También colaboró con músicos del pueblo de la talla de Francisco García Márquez, "Mazantini" (1884-1951), gran recuperador del baile de "las manchegas", con el que coincidió en tareas de enseñanza en el ambiente popular. Cabe decir que sus múltiples tareas nunca le permitieron sistematizar la labor de investigación, pero sirvió de base para que otros lo hicieran, sentando los principios de la recuperación del folklore manchego. Su amor por la Mancha, tierra de inspiración, ha quedado reflejado en su propio Legado Histórico Musical*,* donde es posible hallar manuscritos, copias a vuela pluma y partituras de clara dedicatoria regional, entre las que se encuentran los diversos himnos que se han escrito a esta tierra, en muchos casos conservados gracias a su interés personal[16].

6) La labor de composición de Buitrago, que en ningún momento abandonó, iniciada por influencia de su padre y nunca concluida del todo, es muy prolífica, interesante, tanto por la técnica como por los temas que le atraen:

- Destaca la música litúrgica correspondiente al *Motu Proprio,* como correspondía a su cargo de maestro de capilla, con el que tenía obligación estatutaria de componer.

- Es muy digno el tratamiento del folklore, fuente de inspiración para composiciones polifónicas.

- Tiene interés el tratamiento del piano como instrumento romántico (en su primera fase) y la composición de pasodobles y canciones (dos primeras décadas del siglo XX).

- Demuestra seriedad y gran rigor en la composición de versos para órgano, propios de los tiempos litúrgicos.

- Se afana en las orquestaciones y adaptaciones de obras procedentes del Motu Proprio*,* nacional y extranjero.

---

[16] LHMSB: Caja núm. 9, Carpeta *La Mancha.*
Allí aparecen recogidos un buen número de himnos a la tierra manchega y canciones propias de la región.

- Demuestra habilidad en la composición de numerosos himnos sacros, que han servido de referencia católica popular en numerosos lugares de la provincia de Ciudad Real.

- Entre los contenidos religiosos destaca su especial dedicación al tema mariano, debido a la propia devoción personal por la figura de la Virgen María (heredada de su padre).

- Pese a la ortodoxia que caracteriza su obra, se pueden apuntar notas progresistas interesantes, por ejemplo, la autoría de la primera misa en castellano en la diócesis (de acuerdo con las disposiciones conciliares), la adaptación de textos y partituras a la lengua vernácula, la incorporación moderada y medida de instrumentos a la música litúrgica, o el avance social que supuso la incorporación de mujeres al canto en los oficios sagrados (a través del Orfeón Manchego). En este sentido, como en otros, Buitrago no se muestra como un hombre de prejuicios, sino abierto a nuevas posibilidades, hecho que traslada al terreno armónico (que estudia e investiga en profundidad a través de sus obras).

Las composiciones de Salomón Buitrago constituyen la síntesis de todo su trabajo. En el desarrollo de este se preocupó mucho más por el avance del conocimiento, de la estética, del arte, que por darlo a conocer o difundirlo (debido a la sencillez de su carácter). La fuente oral cuenta de él que "andaba siempre con un lápiz y un papel pautado en el bolsillo, presto para anotar cualquier idea en cualquier lugar donde surgiera". Aseguran, quienes le conocieron, que componía y estrenaba obras con suma humildad: en muchas ocasiones se interpretaban una sola vez y luego se guardaban[17].

Esa costumbre queda ratificada en su legado por la falta de fechas, incluso de firma, lo cual dificulta la labor del historiador, pero da muestras de desinterés personal y de verdadera tensión creadora. Es muy probable que las 246 obras catalogadas -13 de ellas atribuidas-, no sean todas las que hizo, posiblemente se podrían sumar otras muchas[18].

Todo lo expuesto constituye un conjunto de argumentos, más que suficientes, para considerar a Salomón Buitrago como figura eje de la música local en Ciudad Real durante el siglo XX, por lo menos en las fechas establecidas como marco de este estudio

---

[17] Fuente oral: Francisco Romero, canónigo. Entrevista en Ciudad Real, 2000.
[18] De hecho, el número de obras de Salomón Buitrago que han sido determinadas es inferior al núm. total que guarda su Legado Histórico Musical. En concreto, las Cajas núm. 10, 11, 12 y 13, con un total de 9 carpetas, contienen obras de autoría indeterminada, entre las cuales es muy posible que algunas sean del propio maestro de capilla, si bien no se puede ratificar con plena seguridad.

(1915-1965). Tuvo una extraordinaria personalidad artística y dotes de inteligencia musical fuera de lo común. Su trabajo le define como un artista propio del individualismo decimonónico, pero inmerso en la historia social de la ciudad. En torno a ese eje circularon proyectos, intentos, personas, compositores, estilos, liturgia, y demás componentes de la música local, dentro y fuera del templo. La huella de "don Salomón", como le citan las fuentes, es apreciable en todos ellos.

Cuadro núm. 6: Actividad vital, pastoral y musical de Salomón Buitrago Gamero

CRONOLOGÍA	EVENTOS Y ACTIVIDADES
1889	Nacimiento en Almadén
Finales del siglo XIX	Traslado a Malagón (su padre, Salomón Buitrago Rodríguez, es trasladado con el puesto de sacristán en la iglesia de la Magdalena)
Comienzos del siglo XX	Estudios en el Seminario de Toledo
Primeros años del siglo XX	Estudios de Filosofía y Teología en el Seminario diocesano de Ciudad Real
1911	Ocupa el puesto de sochantre segundo de la Catedral de Ciudad Real
1911	Dirección del coro de seises de la catedral, al que pertenecía Marcos Redondo
1912	Ordenación como sacerdote
1914-1928	Capellán del convento de las Hermanitas de los pobres de Ciudad Real
1917	Miembro de la Comisión diocesana de Música Sacra
1921	Ocupa el puesto de sochantre primero de la Catedral de Ciudad Real
1921	Vicetesorero del Consejo de Acción Eucarística
1922	Ocupa el puesto de maestro de capilla de la Catedral de Ciudad Real tras superar la oposición correspondiente. Ocupará este magisterio hasta su fallecimiento. En este puesto dirigió a la Capilla musical de la SIP, realizó tareas de composición religiosa, archivador, copista y musicólogo, colaborando con todas las entidades musicales de Ciudad Real y provincia.
1922	Vocal de la Junta diocesana de Doctrina Católica
1922	Profesor de música en el Seminario diocesano de Ciudad Real
1922-1936	Director de la *Schola Cantorum* del Seminario diocesano de Ciudad Real
1924-1925	Miembro de la Comisión de Calidad de la Sociedad Filarmónica de Ciudad Real
1928-1975	Capellán del convento de las Siervas de María de Ciudad Real
1929-1936	Fundador y director del Orfeón Manchego de Ciudad Real
1930-1934	Ingreso en el Conservatorio de Madrid para consolidar sus estudios musicales
1930-1936	Fundador y profesor de la Asociación de Cultura Musical de Ciudad Real

1936-1939	Pone a salvaguarda la documentación musical de la catedral de Ciudad Real
1936-1939	Director de los Coros del Socorro Rojo de Ciudad Real
1939-1945	Organista en funciones de la SIP Catedral de Ciudad Real
1939-1975	Profesor de música y asesor provincial de música de la Sección Femenina
1946-1948	Auxiliar de mayordomía en el Seminario diocesano de Ciudad Real
1948-1956	Mayordomo del Seminario diocesano de Ciudad Real
1953-1959	Organista en funciones de la SIP Catedral de Ciudad Real
1955-1965	Profesor de música en las Escuelas normales de Magisterio masculina y femenina
1975	Fallece el 4 de octubre en Ciudad Real.

FUENTES: *LHMSB;* Pardo García, Pedro: *Don Salomón Buitrago Gamero, sacerdote y músico manchego. Algunos datos de su vida y de su obra musical,* sin editar; *Boletín oficial del Obispado Priorato de las Órdenes Militares,* octubre de 1975; *Archivo histórico de la Facultad de Educación de Ciudad Real: Nóminas de 1958, Nóminas de 1963 y Justificantes de cuentas de 1965; Secretaría del Real Conservatorio Superior de Música de Madrid, Actas de examen de enseñanza no oficial,* 1930-1934; *Lanza,* sábado 4 de octubre de 1975, núm. 9908. Elaboración propia.

3. LA EXTRAORDINARIA COLECCIÓN DE PARTITURAS Y DOCUMENTOS DEL MAESTRO DE CAPILLA

3.1. Definición y origen del LHMSB

Gracias a la esmerada caligrafía musical de Salomón Buitrago se ha conservado en Ciudad Real un elevado número de partituras de música civil y música sacra. Durante el periodo de Guerra Civil este afanado maestro de capilla se convirtió en salvador de buena parte de la música cultual de la catedral, como se ha dicho, posibilitando la habilitación de un destacado patrimonio para el futuro. A su muerte, 1975, dejó como fabulosa herencia no solo su ejemplo vital, sino también una prolija colección de partituras y documentos con abundante información sobre la música en la SIP y en Ciudad Real.

La herencia musical del maestro Buitrago, que hemos llamado Legado Histórico Musical de Salomón Buitrago y que citamos con las siglas LHMSB, se guarda en la catedral de Ciudad Real. Hoy por hoy constituye una fuente de gran valor en el estudio musical de Castilla-La Mancha, aparte de arrojar a la luz la propia obra del maestro de capilla (233 composiciones acreditadas y 13 obras atribuidas). El tema principal del legado, por supuesto, es la constatación histórica de la catedral de Ciudad Real como centro importante del estilo Motu Proprio, pero también son destacables las siguientes conclusiones: constituye una colección patrimonial de gran interés, corrobora la importancia del folclore manchego como fuente de inspiración culta y atestigua gran parte de la historia manchega[1].

El LHMSB se encuentra en la sacristía de la Catedral de Ciudad Real, en concreto en la antigua sala de beneficiados del cabildo catedralicio. Fue reunido por Pedro Pardo García, canónigo de la catedral, prefecto de música en virtud de la revisión estatutaria y director de la Coral Polifónica de Ciudad Real.

El legado llegó a manos de Pedro Pardo a principios del año 1992, él lo definía como el mejor "regalo de Reyes" de su vida. Desde el 4 de octubre de 1975, fecha de la muerte de Salomón Buitrago, el legado conoció una dispersión como consecuencia del

---

[1] La catalogación del LHMSB es propiedad del autor del presente libro. Fue inscrita en el Registro General de la Propiedad Intelectual con el núm. de inscripción 00/2000/16600, Sección 1, como obra científica y trabajo de investigación. La fecha de efectos de la inscripción es 07/09/2000. Dicha catalogación fue editada por primera vez en Capdepón Verdú, Paulino y Pastor Comín, Juan José (eds. 2015): *El patrimonio musical de Castilla-La Mancha: nuevas perspectivas*. Madrid, Alpuerto. El presente capítulo supone una actualización necesaria pues se han hallado e incorporado nuevas obras al compendio de composiciones de Salomón Buitrago.

desmantelamiento de la casa y propiedades del maestro de capilla, que fueron a parar a manos de sus primos e hijos de estos. Los papeles de música del maestro, que ocupaban una enorme habitación, fueron enajenados y quedaron dispersos sin ningún tipo de orden ni clasificación, y durante muchos años permanecieron en casas particulares y garajes (en Malagón, Boadilla del Monte y Alicante). Ante el desconocimiento de los familiares, los papeles corrieron un riesgo real de desaparición. Sin embargo, imperó el sentido común y mediante una iniciativa compartida fueron donados a Pedro Pardo. Esta acción y el propio interés del prefecto de música de la catedral permitieron salvar una fuente de enorme valor histórico.

Veinticuatro años después del fallecimiento de Salomón Buitrago el legado empezó a ser organizado en la primavera de 1999 por el que suscribe, como se dijo en la introducción, habiendo recibido el encargo para ello por parte de Pedro Pardo. El trabajo de catalogación se completó durante los cuatro años siguientes. Así, desde 2003, en que se culminó esta tarea, el LHMSB permanece en la catedral de Ciudad Real[2].

3.2. Importancia y descripción técnica del legado

El LHMSB es una extensa e importantísima colección compuesta por cientos de partituras, unas en formato revista, otras en formato manuscrito, otras impresas y muchas recogidas en libros de atril. El tema central de todo el legado es la música litúrgica correspondiente al Motu Proprio o música oficial de la Iglesia católica desde 1903 hasta 1965, año de innovaciones que derivan del concilio Vaticano II. Sin embargo, en esta colección encontramos también obras procedentes de la música clásica en general y del folklore regional español, en concreto del folklore manchego. El legado tiene la peculiaridad de ensalzar el folklore al grado de música culta mediante un tratamiento cuidado que extrae temas populares para convertirlos en esencia de composiciones cultas.

Sin duda, el legado de Buitrago tiene un valor histórico trascendental en el campo de la musicología local de Ciudad Real y en el contexto general de la música del Motu Proprio. Es la clave documental y archivística para comprender la historia de la música en la catedral y en Ciudad Real durante todo el siglo XX. A través de su estudio detenido podemos llegar a instancias históricas como las asociaciones que han existido,

---

[2] Por desgracia, Pedro Pardo no vivió suficiente para ver la finalización del catálogo. Falleció el 4 de octubre de 2001.

las escuelas de música, las bandas, los profesores y defensores de la música en la capital provincial, las campañas de prensa, las actividades y las agrupaciones que han enriquecido la musicología, desde el Orfeón Manchego hasta la Asociación de Cultura Musical, en distintas épocas. Por otra parte, el legado, herencia directa de la forma de sentir y hacer de su creador, es una pieza fundamental para el estudio de la persona y de la personalidad artística de Salomón Buitrago Gamero. Su persona ha sido definida como "el Conservatorio de Ciudad Real durante el siglo XX" y esta extensa documentación parece corroborarlo. Su actividad incansable fue fuente para el desarrollo de la música en la ciudad desde cualquier punto de vista. Además de las partituras, el legado contiene una parte importante de documentario de distintas épocas cronológicas, incluidos textos manuscritos, que involucran a Buitrago y dan testimonio de su "personalidad eje" de la cultura musical ciudarrealeña hasta 1965, aproximadamente.

El valor del legado aumenta si tenemos en cuenta que gran parte de la música allí conservada ha perdido vigencia en la sociedad actual, incluso en el propio culto de la Iglesia. Las partituras del Motu Proprio que se guardan, con una enorme lista de autores españoles y foráneos, muy completa, están ligadas a la liturgia y no fueron creadas para el concierto o la audición placentera. Tenían una función que estaba ligada al culto. Propiamente su función era ornamentar los ritos y la práctica de la oración litúrgica mediante el canto o la interpretación del órgano. Al cambiar ciertos aspectos de la liturgia debido a las directrices del Vaticano II, por ejemplo, la aceptación de los cantos y de la propia Eucaristía en las lenguas vernáculas, estas partituras pasaron a un segundo plano y finalmente parecen ocupar un capítulo casi cerrado de la historia de la música europea y española, también ciudarrealeña. He ahí donde radica la importancia de su conservación: si los conciertos no pueden rescatarla corresponde a los historiadores y musicólogos no permitir que muera esta música, conservarla, catalogarla, redimirla. A este afán de conservación, al que estamos obligados como amantes de la música, se añade el valor trascendental como fuente de información bibliográfica, biográfica, documental en general, una fuente nada desdeñable para los historiadores.

3.3. Clasificación del LHMSB

Como se ha dicho, el legado no sólo se compone de música religiosa sino también de todo tipo de música, desde clásica hasta ligera, desde folklore hasta populismo manchego. En cualquier sentido, destacan las propias obras de Salomón Buitrago, rescatadas en gran parte del anonimato, entremezcladas inicialmente con otras muchas partituras. Ha sido necesario un gran esfuerzo de identificación, reconstrucción y catalogación para salvar una buena parte de las composiciones de este gran maestro de capilla, dotado de un estilo refinado que sólo en muy pocas ocasiones cambió por un estilo popular al servicio de la liturgia. Seguros estamos de que las 246 obras catalogadas no son todas las que él hizo, probablemente se podrían sumar otras muchas, pero por otro lado es satisfactorio el hecho de la conservación e identificación de estas, que muestran un espíritu creador de gran vitalidad. Las obras catalogadas han sido clasificadas por categorías y se ha establecido un número *opus* para cada obra.

El LHMSB se guarda en 98 cajas de archivo y está compuesto por cuatro secciones[3]:

I. Obras y documentario de Salomón Buitrago. Obras y documentario relacionado con la catedral de Ciudad Real y sus músicos [1-15]:
-   obras musicales de Salomón Buitrago (Catálogo VCG) [1-6],
-   documentario de Salomón Buitrago [7-8],
-   obras y documentos relacionados con la catedral y sus músicos [9],
-   obras indeterminadas copiadas por Salomón Buitrago [10-13],
-   contenido diverso [14-15].

II. Colecciones de revistas [16-33]:
-   revistas del *Motu Proprio* procedentes de Italia [16-19],
-   revistas del *Motu Proprio* de España [20-26],
-   revistas del *Motu Proprio* procedentes de Francia y Checoslovaquia [21 y 27],
-   revistas de órgano y armonio [28-29],
-   revistas de educación (música en la escuela y en el teatro) [30],
-   revistas de música clásica y ligera [31-32],

---

[3] Entre corchetes se indica la ubicación de cada sección y categoría: [números de caja]. En caso de incluirse núm. de carpeta se indica como sigue: [núm. de caja/núm. de carpeta].

- revistas de propaganda católica [33],
- varia (números sueltos) [33].

III.   Partituras en legajos (impresos y manuscritos) [34-98]:
- misas de autores del *Motu Proprio* [34-41],
- música vocal religiosa [42-68],
- música para órgano, armonio y piano [69-76],
- canción profana y folclore [77-85],
- música clásica [86-88],
- orquestación y banda [89-91],
- música escénica [92-94],
- metodología musical [95-97], y
- contenido indeterminado [98].

IV. Teoría y libros de facistol, atril o partitura [fuera de cajas]: abundante bibliografía de metodología musical, piano barroco, clásico y romántico, órgano y armonio, música clásica y composición de cámara, historia de la música, folclore, música vocal, música dramática y lírica, canto gregoriano, cánticos y oficios religiosos.

3.4. Sección I: Obras y documentario de Salomón Buitrago Gamero. Obras y documentario relacionado con la catedral de Ciudad Real y sus músicos.

3.4.1. Obras musicales de Salomón Buitrago (Catálogo VCG)

En el LHMSB se conservan 233 obras musicales de Salomón Buitrago Gamero y 13 obras más atribuidas. De ellas, es muy posible que las 37 primeras sean obras de su padre, Salomón Buitrago Rodríguez, copiadas y reescritas por su hijo. Todas las obras están clasificadas siguiendo un criterio cronológico de escritura y han sido recogidas en un catálogo general identificando cada *opus* con las letras VCG[4]. De esta manera es viable distinguir esta ordenación de posibles catalogaciones e investigaciones posteriores.

---

[4] VCG: Vicente Castellanos Gómez, autor del catálogo.

El catálogo tiene una serie de limitaciones evidentes:

1) Sólo están incluidas las obras presentes en el LHMSB. Es posible que existan obras dispersas del mismo autor en posesión de particulares, en institutos eclesiásticos de la diócesis, etc. De hecho, las obras VCG 229 a VCG 246 se han incorporado al legado muchos años después de cerrarse la primera catalogación.

2) Sólo se incluyen las obras con una autoría perfectamente determinada, es decir, con firma de Salomón Buitrago. Existen otras muchas obras sin firma en el LHMSB, indeterminadas. Podemos sospechar que muchas de ellas, por forma y contenido, son del mismo autor, pero es imposible corroborarlo con total certeza. En este sentido, solo han sido agregadas al catálogo 13 obras atribuidas (VCG 234 a VCG 246).

3) El LHMSB tiene carácter patrimonial musical pero también histórico-social, e igualmente el Catálogo VCG. Por ello, se han incluido obras que están mutiladas en gran parte, cuya reconstrucción es imposible. Sin embargo, el criterio histórico nos anima a incluirlas ya que aportan información biográfica y difunden la condición de compositor del maestro Buitrago. Por desgracia, el tiempo y la falta de cuidado han destruido algunas de estas partituras, pero no el dato empírico de su realización.

4) El orden cronológico es aproximado. Es prácticamente imposible determinar la cronología exacta de la mayor parte de las obras ya que Buitrago no tenía por costumbre anotar la fecha en sus partituras. Por ello, la cronología se ha asignado a través de un estudio grafológico, por comparación con partituras que si están fechadas. Debido a la enorme labor como copista del maestro Buitrago es posible deducir pequeños cambios grafológicos con el paso del tiempo. A partir de ahí han sido establecidas una serie de fases coincidentes con décadas. Dentro de esas fases se ha ubicado la fecha de copia aproximada de las obras catalogadas. Debe aclararse que dicho orden obedece a fecha de copia y no de composición.

El objetivo del catálogo es dignificar la personalidad artística de Salomón Buitrago, mantener el recuerdo histórico de su música, conservar su patrimonio musical y animar a posteriores investigaciones que incluyan, si es posible, la edición crítica de sus principales obras y la inclusión en el repertorio coral de los grupos polifónicos del área de Castilla-La Mancha.

Se detallan a continuación, por orden de *opus*, todas las obras registradas en el Catálogo VCG, que se guardan en las seis primeras cajas del LHMSB[5].

Decenio 1900-1910:

VCG 1: *Ave María a solo en mi mayor* [00, 5/13, 1, m, c1]

VCG 2: *Bendita sea tu pureza para solo de barítono* [00, 5/13, 3, m, c3]

VCG 3: *Carmen, obra breve para piano* [00, 3/8, 1, m, c2]

VCG 4: *Composición breve para piano* [00, 3/8, 1, m, c2]

VCG 5: *Dos versos en tercer tono para órgano* [00, 3/7, 2, m, c2]

VCG 6: *Dos versos para segundo y tercer tono para órgano* [00, 3/7, 2, m, c2]

VCG 7: *Dos vísperas de Navidad, para piano* [00, 3/7, 2, m, c2]

VCG 8: *El gallito del portal, con acompañamiento de piano* [00, 4/10, 1, m, c3]

VCG 9: *El mensajero, pasodoble para piano* [00, 3/8, 2, m, c2]

VCG 10: *El mirlo, pasodoble para piano* [00, 3/8, 1, m, c2]

VCG 11: *Eres hermosa, la mariposa. Mazurca para piano* [00, 3/8, 1, m, c2]

VCG 12: *Flor de octubre, polka para piano* [00, 3/8, 2, m, c2]

VCG 13: *Fórmula del pasodoble, pasodoble para piano* [00, 3/8, 1, m, c2]

VCG 14: *Gratitud, obra breve para piano* [00, 3/8, 1, i, c2]

VCG 15: *Polka Gratitud, obra breve para piano* [00, 3/8, 1, m, c2]

VCG 16: *Himno al Santísimo Sacramento, a una voz con acompañamiento de órgano* [00, 2/6, 1, m, c2]

VCG 17: *Inocente, el mancheguito, pasodoble para piano* [00, 3/8, 1, m, c2]

VCG 18: *Los inocentes, vals para piano* [00, 3/8, 1, m, c2]

VCG 19: *Manchegas en do mayor* [00, 3/9, 1, m, c2]

---

[5] Guía para la comprensión del catálogo VCG: cada obra va seguida de una serie de anotaciones entre corchetes para una mejor caracterización e identificación. La primera anotación corresponde a la cronología de escritura: 00 para el periodo 1900-1910, 10 para el periodo 1910-1920, 20 para el periodo 1920-1925, 25 para el periodo 1925-1930, 30 para el periodo 1930-1940, 40 para el periodo 1940-1950 y 50 para las obras escritas en la década de 1950 y posteriores. La segunda anotación corresponde a la ubicación exacta de la obra: número de caja/número de carpeta. La tercera anotación indica la cantidad de copias conservas (número exacto); en caso de conservarse bastantes copias se indica con una m (muchas). La siguiente anotación indica si la obra se conserva manuscrita (m) o impresa (i), es decir, editada. La última indicación (c seguida de un número) indica estado de conservación de acuerdo con los siguientes criterios: c0 significa conservación muy mala, mutilación o pérdida en la práctica; c1 significa estado de conservación bastante malo; c2 significa estado de conservación regular; y c3 significa estado de conservación aceptable o bueno. Por ejemplo: [40, 5/13, 7, m, c3] significa que la obra referida fue escrita en la década de 1940, se ubica en la caja núm. 5, carpeta núm. 13, se conservan 7 copias, todas ellas manuscritas, y su estado de conservación es bueno (c3).

VCG 20: *Manchegas en sol mayor: tuve un sermón anoche* [00, 3/9, 1, m, c2]

VCG 21: *Marcha, obra breve para piano* [00, 3/8, 1, m, c2]

VCG 22: *Marcha para órgano* [00, 3/7, 1, m, c2]

VCG 23: *Melodía a la Purísima para barítono* [00, 5/3, 2, m, c3]

VCG 24: *Misa Pastorela a dúo de tenor y tiple* [00, 2/4, 2, m, c2]

VCG 25: *Obra breve para piano* [00, 3/8, 1, m, c2]

VCG 26: *Polka, obra breve para piano* [00, 3/8, 1, m, c2]

VCG 27: *Polka Dolores, obra breve para piano* [00, 3/8, 1, m, c2]

VCG 28: *Recuerdo de mi infancia, polka para piano* [00, 3/8, 2, m, c2]

VCG 29: *Rubios cabellos, pasodoble para piano* [00, 3/8, 1, m, c2]

VCG 30: *Sanctus y Agnus* [00, 2/5, 1, m, c2]

VCG 31: *¿Tiene usted el Dengue?, obra breve para piano* [00, 3/8, 1, m, c2]

VCG 32: *Una lágrima, marcha fúnebre para piano* [00, 3/8, 1, m, c2]

VCG 33: *Vals para piano* [00, 3/8, 1, m, c2]

VCG 34: *Versos en quinto tono* [00, 3/7, 1, m, c2]

VCG 35: *Versos para después de "Ite Misa est" para órgano* [00, 3/7, 1, m, c2]

VCG 36: *Vísperas para órgano, 1903* [00, 3/7, 1, m, c2]

VCG 37: *Viva la Mancha* [00, 3/8, 1, m, c2]

Decenio 1910-1920:

VCG 38: *Amapolas, mazurca para piano* [10, 3/8, 2, m, c3]

VCG 39: *Amistad, mazurca para piano* [10, 3/8, 2, m, c3]

VCG 40: *Cántico a Santa Celicilia, coro y solo con acompañamiento de órgano* [10, 4/11, m, i, c3]

VCG 41: *Enriqueta, mazurca para piano* [10, 3/8, 1, m, c3]

VCG 42: *Eterno Padre, a tres voces mixtas con acompañamiento de órgano* [10, 1/1, 1, m, c3]

VCG 43: *Gozos a San Antonio, a dos voces con acompañamiento de órgano* [10, 4/11, 1, m, c3]

VCG 44: *Himno a San Vicente de Paúl, coro y solo con órgano* [10, 4/11, 1, m, c3]

VCG 45: *Himno a Santa Beatriz, tres voces mixtas con acompañamiento de órgano* [10, 4/11, 1, m, c3]

VCG 46: *Hojas de violeta, mazurca para piano* [10, 3/8, 2, m, c3]

VCG 47: *Más alegría, pasodoble, 1914-1915* [10, 3/8, m, i, c3]

VCG 48: *Mazurca para piano en do menor* [10, 3/8, 1, m, c3]

VCG 49: *Panis angelicus a tres voces mixtas, segunda voz* [10, 1/1, 1, m, c0].

Periodo 1920-1925:

VCG 50: *Afferentur regi virgenes, para dos voces de hombre* [20, 1/1, 8, m, c3]

VCG 51: *Al Corazón de Jesús, himno para coro y solo con órgano* [20, 2/6, 6, m, c3]

VCG 52: *Al Patriarca San José, himno a una voz, con órgano* [20, 4/11, 1, m, c3]

VCG 53. *Ave María en do mayor* [20, 5/13, 1, m, c1]

VCG 54: *Ave María en la bemol mayor* [20, 5/13, 3, m, c3]

VCG 55: *Ave María para solo de barítono en mi bemol mayor* [20, 5/13, 6, m, c3]

VCG 56: *Bendita sea tu pureza* [20, 5/13, 1, m, c1]

VCG 57: *Cántico a la Virgen a coro y solo* [20, 5/13, 1, m, c3]

VCG 58: *Don Pascual, chotis para piano* [20, 3/8, 1, m, c3]

VCG 59: *España de mis amores, canción española para soprano con acompañamiento de piano* [20, 3/8, m, i, c3]

VCG 60: *Fox Trot, obra breve para piano* [20, 3/8, 1, m, c1]

VCG 61: *Gozos a la Virgen a coro y solo* [20, 4/12, 2, m, c3]

VCG 62: *Himno a la Beata Madre Beatriz Silva, para coro y solo con acompañamiento de órgano* [20, 4/11, 4, m, c3]

VCG 63: *Himno a Santo Tomás de Villanueva I* [20, 4/11, 1, m, c2]

VCG 64: *Himno a Santa Teresa de Jesús* [20, 4/11, m, i, c3]

VCG 65: *Letanía Lauretana a dos voces, con acompañamiento de órgano* [20, 4/12, 1, m, c1]

VCG 66: *Liberame Domine, a tres voces mixtas* [20, 2/6, 1, m, c2]

VCG 67: *Mazurca para piano en re mayor* [20, 3/8, 1, m, c3]

VCG 68: *Oh mortales, plegaria para tenor en mi menor con acompañamiento de órgano* [20, 2/6, 4, m, c3]

VCG 69: *Orquestación: Ego sum, de José Antonio S.J.* [20, 1/2, 1, m, c1]

VCG 70: *Orquestación: Misa de Ribera Miró* [20, 1/3, 1, m, c1]

VCG 71: *Orquestación: Misa pontificial de Lorenzo Perosi* [20, 6/15, 1, m, c1]

VCG 72: *Orquestación: Misa sine labe concepta, de Canestrari* [20, 6/16, 1, m, c1]

VCG 73: *Orquestación: Vísperas del Corpus* [20, 1/2, 1, m, c1]

VCG 74: *Plegaria a Santa María Virgen para barítono* [20, 5/13, 4, m, c3]

VCG 75: *Vals para piano en sol mayor* [20, 3/8, 1, m, c3]

VCG 76: *Me recordaris, responsorio para tres voces mixtas para Misa de Requiem* [20, 2/6, 1, m, c3]

VCG 77: *Salve a dos voces, variación de una Salve de Luigi Botazo* [20, 5/14, 1, m, c3]

VCG 78: *Salve Regina a tres voces en si bemol mayor* [20, 5/14, 2, m, c1]

VCG 79: *Salve Regina a tres voces mixtas en mi mayor* [20, 5/14, 1, m, c0]

VCG 80: *Salve Regina a tres voces mixtas en do menor I, 1921, con acompañamiento de órgano* [20, 5/14, 15, m, c3]

VCG 81: *Salve Regina a tres voces mixtas en do menor II* [20, 5/14, 2, m, c1]

VCG 82: *Salve Regina en re mayor I* [20, 5/14, 1, m, c0]

VCG 83: *Santo Dios, trisagio a tres voces a capella* [20, 1/1, 1, m, c3]

VCG 84: *Tantum ergo a tres voces mixtas en sol menor, acompañamiento de órgano* [20, 2/6, 8, m, c3]

VCG 85: *Tantum ergo a dos voces en re mayor, acompañamiento de órgano* [20, 2/6, 6, m, c3]

VCG 86: *Tantum ergo a coro y solo, acompañamiento de órgano* [20, 2/6, 2, m, c3]

VCG 87: *Tantum ergo a tres voces en mi bemol mayor, 1922, con acompañamiento de órgano* [20, 2/6, 4, m, c3]

VCG 88: *Tantum ergo a una voz en fa menor, con acompañamiento de órgano* [20, 2/6, 2, m, c3]

VCG 89: *Tantum ergo en re mayor, una voz con acompañamiento de órgano* [20, 2/6, 5, m, c3]

VCG 90: *Tantum ergo en si menor, una voz con acompañamiento de órgano* [20, 2/6, 5, m, c3].

Periodo 1925-1930:

VCG 91: *Ave María a solo de tenor en mi bemol mayor, con acompañamiento de órgano* [25, 5/13, 13, m, c3]

VCG 92: *Ave María para solo de tenor en si mayor, con órgano* [25, 5/13, 6, m, c3]

VCG 93: *Ave verum para tenor, con órgano* [25, 1/1, 1, m, c3]

VCG 94: *Cantos populares a la Virgen de las Nieves, patrona de Almagro, 1929* [25, 4/12, m, i, c3]

VCG 95: *Christus factus est, a tres voces mixtas* [25, 1/1, 1, m, c0]

VCG 96: *Estampas manchegas, suite en tres tiempos, obra breve para piano* [25, 3/8, 1, m, c2]

VCG 97: *Felicitación II, canción con acompañamiento a piano* [25, 3/8, 1, m, c2]

VCG 98: *Misa in honorem BVM subtítulo Virgen del Prado* [25, 2/4, 1, m, c1]

VCG 99: *Misa Pastorella, a dos voces con órgano* [25, 2/4, 5, m, c1]

VCG 100: *A Cor Jesu, plegaria para bajo en re mayor, con órgano* [25, 2/6, 1, m, c2]

VCG 101: *O quam suavis est, para una voz con órgano* [25, 1/1, 1, m, c3]

VCG 102: *Orquestación: Misa en honor de San Luis Gonzaga, de Orestes Ravanello* [25, 1/3, 1, m, c1]

VCG 103: *Plegaria a Jesús I, para barítono, con órgano* [25, 1/1, 1, m, c3]

VCG 104: *Plegaria a Jesús II, para barítono con órgano* [25, 1/1, 1, m, c3]

VCG 105: *Plegaria a la Virgen de los Dolores* [25, 5/12, 1, m, c1]

VCG 106: *Plegaria y marcha para órgano en seis secciones* [25, 3/7, 1, m, c3]

VCG 107: *Recordare Virgo Mater* [25, 5/13, 5, m, c3]

VCG 108: *Salve Regina a ocho voces y orquesta, 1929* [25, 5/14, 4, m, c2]

VCG 109: *Septenario a la Virgen de los Dolores* [25, 4/12, 10, i, c3]

VCG 110: *Tadet animam meam, lección II del Oficio de difuntos en la bemol mayor, con órgano* [25, 2/6, 5, m, c3]

VCG 111: *Tantum ergo a dos voces en la bemol mayor, 1926, con acompañamiento de órgano* [25, 2/6, 4, m, c3]

VCG 112: *Tantum ergo a tres voces mixtas en re menor, 1926, con acompañamiento de órgano* [25, 2/6, 6, m, c3]

VCG 113: *Tantum ergo a tres voces mixtas en si menor y re mayor, 1926, con acompañamiento de órgano* [25, 2/6, 7, m, c3]

VCG 114: *Vals para piano en fa mayor* [25, 3/8, 1, m, c2]

VCG 115: *Vexilla Regis a una voz* [25, 1/1, 1, m, c3].

Decenio 1930-1940:

VCG 116: *Apunte, obra breve para piano* [30, 3/8, 1, m, c3]

VCG 117: *Apunte en fa mayor, obra breve para piano* [30, 3/8, 1, m, c3]

VCG 118: *Canto a San Antonio a coro y solo en re mayor, con acompañamiento de órgano* [30, 4/11, 5, m, c3]

VCG 119: *Catecismo en verso popular cantado, siete secciones, con acompañamiento de órgano, 1935* [30, 1/1, 20, i, c3]

VCG 120: *El garbancito, canción infantil con acompañamiento a piano* [30, 3/8, 1, m, c3]

VCG 121: *Estrofa a cuatro voces, con órgano* [30, 1/1, 1, m, c3]

VCG 122: *Felicitación I, canción a dos voces con acompañamiento de piano, 1933* [30, 4/10, 1, m, c3]

VCG 123: *Himno al beato Juan de Ávila, a una voz, 1935* [30, 4/11, m, i, c3]

VCG 124: *Misa colectiva de Acción Católica, once cantos para la misa rezada* [30, 2/5, m, i, c3]

VCG 125: *Orquestación: Misa de Requiem de Lorenzo Perosi* [30, 1/3, 1, m, c1]

VCG 126: *Requiescant a tres voces mixtas en fa mayor, con órgano* [30, 2/6, 1, m, c2]

VCG 127: *Ronda manchega, para tres voces mixtas a capella* [30, 4/10, m, m, c3]

VCG 128: *Salve Regina a tres voces en sol mayor, con acompañamiento de órgano* [30, 5/14, 5, m, c3]

VCG 129: *Seguidillas Si puesto en un cadalso, para cuatro voces mixtas y banda* [30, 3/9, m, m, c2]

VCG 130: *Seguidillas Vuelve tu rostro, canto y piano, a la Virgen del Prado* [30, 3/9, 1, m, c1]

VCG 131: *Somos las chicas de las escuelas, canción con acompañamiento a piano* [30, 3/8, 1, m, c1]

VCG 132: *Yo no tengo riquezas (Mancha de mis amores), copla española para soprano con acompañamiento a piano* [30, 3/8, 1, m, c3].

Decenio 1940-1950:

VCG 133: *A la bandera, canción española con acompañamiento a piano* [40, 3/8, 5, m, c3]

VCG 134: *Adaptación de Adeste Fideles a cuatro voces mixtas* [40, 4/10, 1, m, c1]

VCG 135: *Ave María a solo en mi bemol mayor, con órgano* [40, 5/13, 2, m, c3]

VCG 136: *Ave María a solo de barítono en do mayor, con órgano* [40, 5/13, 7, m, c3]

VCG 137: *Benedictus, fabordón a cuatro voces gruesas* [40, 1/1, 1, m, c3]

VCG 138: *Composición para piano sin título, obra breve* [40, 3/8, 1, m, c3]

VCG 139: *Dios te salve a la Virgen, en mi mayor con órgano* [40, 5/13, 1, m, c3]

VCG 140: *Elegía para órgano* [40, 3/7, 1, m, c3]

VCG 141: *Gozos a la Virgen de la Salud en do mayor* [40, 5/12, 3, m, c2]

VCG 142: *Gozos a la Virgen de la Salud en fa mayor* [40, 5/12, 1, m, c2]

VCG 143: *Gozos a la Virgen de la Salud en si menor* [40, 5/12, 4, m, c3]

VCG 144: *Gozos a la Virgen de la Salud en sol menor* [40, 5/12, 7, m, c2]

VCG 145: *Himno a la Virgen de Gracia, Puertollano* [40, 4/12, 2, m, c3]

VCG 146: *Himno a la Virgen del Prado* [40, 4/12, m, i, c3]

VCG 147: *Himno a Santa Teresita del Niño Jesús* [40, 4/11, 2, m, c3]

VCG 148: *Himno para las vísperas de San Pedro apóstol, para tres voces mixtas y órgano* [40, 4/11, 4, m, c3]

VCG 149: *Himno para las vísperas de Santiago apóstol, a dos voces con órgano* [40, 4/11, 2, m, c3]

VCG 150: *Himno para las vísperas de Santo Tomás de Villanueva, a tres voces mixtas* [40, 4/11, 4, m, c3]

VCG 151: *Misa de Angelis, variación de una misa de C. Franco* [40, 2/4, 4, m, c3]

VCG 152: *Misa fácil a dos voces, con órgano* [40, 2/5, 6, m, c3]

VCG 153: *Misa sobre motivos marianos, a dos voces con órgano* [40, 2/5, 1, m, c1]

VCG 154: *Miserere mei Deus, antifonal* [40, 2/6, 3, m, c2]

VCG 155: *No despiertes al Niño* [40, 4/10, 1, m, c2]

VCG 156: *Orquestación: Magnificat para cuatro instrumentos* [40, 1/2, 1, m, c1]

VCG 157: *Orquestación: Misa de Vicente Goicoechea* [40, 1/3, 1, m, c1]

VCG 158: *Preludio para órgano en sol mayor* [40, 3/7, 1, m, c3]

VCG 159: *Saeta, canción con acompañamiento a piano* [40, 3/8, 2, m, c2]

VCG 160: *Salve Regina a tres voces mixtas en do menor I, con acompañamiento de órgano* [40, 5/14, 13, m, c2]

VCG 161: *Salve Regina a tres voces mixtas en re mayor II, con órgano* [40, 5/14, 5, m, c3]

VCG 162: *Salve Regina a tres voces mixtas en re mayor III, con órgano* [40, 5/14, 1, m, c2]

VCG 163: *Seguidillas manchegas en estilo popular en re mayor, con acompañamiento a piano* [40, 3/9, 16, m, c3]

VCG 164: *Seguidillas Toso que toso, en re mayor, para voz y piano* [40, 3/9, 1, m, c1]

VCG 165: *Seguidillas Y de alhelíes, en do mayor* [40, 3/9, 1, m, c1]

VCG 166: *Tantum ergo a una voz en fa menor, con órgano* [40, 2/6, 1, m, c3]

VCG 167: *Tantum ergo en fa mayor, a una voz, con órgano* [40, 2/6, 1, m, c2]

VCG 168: *Tema para un preludio festivo, obra breve para piano* [40, 3/8, 1, m, c3]

VCG 169: *Toma las cinco rosas, villancico, 1939* [40, 4/10, 2, m, c3]

VCG 170: *Vas publicando la guerra, fandango* [40, 4/10, 6, m, c3]

VCG 171: *Venid los pastores de Peñamariana, arreglo a cuatro voces* [40, 4/10, 1, m, c3]

VCG 172: *Vísperas del Corpus Christi: Credidi, responsorio* [40, 1/1, 1, m, c3]

VCG 173: *Vísperas del Corpus Christi: Dixit Dominus, responsorio* [40, 1/1, 1, m, c3]

VCG 174: *Vísperas del Corpus Christi: Domine Adjuvandum, responsorio* [40, 1/1, 1, m, c3]

VCG 175: *Vísperas del Corpus: Lauda Jerusalem, responsorio* [40, 1/1, 1, m, c3].

Periodo 1950-1975:

VCG 176: *Benedictus a solo en sol menor* [50, 2/5, 4, m, c3]

VCG 177: *Composición en fa mayor para órgano* [50, 3/7, 1, m, c3]

VCG 178: *Dios te salve María en la menor, 1965, en castellano, con órgano* [40, 5/14, 2, m, c3]

VCG 179: *Entrada para órgano en do mayor, tres secciones* [50, 3/7, 1, m, c3]

VCG 180: *Fandanguillo popular en la Mancha* [50, 4/10, 1, m, c2]

VCG 181: *Gozos a San Juan Bautista* [50, 4/11, 2, m, c3]

VCG 182: *Himno a la Virgen de la Estrella, Miguelturra* [50, 4/12, 1, m, c3]

VCG 183: *Himno a la Virgen de las lágrimas, 1954* [50, 4/12, m, i, c3]

VCG 184: *Himno a la Virgen del Rosario, Almadenejos, con órgano* [50, 4/12, 4, m, c3]

VCG 185: *Himno a Santo Tomás de Aquino, con acompañamiento de órgano* [50, 4/12, 1, m, c3]

VCG 186: *Himno de la Mancha a Santo Tomás de Villanueva II, 1955* [50, 4/11, m, i, c3]

VCG 187: *Jesu Redemptor, himno vísperas de Navidad, a tres voces mixtas con acompañamiento de órgano* [50, 1/1, 1, m, c3]

VCG 188: *Mandatum novum, motete a tres voces mixtas, 1956* [50, 1/1, 1, m, c3]

VCG 189: *Melodía para órgano* [50, 3/7, 1, m, c3]

VCG 190: *Misa a tres voces* [50, 2/4, 4, m, c3]

VCG 191: *Misa cantada en castellano* [50, 2/4, 1, m, c1]

VCG 192: *Adaptación para órgano de la Misa Hispana de Ismael Fernández de la Cuesta* [50, 2/4, 1, m, c3]

VCG 193: *Miserere a cuatro voces mixtas a capella* [50, 2/6, 1, m, c1]

VCG 194: *Orquestación: Ave María de Fátima, adaptación para banda* [50, 1/2, 1, m, c1]

VCG 195: *Orquestación: Ave María de Mas y Serracant* [50, 1/3, 1, m, c1]

VCG 196: *Orquestación: Cántico a la Virgen de E. Ribera* [50, 1/3, 1, m, c1]

VCG 197: *Orquestación: Himno popular del apostolado* [50, 1/2, 1, m, c1]

VCG 198: *Orquestación: Misa a tres voces de Sancho Marraco* [50, 1/3, 1, m, c1]

VCG 199: *Orquestación: Misa breve de G. Bentivoglio* [50, 6/16, 1, m, c1]

VCG 200: *Orquestación: Misa coral de Pío X de Vilaseca* [50, 6/16, 1, m, c1]

VCG 201: *Orquestación: Misa en honor de San Pietro Orseolo* [50, 6/16, 1, m, c1]

VCG 202: *Orquestación: Misa de San José de Calasanz* [50, 1/3, 1, m, c1]

VCG 203: *Orquestación: Misa fácil a dos voces de P. Mauri* [50, 6/16, 1, m, c1]

VCG 204: *Orquestación: Misa Gratia Plena de L. Recife* [50, 1/2, 1, m, c1]

VCG 205: *Orquestación: Misa Hoc est corpum meum, de Lorenzo Perosi* [50, 6/15, 1, m, c1]

VCG 206: *Orquestación: Misa pontificial de Lorenzo Perosi, II* [50, 1/2, 1, m, c1]

VCG 207: *Orquestación: Misa pueri chorales, de G.B. Campodonico* [50, 6/15, 1, m, c1]

VCG 208: *Orquestación: Misa secunda pontificialis, de Lorenzo Perosi* [50, 6/15, 1, m, c1]

VCG 209: *Orquestación: Salve Regina de V. Zubizarreta* [50, 1/2, 1, m, c1]

VCG 210: *Orquestación: Te Deum de Giorgioni* [50, 1/3, 1, m, c1]

VCG 211: *Pandorga. Seguidillas, fandango y jota en do mayor para voz y piano* [50, 3/9, 12, m, c2]

VCG 212: *Pange Lingua – Tantum ergo a tres voces mixtas a capella* [50, 2/6, 1, m, c3]

VCG 213: *Salve en castellano, a una voz con acompañamiento de órgano* [50, 5/14, 2, m, c3]

VCG 214: *Salve Regina a tres voces de hombre en re mayor y si menor, con órgano* [50, 5/14, 5, m, c3]

VCG 215: *Salve Regina a tres voces mixtas en do menor II, con órgano* [50, 5/14, 11, m, c3]

VCG 216: *Salve Regina a tres voces mixtas en re menor III, con órgano* [50, 5/14, 7, m, c3]

VCG 217: *Seguidillas manchegas a cuatro voces de hombre en do menor* [50, 3/9, m, m, c2]

VCG 218: *Seguidillas manchegas van por tu calle, solo y dúo con acompañamiento de piano* [50, 3/9, 1, m, c3]

VCG 219: *Seguidillas Nido de flores para voz y piano* [50, 3/9, 4, m, c3]

VCG 220: *Septenario de Dolores II, responsorio a una voz con órgano* [50, 4/12, 9, m, c1]

VCG 221: *Tantum ergo a una y dos voces en do mayor, con órgano* [50, 2/6, 6, m, c3]

VCG 222: *Váyase de aquí ya, canción divertimento a cuatro voces a capella* [50, 4/10, 1, m, c2]

VCG 223: *Dieciocho versos para órgano en do mayor* [50, 3/7, 1, m, c3]

VCG 224: *Cuarenta y cinco versos para órgano en do menor* [50, 3/7, 1, m, c3]

VCG 225: *Versos para órgano en sol mayor II, cincuenta versos* [50, 3/7, 1, m, c3]

VCG 226: *Versos para órgano en sol mayor I, siete versos* [50, 3/7, 1, m, c3]

VCG 227: *Veinticinco versos para órgano en sol menor* [50, 3/7, 1, m, c3]

VCG 228: *Ya se ven bracear los molinos, adaptación del minueto del Septimino de L.V. Beethoven* [50, 4/10, 1, m, c1]

Obras encontradas con posterioridad a 2003 y añadidas al legado:

VCG 229: *Himno a Santa Cecilia* [50, 4/11, 1, m, c3]. Copia de Pedro Pardo.

VCG 230: *Seguidillas Soy de la Mancha* [50, 3/9, 1, m, c3]. Copia de Pedro Pardo.

VCG 231: *Habas verdes, madrigal a 4 v.m.* [50, 3/9, 1, m, c3]. Copia de Pedro Pardo.

VCG 232: *Seguidilla Ay que te quiero a 4 v.m.* [50, 3/9, 1, m, c3]. Copia de Pedro Pardo.

VCG 233: *En Cuba nació, habanera a 4 v.m.* [50, 3/9, 1, m, c3]. Copia de Pedro Pardo.

VCG 234: *Andante para órgano* [50, 3/7, cuaderno A, 1, m, c3]. Obra atribuida.

VCG 235: *Preghiera para órgano en Do mayor* [50, 3/7, cuaderno A, 1, m. c3]. Obra atribuida.

VCG 236: *Aria para órgano* [50, 3/7, cuaderno A, 1, m, c3]. Obra atribuida.

VCG 237: *Marcha para órgano en Fa Mayor y Si bemol Mayor* [50, 3/7, cuaderno A, 1, m, c3]. Obra atribuida.

VCG 238: *Marcha para órgano en re menor* [50, 3/7, cuaderno A, 1, m, c3]. Obra atribuida.

VCG 239: *Marcha en Mi bemol Mayor* [50, 3/7, cuaderno A, 1, m, c3]. Obra atribuida.

VCG 240: *Final Misa cum jubilo* [50, 3/7, cuaderno A, 1, m, c3]. Obra atribuida.

VCG 241: *Composición en Sol Mayor* [50, 3/7, cuaderno A, 1, m, c3]. Obra atribuida.

VCG 242: *Composición en Fa Mayor* [50, 3/7, cuaderno A, 1, m, c3]. Obra atribuida.

VCG 243: *Marcha en La Mayor II* [50, 3/7, cuaderno B, 1, m, c3]. Obra atribuida.

VCG 244: *Canzona en fa menor* [50, 3/7, cuaderno B, 1, m, c3]. Obra atribuida.

VCG 245: *Marcha en Sol Mayor* [50, 3/7, cuaderno C, 1, m, c3]. Obra atribuida.

VCG 246: *Señor y dueño mío, motete a 2 v.m. con acompañamiento de órgano* [50, 1/1, 1, m, c3]. Obra atribuida.

3.4.2. Documentario de Salomón Buitrago

Textos I [7/1], *Textos II* [7/2]⁶, *Método* [7/3], *Guerra Civil* [7/4], *Documentos* [7/4], *Tipo de escritura I* [8/6] y *Tipo de escritura II* [8/7].

3.4.3. Obras y documentario relacionado con la Catedral de Ciudad Real y sus músicos

Se guardan obras de Nicolás Fernández Arias, natural de Valladolid, maestro de capilla entre 1893 y 1922, por ejemplo, *Ave María a solo para bajo*, fechada en 1912 [9].

Se guardan obras de Pedro Rebassa Bisquerra (Palma de Mallorca, 1919-1974), vicario de la diócesis y chantre de la catedral entre 1955 y 1972, deán de la catedral entre 1966 y 1972: *Improperium expectavit, ofertorio del Domingo de Ramos*; *Tota pulchra est María a 3 voces mixtas a capella*; *Misa Sacerdos in Aeternum a 3 voces iguales*; *Dulce mirar de Jesús, plegaria para solo*; *Canto a la Virgen, melodía a una voz con órgano*; *Salve Regina a 3 voces iguales*; y *Tocata para órgano* [9].

Se guardan partituras de compositores con dedicatoria a la catedral y a Ciudad Real, por ejemplo, el *incipit* de *Rapsodias de la Mancha* de Emilio Vega [9/La Mancha], director de la Banda municipal de Ciudad Real (1905-1907), después director de la Banda de Alabarderos de Madrid.

Se guardan partituras de obras dedicadas a la Mancha e himnos regionalistas de diferentes etapas [9/La Mancha]: *Canto a la Mancha* de Tomás Barrera, 1929, dedicado a Marcos Redondo; *Himno a la Mancha* de Antonio Segura, director de la Banda del Hospicio provincial, en versión manuscrito del autor dedicado al Centro Regional Manchego de Madrid, 1919, y en versión impresa (diario *Vida Manchega*, 20 de marzo de 1919); e *Himno a la Mancha* de Arturo Dúo Vital, primer premio del concurso convocado por la Casa de la Mancha de Madrid, 1957.

---

⁶ Gran parte de estos textos aparecen publicados en la prensa local de Ciudad Real entre 1921 y 1933; ver los siguientes números de edición del diario *El Pueblo Manchego*: 3058, 3915, 3953, 3974, 4002, 4003, 4159, 4208, 4310, 4810, 7565.

4.4.4. Obras indeterminadas escritas por Salomón Buitrago

Se ha establecido la siguiente clasificación y ubicación: obras totalmente indeterminadas [10/1]; fandangos, jotas, seguidillas, rondeñas, banda, orquestación y música de Navidad [10/2]; música vocal sacra [11/3 y 11/4]; música de Requiem, miserere y Tantum ergo [12/5]; composición de misas [12/6]; música para la Virgen [13/7]; composiciones para órgano y piano [13/8]; y polifonía profana [13/9].

3.4.5. Varia

Obras varias de Salomón Buitrago, impresas en un número grande de copias, para repartir al pueblo y/o responder a pedidos y eventos de importancia: VCG 59, *España de mis amores, pasodoble* [14]; VCG 124, *Misa Colectiva de Acción católica* [15]; himnos religiosos [15]; y pasodobles [15].

3.5. Sección II: Colecciones de revistas musicales

3.5.1. Revistas del Motu Proprio procedentes de Italia

Santa Cecilia. Colección 1921-1934 [16]. Turín: Editorial Marcello Capra. Revista trimensual fundada en 1898. Se dedica fundamentalmente a publicar polifonía del *Motu Proprio* italiano. Desde el núm. de diciembre de 1921 (año XXIII) hasta el núm. I del año XXXVI (1934)[7]: 1921 (12), 1926 (4-5-6 7-8-9 10-11-12), 1927 (1-2-3 4-5-6 7-8-9 10-11-12), 1928 (1 4-6 7-8-9 10-11-12), 1929 (1-2-3 4-5-6 7-8-9 10-11-12), 1930 (1-2-3 4-5-6 7-8-9), 1931 (1-2-3), 1932 (1-2-3 4-5-6 7-8-9 10-11-12), 1933 (1-2-3 4-5-6), y 1934 (1-2-3).

Música sacra. Rivista liturgica musicale mensile. Colección 1921-36 [18]. Editada en Milán. Fundada en 1877. Revista sobre música litúrgica con anexos musicales. Desde el núm. 2-3 del año XLVIII (1921) hasta los "Annessi musicali" del año 1936: 1921 (2-3 4-5 9-10 11 12), 1922 (1-2 3 5 6-7 8-9 12), 1923 (1 2 3 4 5 6 11 12), 1924 (6 9), 1925 (2 4 6 8 10 12), 1928 (2 8 10 12), 1929 (2 4 6 10 12), 1930 (4 6 8), 1931 (1 2 3 4 6 7 8 9 10), 1932 (1 de enero   25 de enero), 1935 (3 5 7 9 11), 1936 (3 7). Anessi musicali: 1931 (2), 1935 (1 2 3 4 5 6) y 1936 (1 2 3).

La Schola Cantorum. Edizione mensile di musica corale per uso liturgico. Colección: 1926-1933 [16]. Bérgamo: Editorial Carrara. Fundada en 1915. La editorial fundada en

---

[7] Entre paréntesis se indican numéricamente los meses de los que se conserva el número de revista correspondiente.

1912 por Vittorio Carrara y que tiene su sede en Bérgamo fue la principal difusora del *Motu Proprio* y, en concreto, de los autores italianos de este movimiento. Se llamaba *Edizioni Periodiche di musica sacra et educativa (E.P.C.)*, y fue conocida como *Sorgente Musicale Carrara*. Desde la catedral de Ciudad Real se adquirieron las principales revistas de la distribuidora. La colección de *La Schola Cantorum* consta de un tomo encuadernado que comprende desde el fascículo quinto del año XII (1926) hasta el fascículo duodécimo del año XIX (1933), volumen al que se suman los siguientes números sueltos: 1928 (6 7), 1929 (3 8-9), 1930 (3), 1932 (11) y 1933 (6).

La Música Orante. Rivista mensile di cultura e canti per cori di chiesa. Colección 1934-1939 [16]. Dirigida por Federico Caudana. Bérgamo: Editorial Carrara. Desde el fascículo 1 del año I (1934) hasta el núm. 12 del año VI (1939), con interrupción en verano de 1936: 1934 (1 2 7 8 9 10 11 12), 1935 (1 4 6 7 8 12), 1936 (1 2 3 4 5 6), 1939 (9 10-11 12).

La Mystica corale. Colección 1950-1960 [17]. Revista fundada en 1948. Bérgamo: Editorial Carrara. La revista trata el canto litúrgico para voces, scholas corales y cantos espirituales al unísono, más sencillos, para el pueblo. Colección desde el fascículo 1 de enero de 1950 (año III) hasta el núm. 8 del año XIII (1960): 1950 (1 3 4 7-8 10 11 12), 1951 (1 2 3 4 5-6 7-8 9 10 11 12), 1952 (1 2 3 4 7-8 9 10 11 12), 1953 (1 2 3 4 5-6 7-8 9 12), 1954 (1 2 3 4 5-6 7-8 9 11 12), 1955 (1 2 3 4 5-6 7-8 9 10 11 12), 1956 (1 2 3 4 5-6 7-8 9 10 11 12), 1957 (1 2 3 4 5-6 7-8 9 10 11 12), 1958 (10 11 12), 1959 (3 4 5-6 7-8).

Ecclesia cantat. Colección: 1962-1965 [18]. Revista fundada en 1962. Bérgamo: Editorial Carrara. Desde el núm. 1 del año I hasta el núm. 11 del año IV. Es otra de las ediciones de *Publicazioni periodiche di musica sacro litúrgica* de la casa musical de ediciones Carrara de Bérgamo. La colección coincide con el desarrollo del concilio Vaticano II: 1962 (1 2 3 4 5-6 10 11 12), 1963 (1 2 4 11 12), 1964 (2 4 9 10 11 12), 1965 (1 2 3 4 5-6 7-8 9 10 11).

Psalterium. Rivista internazionale di musica sacra. Colección 1963-1964 [19]. Fundada en 1963. Roma: Editorial Musicales Casimiri-Capra. Desde el núm. 1 del año I hasta el 12 del año II: 1963 (1 2 3 4 5 6 7 8-9 10 11 12), 1964 (5 6 7 8-9 10-11 12).

Schola e assemblea. Rivista di musica vocale sacra. Colección1966-1970 [19]. Dirigida por Luciano Migliavaca, fundada en 1966. Bérgamo: Editorial Carrara. Desde el núm. 1 del año I hasta el núm. 1 del año V. Coincide con la finalización del concilio Vaticano II, que supone también el final del *Motu Proprio* de Pío X: 1966 (1 2 3 4 5-6

7-8 11 12), 1967 (1 2 3 4 5-6 7-8 9 10 11 12), 1968 (1 2 3 4 9 10 11 12), 1969 (1 2 3 5-6 7-8 9-10 11-12), 1970 (1-2).

3.5.2. Revistas del Motu Proprio de España

Música Sacro Hispana. Colección 1912-1923 [20]. Revista fundada por el P. Nemesio Otaño en 1908. Vitoria: Sociedad Editorial. La colección comprende tres tomos: 1)1912-13: desde el núm. 2 (febrero) del año V (1912) hasta el núm. 1 (diciembre) del año VI (1913); 2) Suplementos musicales de Música sacra hispana: 1915-1916; 3) 1917-23: desde el núm. 1 del año X (1917) hasta el núm. 1 del año XVI (1923). A estos tres volúmenes hay que sumar tres números sueltos: 1921 (Suplementos vocales núm. 3), 1917 (núm. 10) y 1911 (núm. 1).

Biblioteca sacro musical. Colección: 1913-1917 (todos los meses) [21]. Revista y publicación mensual de música religiosa, con arreglo a las disposiciones de Pío X. Director: Luis Villalba Muñoz. Redacción: Monasterio del Escorial. Madrid: Ildefonso Alier editor. Es una publicación ensayística y teórica sobre el *Motu Proprio* y la música litúrgica sagrada.

Tesoro Sacro Musical. Colección: 1950-1975, con números sueltos desde 1925 hasta 1950 [22: 1925-1959] [23: 1960-69] [24: 1974-1975]. Revista mensual hispano americana de música sagrada (vocal y orgánica). Fundada en 1917. Madrid: PP. Misioneros del Corazón de María. Se trata de la revista más importante y prolongada del *Motu Proprio* español. Tiene suplementos musicales denominados *Suplemento polifónico* hasta 1953 y *Melodías* desde 1954 en adelante. Números conservados: 1925 (núm. 1 del año IX, núm. 5 del año IX), 1926 (núm. 8 del año X), 1935 (núm. 7 del año XIX), 1936 (núm. 6 del año XX), 1950 (1-2 4-5 8-9), 1951 (2-3 5-8-10 11), 1952 (1-2 (2) 5), 1953 (6-7 8-9 10-11 12), 1954 (bimensual, los 6 números), 1955 (bimensual, los 6 números), 1956 (bimensual, los 6 números), 1957 (bimensual, los 6 números), 1958 (bimensual, los 6 números), 1959 (2 3 4 5 6), 1960 (1 2 3 5 6), 1961 (bimensual, los 6 números), 1962 (bimensual, los 6 números), 1963 (bimensual, los 6 números), 1964 (bimensual, los 6 números), 1965 (1 2 3 4 5), 1966 (3 4 5 6), 1967 (bimensual, los 6 números), 1968 (2 3 5 6), 1969 (bimensual, los 6 números), 1970 (1 4), 1971 (1 2 4), 1972 (1 2 3 4), 1973 (1 2 4), 1974 (1 3 4), 1975 (1).

Suplemento polifónico del Tesoro Sacro Musical. Colección: 1944-1953 [25]. Madrid: PP. Misioneros del Corazón de María. Números trimestrales: 1944 (2 4), 1945 (5 6 7),

1946 (9 10 12), 1947 (13 14 15 16), 1948 (17 18 19 20), 1949 (21 22 23), 1950 (25 26 27 28), 1951 (29 31), 1952 (33 34 35 36), 1953 (37 38 39 40).

Melodías. Suplemento del Tesoro Sacro Musical. Colección 1954-1975 [25: 1954-1973] [26: 1973-1975]. Madrid: PP. Misioneros del Corazón de María. Participan todos los grandes autores del *Motu Proprio* español, ofreciendo también una recopilación de los polifonistas renacentistas de España. Comprende los siguientes números: 1954 (3 5), 1955 (5 6 6-7), 1957 (1 2 3 4 5 6 7 12), 1958 (6 7-8 9 12), 1959 (1 2 5 6 7-8 9-10 12), 1960 (bimestral a partir de este año: 1 2 3 4 6), 1961 (3 4 5 6 7), 1962 (1 2 3 4 5 6), 1963 (1 2 3 4 5 6), 1964 (1 3 5 6), 1965 (1 2 3 4 5 6), 1966 (1 2 3 4 5 6), 1967 (1 2 3 4 5 6), 1968 (1 2 3 4 5 6), 1969 (1 2 3 4 5 6), 1970 (1 2 4), 1971 (1 2 6), 1972 (1 2 3 4-5 6), 1973 (1 2 3 4-5 6), 1974 (1 2 3 6), 1975 (1).

España Sacro Musical. Colección: 1930-1936 [26]. Revista fundada en 1930. Director musical: Domingo Mas y Serracant. Consejo de Redacción: los maestros de capilla de las catedrales metropolitanas de España. Redacción y administración: Librería litúrgica Casulleras. Barcelona. Edición durante la II República que pone en contacto a los maestros de capilla de España para avanzar en la música del *Motu Proprio* y hacer conocer las distintas composiciones mediante su publicación. En estos momentos Manuel Irurita Almandoz, obispo de Lérida, era el presidente de la Asociación española Santa Cecilia, dedicada a la restauración sacromusical. La colección comprende desde el núm. 1 del año I hasta el núm. 78 del año VII: 1930 (2 4 5 6 7 8 9 10 11 12), 1931 (1 2 3 5 6 7 8 9 10 11), 1932 (1 4 9 10 11 12), 1933 (1 2 3 4 5 6 7 8 9 10 12), 1934 (1 3 4 6 8 9), 1935 (1 2 4 11 12), 1936 (2 6).

3.5.3. Revistas del Motu Proprio procedentes de otros países: Francia y Checoslovaquia

Revue Sainte Cecile. Colección: 1927-1936 [27]. Publicación mensual de canto gregoriano y música religiosa. Fundada en 1908. París: Procure generale de musique religiuse. Desde el núm. 2 del año XIX hasta el núm. 2 del año XXVIII: 1927 (2 3 4 5 6 7 8-9 11 12), 1928 (1 5 9 10 12), 1929 (3-4 5 6 7 9 10 11), 1930 (1 2 3 4 5-6 7 8-9 10 11-12), 1931 (1 2 3 4 5 6-7 11 12), 1933 (1 2 3 4 6 7-8), 1935 (2 4 5 6 12), 1936 (2).

Cyril. Colección: 1928-1936 [21]. Publicación musical litúrgica. Praga: Editorial Cyril. Números: 1928 (8 9-10), 1929 (1 2 7-8), 1930 (7-8), 1931 (3-4), 1932 (3-4), 1933 (7-8), 1936 (7-8).

3.5.4. Revistas de órgano y armonio

Le armonie dell'organo. Le armonie dell'organo per lázione liturgica. Colección: 1950-1958 [29]. Revista fundada en 1948. Bérgamo: Editorial Carrara. Desde el núm. 2 del año III hasta el núm. 10 del año XI. Números conservados: 1950 (2 7-8 12), 1951 (3 12), 1953 (4 12), 1958 (12).

Laus decora. Rivista di musica per organo direta da Luigi Picchi. Colección 1954-1967 [28]. Bérgamo: Editorial Carrara. Números conservados: 1954 (1 2 3 4 5 6 7 8 9 10 11 12), 1955 (1 2 3 4), 1956 (1 2 3 4 5 6 7 8 9 10 11 12), 1958 (1 2 3 4 5 6 7 8 9 10 11 12), 1959 (1), 1962 (4 7), 1963 (1 3 4 5 6 7 8-9 10 11 12), 1966 (1 2 4 5-6 12), 1967 (1 2 3 4 5-6 7-8 9 10 11 12).

L'organista dóggi. Colección 1962-1965 [29]. Sorgente Musicale Carrara. Publicación de música para órgano y armonio con aprobación eclesiástica. Fundada en 1962. Números conservados: 1962 (1 2 3 5-6 7-8 9 11), 1963 (1 2 3 4 5-6 7-8 10 11 12), 1964 (1 2 3 4 5-6 7-8 9 10 11 12), 1965 (1 2 10 11 12).

Fiori dell'organo. Rivista musicale diretta da Luigi Picchi. Colección 1968-1970 [29]. Fundada en 1968. Bérgamo: Editorial Carrara. Números conservados: 1968 (1 2 3 4-5 6 7-8 9 10 11 12), 1969 (28 del 2 30 del 4 5-6 7-8 9-10 11-12), 1970 (1-2).

3.5.5. Revistas de educación (música en la escuela y en el teatro)

Galería salesiana. Galería salesiana de zarzuelas morales y cantos recreativos (obras para niños y obras para niñas. Colección 1916-1921 [30]. Selección para representar en centros católicos, academias y centros de educación de uno y otro sexo. Barcelona: Librería Salesiana. Números conservados: 1916 (28), 1921 (3 51) y números 1, 12 22, festivales gimnásticos y *El cazador.*

La Melopea educativa. Edizione mensile di cultura e canti per scuole e teatrini. Colección 1927-1936 [30]. Director: A. Marinelli. Bérgamo: Editorial Carrara. Coincide con la fase álgida del fascismo de Mussolini en Italia. Comprende dos tomos encuadernados: 1) 1927-1929, 2) 1930-1933, y de números sueltos entre 1933-1936 (se interrumpe con el estallido de la Guerra Civil). Números sueltos conservados: 1933 (6), 1934 (1 2 3 4 5 6 7 8 9 10 11 12), 1935 (1 2 3 4 5 6 7 10-11), 1936 (1 2 3 4 5 6 7 8).

L'Accademia musicale. Rivista mensile di canti e scene per la gioventu. Colección: 1939 [30]. Fundada en 1937, dirigida por Federico Caudana. Bérgamo: Editorial

Carrara. Coincide con la fase álgida del fascismo de Mussolini en Italia. Números conservados (por meses): 1 2 3 4 5 7-8 10-11 y 12.

3.5.6. Revistas de música clásica y ligera

Musical Emporium. Colección: 1913-1919 [32]. Revista fundada en 1910. Publicación mensual para la divulgación de la música clásica. Editorial Emporium, Barcelona. Desde el núm. 51 del año VI hasta el núm. 94 del año XII. Números conservados: 1913 (1 2 4 9 10 11-12), 1914 (1 2 4 5 9 10 11-12) 1915 (1-2 3-4 5 6 9 10 11-12), 1916 (1-2 3-4 5-6 9-10 11-12), 1917 (1-2 3-4 5-6 9-10), 1918 (3-4 5-6 9-10 11-12), 1919 (3-4 5-6 9-10).

Música. Colección: 1915 [32]. Revista quincenal editada en Barcelona. Números conservados: 1 2 3 4 5 6 7 8 9 10 12 13 14 15 16 17 18 19 20 22 24 25) y 1916 (27).

Mundial música. Colección 1916-1925 (números sueltos) [31]. Editada en Valencia. Música para piano, profana y también religiosa. Dos números de *Mundial Cuplé* correspondientes a marzo de 1917 y núm. 14 de 1919.

Música. Álbum revista musical. Colección: 1917, año I [32]. Madrid: Artes Gráficas Mateu. Números conservados: 15 19 20 21 23 24.

Música. Colección: 1945 [31]. Revista quincenal ilustrada. Madrid-Barcelona. Se conserva un tomo encuadernado que comprende desde el núm. 2 (1 de enero de 1945) hasta el núm. 16 (1 de agosto de 1945) y tres números sueltos: núm. 1 (diciembre de 1944), núm. 24 y núm. 25 (1945).

3.5.7. Revistas de propaganda católica

Renovación social. Colección 1924-1925 [33]. Revista semanal. Editorial Imprenta de Antonio Mazo. Números 1 al 28 (desde junio de 1924 hasta mayo de 1925).

Cuestiones sociales. Colección 1931-1932 [33]. Barcelona: Editorial Salvatella. Números 1 al 24 (desde mayo de 1931 a septiembre de 1932).

3.5.8. Varia: revistas varias de música, muy incompletas (números sueltos)

Música. Colección: un solo núm., septiembre 1930 [33]. Barcelona. Fundada en 1929.

Musique et liturgie. Colección: 1951 (números 19 a 24) [33]. Revista internacional de música religiosa. Bimestral. París: Centro de Pastoral litúrgica.

La hojita celeste. Colección: primer y tercer cuadernos de música para la Asociación de Hijas de María [33]. Editada en Sevilla.

La lira española. Colección: números sueltos de 1916 [33]. Periódico musical quincenal. Madrid: Talleres de grabado y estampación de música Lira Española.

El cine. Colección: núm. 12 (1916), números 16 y 17 (1917) [33]. Revista popular ilustrada, con el suplemento *Álbum de Música*. Barcelona.

Musical Hermes. Colección: núm. 1 de 1930 [33]. Barcelona: Edición Casa Parramón.

Pueri cantores. Colección: núm. 3, enero de 1951 [33]. París: Boletín trimestral de la Federación internacional de pequeños cantores.

El mundo artístico musical. Colección: julio y agosto de 1900 [33]. Dirigida por Alfonso Delgado, Madrid.

Bolletino bibliografico musicale. Colección: junio y noviembre de 1928 [33]. Turín: Boletín monitor de las ediciones Marcello Capra. Publicación semestral gratuita.

Harmonia. Colección: núm. 1 del año (enero 1923): monográfico sobre los grandes maestros [33]. Barcelona: Revista musical ilustrada.

Caecilia [33]. Núm. único de la E.P.C. Bérgamo: Edizione Periodiche Carrara, abril de 1928.

3.6. Sección III: Partituras en legajos

3.6.1. Misas

Misas impresas: obras de autores extranjeros del *Motu Proprio* [34, 35 y 36]; misas de autores españoles del *Motu Proprio* [37 y 38]; misas clásicas [39] y nupciales [39].

Misas manuscritas. Obras copiadas por Salomón Buitrago. Secciones: misas de autores extranjeros del *Motu Proprio* [40] [41]; misas de autores españoles del *Motu Proprio* [39]; misas clásicas [41]; misas gregorianas y similares [41]; Varia (misas indeterminadas e incompletas) [41].

3.6.2. Música vocal religiosa correspondiente al Motu Proprio

Música a la Virgen [42 a 47]. Incluye monodía y polifonía mariana, tanto litúrgica como himnódica, a capella o con acompañamiento instrumental (organístico u orquestal). Subcategorías: *Salve, Magníficat, Ave María, Letanías Lauretanas,* himnos a distintas advocaciones de María, cantigas, canciones para el mes de mayo, *Stabat Mater,* Gozos a la virgen, *Ave Maris Stella,* y canciones de diverso tipo. Esta enorme cantidad de obras se encuentran en dos formatos: partituras impresas y partituras manuscritas copiadas por Salomón Buitrago u otros músicos de la catedral.

Música Vocal Sacra [48 a 57 y 68: varia]: es una amplia colección de música vocal, en su mayor parte litúrgica, a capella o con acompañamiento de órgano (en ocasiones orquestal), polifónica y monódica. Subcategorías: polifonía clásica, canción sacra, Semana Santa, autores italianos del *Motu Proprio*, autores españoles del *Motu Proprio*, etc. En dos formatos: partituras impresas y partituras manuscritas copiadas por Salomón Buitrago u otros músicos de la catedral.

Motetes al Sacramento [58-59], impresos y manuscritos. Casi todos son motetes de tipo polifónico. Hay piezas clásicas y del siglo XX (*Motu Proprio* español, italiano y europeo en general).

Tantum Ergo [59]: obras con las mismas características del apartado anterior.

Sagrado Corazón de Jesús [60]. Piezas himnódicas, polifónicas o no, a capella o no, impresas y manuscritas, que ilustran uno de los cultos más desarrollados por la liturgia del *Motu Proprio*: la devoción al Sagrado Corazón de Jesús.

Misereres [60]: obras de liturgia propia de Semana Santa. En Ciudad Real se cantaba normalmente en la ceremonia de "Vísperas y tinieblas" del miércoles santo.

Te Deum [60]: himnos de acción de gracias.

Cánticos religiosos populares [61]. Cantos litúrgicos e himnódicos pertenecientes al *Motu Proprio*, en su mayor parte litúrgicos, que obedecen a la otra vía que se propugna dentro de este estilo musical: la participación del pueblo mediante el canto. Se incluyen varias copias a imprenta del *Catecismo en verso popular cantado*, obra de Salomón Buitrago, VCG 119, año 1935.

Himnos [62]: gozos, himnos a San José, himnos patronales, himnos a los santos en general, himnos militares, himnos regionales, algún himno de contenido político, etc.

Requiem [63-64]: misas y oficios de Requiem de diverso tipo (lecciones de difuntos, cantos individuales, etc.).

Navidad [65-66]: villancicos y cantos litúrgicos varios correspondientes a este tiempo litúrgico, de tipo popular y también de características cultas: polifonía clásica, autores del *Motu Proprio*, etc. También aparecen cantos regionales.

Gregoriano y similares [67]: misas gregorianas, himnos, responsorios, antífonas, vísperas y otros oficios, cantos asimilados al gregoriano o similares en ritmo y melodía, salmos, entonaciones litúrgicas, cantos diversos de misa, etc.

Seminario diocesano [68]: música procedente del repertorio de la Schola Cantorum.

3.6.3. Música para órgano, armonio y piano

Órgano y armonio [69, 70, 71, 72]: versos, composiciones para órgano, colecciones, método, misas para órgano, momentos para la liturgia, etc., de autores españoles y de organistas italianos correspondientes al movimiento del *Motu Proprio* (finales del siglo XIX y siglo XX) y también algunas obras de autores clásicos españoles.

Piano [73 a 76]: grandes composiciones para piano de autores clásicos, metodología y páginas breves, ejercicios y colecciones, estilo romántico, conciertos, canción regional, pasodobles, etc.

3.6.4. Canción profana y folclore

Polifonía profana [77]. Subcategorías: polifonía clásica renacentista española o no, polifonía a capella, canción regional…

Folclore general [78]: amplia colección de folclore, muy variada, en versión popular o culta, que incluye jotas, seguidillas, fandangos, bailes y danzas.

Folclore regional [79-80] de Cataluña, Asturias, Galicia, País Vasco, Castilla, Levante, Andalucía, Aragón, Navarra, Madrid, etc.

Orfeón Manchego [81-83]. Polifonía, en gran parte a capella y voces desiguales, copiada múltiples veces por Salomón Buitrago, que constituía la partitura y el repertorio de esta masa coral de Ciudad Real, activa entre 1929 y 1936.

Canción con acompañamiento a piano [84]: canción ligera, pasodobles, tangos, canción española, clásica, sudamericana, tradicional, adaptación folklórica, etc.

Infantil [85]: canciones para la enseñanza, villancicos, metodología pedagógica, canción regional (especialmente de Cataluña y País Vasco), etc.

Canciones "varia" [80 y 85]: diversa tipología y partituras mal conservadas.

3.6.5. Música clásica

Música clásica [86]. Obras de distintas formas y épocas: barroco, clasicismo, romanticismo, impresionismo, nacionalismo y tendencias del siglo XX.

Piano clásico [86]: obras destacadas del romanticismo, el impresionismo y el nacionalismo.

Música de cámara [87-88]: cuartetos y obras para banda reducida.

3.6.6. Orquestación y Banda.

Pequeña orquesta [89]: canción ligera, canción española, canción típica y ritmos tradicionales de países, canción "de moda", etc.

Banda y orquestación [90-91]: pasodobles, marchas, música militar, Semana Santa, folclore orquestado, piezas clásicas adaptadas a conjunto de viento, etc.

3.6.7. Música escénica

Zarzuelas completas, género chico, óperas y fragmentos, versiones con reducción a piano, lied, canción lírica, operetas y fragmentos, etc. [92 a 94].

3.6.8. Metodología musical

Teoría de la música, solfeo impreso o manuscrito, lecciones de canto, ejercicios de armonía, transporte, transcripción, piezas para ejercitar la práctica del piano [95 a 97].

3.6.9. Indeterminado

Partituras manuscritas muy mal conservadas, incompletas y de difícil clasificación [98].

3.7. Sección IV: Teoría y libros de facistol, atril o partitura

3.7.1. Metodología

Metodología coral

DUPREZ, G.: *L´art du chant,* París, 1846.

HALLER, M.: *Vade Mecum para la enseñanza del canto,* 1911.

PERIS, José María: *Lecciones graduadas de canto coral para uso de seminarios* (cuatro cursos, dos volúmenes), Barcelona: Nacional Artes Gráficas, 1939.

VIÑAS, Francisco: *El arte del canto,* Barcelona: Salvat editores, 1932.

Solfeo y lenguaje musical

ARRIETA, E.: *Solfeos autografiados,* Madrid, 1868.

MASSARNAO: *Lecciones de solfeo,* Madrid: Imprenta Mateo Mateis.

MORE, Justo y GIL, Juan: *Método de solfeo,* Madrid, 1870.

CONSERVATORIO DE LA ESCUALE NACIONAL DE MÚSICA Y DECLAMACIÓN: *Método completo de solfeo,* Madrid: El Progreso musical, Sociedad Didáctico Musical.

VV.AA.: *Solfeo de los solfeos,* 8 volúmenes, París: Conservatorio de París.

Métodos de piano

ARACUREN, José: *Método completo de piano,* Madrid: Editorial Eslava.

BERTINI, Henry: *24 Estudi,* Leipzig: C.F. Peters.

CRAMER, J.B.: *42 Estudios de piano.*

CRAMER, J.B.: *Estudios y ejercicios,* Madrid: Andrés Vidal hijo, editor de música.

CZERNY, C.H.: *24 Pequeños estudios de velocidad,* Barcelona: Iberia Musical.

CZERNY, C.H.: *40 Estudios de velocidad.* Madrid: Editorial Zozaya.

LE COUPEY, F.: *50 Estudios,* París: Maho editorial.

VILLALVA, F.: *Método de piano,* Madrid: Almacén de música Lodre.

VV.AA.: *Escuela elemental de piano* (volumen de 2º año). Madrid: Sociedad Didáctico Musical, 1932.

VV.AA.: *Escuela superior de piano* (volúmenes 6º, 7º y 8º años), Madrid, 1903.

Método de órgano y armonio

DUPRÉ, Marcel: *Traité d´improvisation a l´orgue,* París, 1925.

GOLLER, Vinzenz: *Scuola primaria dell´organista. Terzo Curso,* Bérgamo: Editorial Carrara, 1951.

SCHILDKNECHT, G.: *Método per organo,* Turín: Editorial Marcello Capra.

BOTAZZO, Luigi y RAVANELLO, Oreste: *L´Armonio (método y ejercicios),* Turín: Editorial Marcello Capra, 1924.

HERNÁNDEZ, Pablo: *Museo orgánico español. Método teórico práctico elemental,* Madrid.

Armonía y composición

ARANGUREN, José: *Guía práctica de armonía,* Madrid: Editorial Eslava.

CENTEMERI, Gian Luigi: *Trattato d´armonia,* Milán: Editorial Música Sacra.

CEVAERT: *Tratado general de instrumentación,* Bilbao-Madrid: Unión Musical Española.

CHERUBINI: *Curso de contrapunto y fuga,* París: Heugel y Cía. Editor.

DUBOIS, Theodore: *Traité d´harmonie,* París.

ESLAVA, Hilarión: *Escuela de composición[8]. Núm. 1: Tratado de la armonía,* Madrid: Editorial Arenal, 1869.

ESLAVA, Hilarión: *Escuela de composición. Núm. 2: Contrapunto y fuga,* Madrid: Editorial Arenal, 1912.

ESLAVA, Hilarión: *Escuela de composición. Núm.3: De la melodía y el discurso musical,* Madrid: Editorial Arenal, 1871.

FORNS, José: *Estética aplicada a la música, II,* Madrid: Unión Musical Española, 1950.

GARRIGA, J.: *Sistema completo y racional de modulaciones por quintas,* Madrid: Ildefonso Alier editor, 1913.

TURINA, J.: *Tratado de composición musical. 2 volúmenes,* Madrid: Unión Musical Española, 1950.

VV.AA. *Tratado completo del transporte,* Madrid: Sociedad Didáctico Musical.

Violín

ALARD, D.: *Escuela de violín,* Madrid: Editorial Eslava.

Orquesta

WIDOR, C.M.: *Técnica de la orquesta moderna,* París-Bruselas: Henry Lemoine y Cía. editores, 1913.

Educación infantil

BENEDITO, Rafael: *Iniciación musical en la infancia,* Madrid: Editorial Tipografía Artística, 1951.

Métodos instrumentales

DE BENITO, Cosme José: *Método elemental de violonchelo,* Bilbao: Casa Dotesio.
ROMERO, Antonio: *Método de clarinete,* Madrid: Editorial Arenal.

Diccionarios

PEDRELL, Felipe: *Diccionario técnico de la música,* Barcelona: Isidro Torres editor.

---

[8] Este tratado consta de 5 vols.; además de los tres primeros recogidos en esta colección está el núm. 4: *De la instrumentación,* y el núm. 5: *De los géneros popular, dramático, religioso y puramente instrumental.*

3.7.2. Piano barroco, clásico y romántico[9]

BACH: *El arte de la fuga,* Leipzig: C.F. Peters.

BACH: *El clave bien temperado,* Leipzig: C.F. Peters.

BACH: *El clave bien temperado,* Barcelona: Editorial Boileau, 1958.

BEETHOVEN: *Sonatas,* Londres: Editorial Augeners.

BEETHOVEN: *Sonatas,* Leipzig: C.F. Peters.

CHOPIN: *Mazurcas para piano,* Leipzig: C.F. Peters.

CHOPIN: *Nocturnos,* Leipzig: C.F. Peters.

CHOPIN: *Scherzos,* París.

DUSSEK y CLEMENTI: *Obras par piano,* París.

GRIEG: *Piezas para piano, I y II,* Leipzig: C.F. Peters.

MENDELSSHON: *Romanzas, Leipzig*: C.F. Peters.

MOZART: *Sonatas,* Leipzig: C.F. Peters.

SCHUBERT: *40 Melodías para piano solo,* París.

SCHUMANN: *Album fúr die jugen op. 68,* y *Kinderszenen, op. 15,* Leipzig: C.F. Peters.

VV.AA. (compositores barrocos, clásicos y románticos): *Tous les maitres du piano. 40 obras para piano clásicas y modernas,* París: Editorial Francais Salabert, 1928.

VV.AA. (compositores del nacionalismo ruso): *Album russe. 36 Célebres composiciones para piano,* Leipzig: Anton J. Benjamin editor.

3.7.3. Órgano y armonio

ALBERDI AGUIRREZÁBAL, Antonio: *Sinfonía vasca.*

BOELLMAN, L.: *Heures Mystiques. Vol. 1 y 2. Opus 29,* París, 1896.

BONET, Ramón: *Piezas fáciles y medianas. Misas para órgano y otras piezas.*

DIEBOLD, Johannes: *Compositions for the organ by modern masters,* Leipzig, 1924.

FRANK, Cesar: *Piezas. Segundo Volumen.*

GORRITI, Felip*e: Tres versos.*

HERNÁNDEZ, Pablo: *Museo orgánico español.*

ÍÑIGUEZ, Buenaventura: *El Misal. El breviario del organista,* Madrid: A. Romero editor, 1882.

MENDELSSHON: *Obras para órgano.*

---

[9] En la lista que sigue también se podrían incluir versiones de las sinfonías 6, 7 y 8 de Beethoven para piano, valses, estudios, preludios y rondós de Chopin, *El Carnaval de Viena* de Schumann o *Las suites inglesas II* de Juan Sebastián Bach, obras todas ellas en muy mal estado.

MOLA, Manuel: *Cantatibus organis. Colección ceciliana par órgano y armonio,* Barcelona: Ediciones franciscanas, 1949.

PICHI, Luigi (director artístico): *L'organista liturgico. Revista, volumen 1 y volumen 2,* Bérgamo: Editorial Carrara, 1934-1935 y1936.

SCARLATTI, Domenico: *Sonatas.*

VV.AA. (José María Úbeda, Pablo Hernández, etc.): *Versos para misas en distintos tonos,* Madrid: Ildefonso Alier editor.

VV.AA. (NOYON, FRESCOBALDI, etc.): *Música de órgano. Suplementos de órgano de la Revue Sainte Cecile,* París, Procure generales de Musique Religieuse, 1928.

VV.AA.: *Echos Jubilares des Maitres del'orgue. Vol. I: organistas franceses,* París: Procure generales de Musique Religieuse, 1908.

VV. AA.: *Nona antologica (ricreativa) per armonio. 50 Composizioni di buoni autori italiani ed esteri,* Turín: Editorial Marcello Capra.

VV.AA.: *Pezzi per organo. Anessi al periódico Musica Sacra,* Milán: Editorial Música Sacra, 1921-1922.

VV.AA.: *Piezas para organo.* Roma: Santa Sedis Apostolicae Typographi, 1896-1897.

VV.AA.: *Revista Música Sacro Hispana. Piezas para órgano: suplemento Orgánica, dos volúmenes,* Vitoria: Sociedad Editorial, 1913-1919 y 1918-1923.

VV.AA.: *Piezas para órgano de compositores clásicos,* 1910.

3.7.4. Música clásica. Composiciones de cámara

BEETHOVEN, L.V.: *Septimino. Violín y piano, Leipzig*: C.F. Peters.

BEETHOVEN, L.V.: *Sonatas para piano y violín, dos volúmenes,* Viena: Ed. Universal.

CHOPIN, F.: *Mazurcas para violín y piano.*

HAYDN, J.: *15 Burühmte Quartette,* Leipzig: C.F. Peters.

MENDELSSHON, F.: *Compositionen für zwei violinen,* Leipzig.

MENDELSSHON, F.: *Lieder Ohne Worte. Piano y violín,* Leipzig: C.F. Peters.

MOZART, W.A.: *Tríos para piano, violín y violonchelo,* Leipzig: C.F. Peters.

3.7.5. Historia de la Música

BERLIOZ, H.: *La música y los músicos,* Barcelona: Sociedad General de Publicaciones.

NASONI, Angelo: *Carácter distintivo de la música eclesiástica,* Barcelona: Gili, 1913.

SUBIRÁ, José: *Historia de la Música. Tomos I y II,* Barcelona: Salvat, 1947.

3.7.6. Folclore

DE HOYOS SÁINZ, Luis y DE HOYOS SANCHO, Nieves: *Manual de folclore,* Madrid: Revista de Occidente, 1947.

MARTÍNEZ TORNER, Eduardo: *Cancionero Musical,* Madrid: Biblioteca literaria del Estudiante, dirigida por Ramón MENÉNDEZ PIDAL, Ramón, tomo III, 1928.

MARTÍNEZ TORNER, Eduardo: *La canción tradicional española,* Barcelona: Editor Alberto Martín, 1931.

MARTÍNEZ TORNER, Eduardo: *Temas folklóricos. Música y Poesía,* Madrid: Editor Faustino Fuentes, 1935.

MARTÍNEZ, Antonio: *Antología musical de cantos populares españoles. Prólogo de José Subirá,* Barcelona: Editor Isart Durán, 1930.

PEDRELL, Felipe: *Cancionero Musical Popular español, 4 volúmenes,* Valls: Eduardo Castella Editor.

SUBIRÁ, José: *La tonadilla escénica, tomo III,* Madrid: Tipografía de Archivos Olozaga I, 1930.

3.7.7. Música Vocal

AYALA, Pedro María: *Cantemos al Señor, dos tomos,* Madrid: Imprenta del Asilo de Huérfanos del Sagrado Corazón de Jesús, 1921-1922.

BEETHOVEN, L.V.: *Missa Solemnis, opus 123,* Leipzig: Editor Ernst Eulenburg, 1931.

BRUCKNER, Anton: *Te Deum para coro, solos y orquesta,* Leipzig: Editor Ernst Eulenburg.

COMES, Juan Bautista: *Obras musicales,* Madrid: Imprenta del Colegio Nacional de Sordomudos y Ciegos, 1888.

ESLAVA, Hilarión: *Misa Breve,* Bilbao: Editorial Dotesio.

G. DE LA PARRA, Benito: *Versión coral de 60 cantigas de Alfonso El Sabio. Basadas en las transcripciones de Higinio Anglés,* Madrid: Sociedad Didáctica Musical.

HAENDEL, F.: *El Mesías. Oratorio,* Leipzig-Viena: Editor Ernst Eulenburg.

HAYDN, J.: *Las Siete palabras. Oratorio. Edición para piano y voces,* Madrid: Editorial Eslava.

IRUARRIAGA, Luis: *Obras completas, dos tomos,* Madrid: Editorial Coculsa, 1944.

PEROSI, Lorenzo: *La risurrezione di Cristo. Oratorio per canto ed orchestra,* Roma: Editorial G. Ricordi, 1899.

RAVANELLO, Oreste: *Missa Echaristica,* Roma: Santa Sedis Apostolicae Typographi, 1897.

STEHLE, J.G.: *Motettenbuch (liber Motetorum),* Regenburg, Nueva York y Cincinati: Ed. Friedrich Pustet, 1898.

THOMAS, Juan María: *Dípticos para coro mixto,* Barcelona-Mallorca: Editorial Capella Clásica.

VICTORIA, Tomás Luis de: *Officium Hebdomada Sanctae,* Roma: Santa Sedis Apostolicae Typographi,1898. Dos ejemplares.

VV.AA.: *Antología musical del siglo de oro de l música litúrgica española (siglos XV y XVI),* Palencia, 1925.

VV.AA.: *Cantiques et motetes chosis,* París: Alphonse Leduc editor, 1923.

VV.AA.: *Anthologia vocalis liturgica, 8 volúmenes,* Turín: Editorial Marcello Capra.

VV.AA.: *Biblioteca Sacro Musical, 2 volúmenes,* Madrid: Ildefonso Alier editor, 1914.

VV.AA.: *Echos du monde religieux, 5 volúmenes,* París: A. Durand editor.

VV.AA.: *Música religiosa vocal,* Madrid.

VV.AA.: *Recopilación de la revista La Melopea educativa (suplementos corales),* Bérgamo: Editorial Carrara, 1927-1929.

VV.AA.: *Recopilación de la revista La Schola Cantorum,* Bérgamo: Editorial Carrara, 1926-1933.

VV.AA.: *Recopilación de la revista Tesoro Musical de Ilustración del Clero, 5 volúmenes,* 1915-1925.

VV.AA.: *Suplementos de la revista La Melopea educativa,* Bérgamo: Editorial Carrara. Bérgamo. 1930-1933.

VV.AA.: *Vesper hymnen,* Friedrich Pustet editor, 1887.

3.7.8. Música dramática y lírica

ARNICHES, GARCÍA ÁLVAREZ, DOMÍNGUEZ y VALVERDE: *El fresco de Goya. Sainete lírico en un acto, Madrid*: Ildefonso Alier editor.

ASENJO BARBIERI, Francisco: *Los diamantes de la corona. Zarzuela en 3 actos,* Madrid: Casimiro Martín editor.

BELLINI, Vicenzo: *Norma. Fragmentos de ópera. Reducción a piano,* Milán: G. Ricordi.

BORODINE: *Danses* (de la ópera *El príncipe Igor*), Leipzig, 1922.

CABALLERO, M.F.: *El cabo primero. Zarzuela cómica en un acto,* Madrid-Bilbao: Casa Dotesio.

DONIZETTI: *La Favorita. Opera en 4 actos. Versión para piano,* París: Leon Grus editor de música.

DONIZETTI: *Lucía de Lamermoor. Versión para piano,* Madrid: Casimiro Martín.

FALL, Leo: *Princesitas del dollar. Opereta en 3 actos,* Madrid: Editor Faustino Fuentes.

GAZTAMBIDE: *Los magiares. Zarzuela en 4 actos.*

MEYERBEER, G.: *Gli Ugonoti. Opera en 5 actos. Versión para piano,* Milán: G. Ricordi, 1864. Dos ejemplares.

PUCCINI, Giacomo: *La Boheme. Versión para piano,* Madrid: Ricordi, 1898.

RAMOS CARRIÓN Y CHUECA, Federico: *Agua, azucarillos y aguardiente. Versión para piano,* Madrid: Editorial Herre.

SERRANO, José: *La reina mora,* Madrid: Unión Musical Española, 1929.

SERRANO, José: *Los claveles,* Madrid: Unión Musical Española, 1929.

TORREGROSA, T.: *El santo de la Isidra,* Madrid: Unión Musical Española, 1929.

VALVERDE y FOGLIETTI: *A ver si cuidas a Amelia. Sainete lírico en un acto,* Madrid: Ildefonso Alier editor.

VALVERDE y FOGLIETTI: *Las píldoras de Hércules. Opereta,* Madrid: Faustino Fuentes.

VALVERDE y FOGLIETTI: *Serafín el pinturero. Sainete lírico en dos actos,* Madrid: Faustino Fuentes editor.

VELA, C. y BRU, E.: *El nido del principal. Sainete lírico,* Madrid: Ildefonso Alier editor.

VERDI, G.: *Aida. Opera. Reducción a piano,* Editorial Madella, 1912.

VERDI, G.: *Un ballo in Maschera. Opera en tres actos. Reducción a piano,* Madrid: Nueva Biblioteca Musical Económica de N. Toledo.

WAGNER, R.: *Antología wagneriana. Reducción a piano,* Turín: Marcello Capra.

WAGNER, R.: *Tannhäuser,* Barcelona: Asociación Wagneriana, 1908.

3.7.9. Canto gregoriano y similares

ÁLBENIZ, N.: *Vade Mecum Musical Religioso,* Pamplona: Arilla y Cía., 1916.

Cantus Passionis. 4 versiones según los 4 Evangelistas. 7 libros, Roma: Librería Editrice Vaticana, 1948.

Graduale Romanum: Commune sanctorum - Ordinarium Missae - Missae Propiae Sanctorum, Roma: Santa Sedis Apostolica et Sacrorum Rituum Congregationis Typographi.

Graduales Simplex, Roma: Librería Editrice Vaticana, 1967.

Liber Antiphonarius. Antiphonale Romanum. Para las horas litúrgicas. 2 ejemplares, Roma: Santa Sedis Apostolica et Sacrorum Rituum Congregationis Typographi,1949.

Liber Usualis. Missae et Officii. Pro Dominicis et festis, Roma: Santa Sedis Apostolica et Sacrorum Rituum Congregationis Typographi, 1956.

SUÑOL, Gregorio María: *Método completo de canto gregoriano para tres cursos. Según la Escuela de Solesmes,* Barcelona: Luis Gili editor, 1916.

VAN POPPEL, Balduino: *Curso práctico de gregoriano,* Mondoñedo: Tipografia H. Mancebo, 1909.

WAGNER, P.: *Intonationis et toni communes Missae,* Dusseldorf: Schwann, 1909.

3.7.10. Cánticos religiosos

BRUÑO, G.M. *Colección de cánticos religiosos,* Barcelona, 1913.

LICHIUS, Santiago: *Cantemos al Señas, tomos I y II. Colección de Cánticos Sagrados y Misa de Gloria con acompañamiento de órgano,* Buenos Aires: Editorial Guadalupe.

VV.AA.: *Colección de cánticos parroquiales,* Manuscrito.

VV.AA.: *Repertorio músico: Colección de cantos religiosos populares, tomo I.* Bilbao, 1924.

3.7.11. Oficios religiosos

CALAHORRA, Benigno: *Oficio de Requiem completo a tres voces y órgano,* Madrid: Editorial Eslava.

ESLAVA, Hilarión: *Secuencia del Corpus Christi.*

Mathias Organum ad Proprium Sanctor. Graduali Romanum.

Mathias Organum ad Vesperale.

PEROSSI, Lorenzo: *Misa de Requiem.*

SORIANO FUERTES, Indalecio: *Misa de Requiem,* manuscrito copiado.

SORIANO FUERTES, Indalecio: *Vísperas a 4 voces y órgano,* manuscrito, 1928.

VV.AA.: *Himnos, Vísperas, Maitines y Laudes,* manuscrito copiado.

4. LOS ESCRITOS SOBRE MÚSICA DEL MAESTRO BUITRAGO

4.1. Contextualización: la literatura musical de la época

El compendio de los escritos personales y públicos de Salomón Buitrago nos aporta una rica información sobre la obra y el pensamiento del compositor. Hemos rescatado una importante serie de artículos que roban del olvido la figura de este insigne músico y ponen en valor su manera de entender la música[1].

El ambiente bibliográfico y periodístico en el que se mueve Salomón Buitrago coincide con el despertar de la musicología histórica en España, paralelo a un incipiente regionalismo musical manchego. La musicología española sufrió un importante retroceso con respecto a Europa, el mismo que sufrió el estilo musical del Romanticismo en nuestro país. Hasta la segunda mitad del siglo XIX no aparecen las primeras labores claramente musicológicas, diversificadas en cinco líneas de actuación: la arqueología musicológica procedente de medios eclesiásticos (Hilarión Eslava), la musicología biográfica y erudita (Baltasar Saldoni), la musicología documentalista (Francisco Asenjo Barbieri), la recuperación folclórica (Felipe Pedrell) y la musicología crítica (prensa madrileña de las últimas décadas del siglo XIX, con Esperanza y Solá, y Peña y Goñi a la cabeza).

Esta última línea musicológica terminó por fraguar durante las primeras décadas del siglo XX, antes de la Guerra Civil, gracias a la figura de Adolfo Salazar (1890-1958), gran defensor de las nuevas estéticas musicales que venían de Francia en sus artículos del diario *El Sol*, protagonista de la conexión entre la música y la intelectualidad por primera vez en España.

Por su parte, la recuperación patrimonial sigue su curso durante la primera parte del siglo XX, teniendo como protagonista a Higinio Anglés (1888-1969), especialista en Edad Media, cuyos esfuerzos fructifican con la creación del Instituto Español de Musicología en 1942. El trabajo patrimonialista fue compartido por destacados estudiosos como Rafael Mitjana, Pablo Subirá, Casiano Rojo, Germán Prado, David Pujol, Vicente Ripollés, Roberto Gerhard, Miguel Querol, José López Calo, Samuel Rubio, Dionisio Preciado, José Climent y otros.

Otra dirección de trabajo que se intensificó durante los primeros treinta y seis años del siglo XX fue la recuperación del folclore. Esta época es conocida como la "Edad de los

---

[1] El presente capítulo es una actualización del ensayo publicado por el autor en 2014: "La literatura musical de Salomón Buitrago", en *Cuadernos de Estudios Manchegos,* núm. 39. Ciudad Real, IEM, 2014. Pp. 215-232.

Cancioneros" debido al trabajo de recuperación en varias regiones españolas, sobre todo la zona norte, Cataluña y Castilla-León. Pese a la debilidad de la estructura editorial y del apoyo administrativo, salieron a la luz importantes trabajos recopilatorios en Burgos (Olmeda), en Salamanca (Ledesma), en el País Vasco (J. Antonio de San Sebastián), Asturias (Eduardo Martínez Torner), Santander (Calleja), Cataluña (Milá y Fontanals, F. Pujol), en Extremadura (Bonifacio Gil), etc. Habrá que esperar a la finalización de la Guerra Civil para encontrar trabajos parecidos en Madrid (Manuel García Matos, Bonifacio Gil) y en La Mancha (Pedro Echevarría Bravo, *Cancionero musical manchego* de 1951).

El desarrollo de la musicología española, por tanto, se vinculó a peculiaridades regionales, carente de una especulación humanística más global, y giró en torno a dos centralismos: el de la Iglesia y el de los nuevos conservatorios. En la provincia de Ciudad Real, carente de conservatorio, la capital centralizó la actividad, claramente orientada a la investigación folclórica, propia e importada, y a la crítica musical local. En este sentido, la catedral fue un eje de activación. Es aquí donde ubicamos el trabajo teórico de Salomón Buitrago, añadido al círculo intelectual profesional, burocrático y burgués de la ciudad, origen de numerosos e interesantes escritos musicales en la prensa local y provincial. En esta línea encontramos a Emilio Vega (autor de "Tonadas manchegas" en *El Pueblo Manchego*, artículo de 1 de enero de 1907); Eusebio Vasco, valdepeñero empeñado en la recopilación de cantos populares; Pablo Vidal, inspector de enseñanza, autor de una amplia campaña de apoyo a la audición de música clásica, años veinte; Cristóbal Ruyra, director de la Banda Municipal e impulsor de la docencia musical; Ponciano Montero, activo especialmente en los años de la II República, y otros como Luis Llausás (P. Siúl) o Bernardo Aguirre. Todos ellos, buenos articulistas, de pluma entretenida y ágil, algunos ya referenciados en la introducción de este libro, constituyeron un grupo de melómanos de trascendencia, pues gracias a su entusiasmo fueron posibles la Sociedad Filarmónica de Ciudad Real (1924-1925), la Asociación de Cultura Musical (1925-1927), y el Orfeón Manchego (1929-1936), dirigido por el propio Salomón Buitrago, instituciones que fueron soporte de los primeros ciclos de conciertos clásicos en la capital manchega.

A este elenco de literatura musical local se suman las colaboraciones habituales de José Subirá (1882-1980), uno de los grandes musicólogos del panorama nacional. Subirá había pasado parte de su juventud en Ciudad Real, aprendió música con el profesor local César Martín, y llegó a pertenecer al círculo familiar de los melómanos. Su carrera profesional, cargada de obras y honores, le llevan lejos de la Mancha, pero aún así colabora profesionalmente con el diario *Vida Manchega* entre 1913 y 1932 con temas literarios, históricos, sociales, y el tema imprescindible de la música a partir de 1918. Informaba a los ciudadrealeños de la vida musical manchega, de la historia de la música, realizaba divulgación pedagógica que incluía monografías de conciertos, e incorporaba crónicas regionales para documentar y cotejar la cultura musical manchega.

4.2. Los textos de Salomón Buitrago

Salomón Buitrago se caracteriza por una visión elevada de la música, por el estudio a conciencia de la música culta y por la dignificación en todo su valor de la música folklórica o popular. La literatura musical de Buitrago, sus textos, expresa gran cantidad de ideas, ideales y matices que enriquecen su personalidad artística. Sobresale su elevado concepto de la música sacra con papel litúrgico, como podía esperarse de su cargo en la catedral, y llama poderosamente la atención el sentido pedagógico que desarrolla en torno a una fijación evidente: la presencia de la música en la educación como medio imprescindible para el desarrollo de la sensibilidad humana, a través del conocimiento técnico y teórico de este arte.

Para abordar este trabajo de síntesis de las ideas musicales de Salomón Buitrago no contamos con demasiados textos por él escritos, al menos no son muchos los que se conservan. Fue un hombre dedicado más al quehacer práctico que a la especulación teórica. Sus colaboraciones en la prensa local se restringen a los años veinte en el diario *El Pueblo Manchego,* quedando registrada su última colaboración en agosto de 1933. En el cuadro núm. 1 aparece un compendio de estos escritos por orden cronológico.

Aparte de los textos editados, la catalogación del LHMSB ha arrojado a la luz otros textos suyos, manuscritos o escritos a máquina, que, en su gran mayoría, constituyen apuntes para las clases en Magisterio, en el Seminario, en la academia de la Asociación de Cultura Musical, en la Sección Femenina o de tipo particular. En total, se trata de 23 textos, de distintas épocas, que han sido recogidos en la Caja núm. 7, carpetas núm. 1 y 2 del LHMSB, como parte importante del documentario de dicha colección. A ellos se pueden añadir una serie de opiniones del maestro Buitrago, referentes a su propio estilo de componer, recogidas, de forma más o menos textual, por Pedro Pardo García.

Cuadro núm. 7: Artículos publicados por S. Buitrago en *El Pueblo Manchego*

NÚM.	FECHA	NÚM. EDICIÓN *EL PUEBLO MANCHEGO*	TÍTULO	TEMA
1	26-3-1921	3058	*El Miserere del Miércoles y la polifonía clásica*	Música del Motu Proprio
2	14-4-1924	3915	*Lo que dice el maestro de capilla sobre el Miserere del Miércoles*	Música del Motu Proprio
3	31-5-1924	3953	*Mi impresión de los conciertos*	Crítica melómana
4	26-6-1924	3974	*Mi apoyo a la Sociedad Filarmónica*	Sociedad Filarmónica
5	30-7-1924	4002	*Crítica del primer concierto de la Sociedad Filarmónica*	Sociedad Filarmónica
6	31-7-1924	4003	*El segundo concierto De la Sociedad Filarmónica*	Sociedad Filarmónica
7	5-2-1925	4159	*Los conciertos XII y XIII de la Sociedad Filarmónica*	Sociedad Filarmónica
8	6-4-1925	4208	*Pepito Ávila en un concierto de la Sociedad Filarmónica*	Sociedad Filarmónica
9	10-8-1925	4310	*Los niños del Hospicio cantan a la Virgen del Prado*	Música del Motu Proprio
10	12-4-1927	4810	*Ante la Semana Santa. Mañana en la Prioral*	Música del Motu Proprio
11	14-8-1933	7565	*Pueblo que canta, pueblo feliz*	Canto popular y Orfeón Manchego

Fuente: *El Pueblo Manchego* (1921-1933). Elaboración propia

4.3. Una definición de la música que la hace grande

Uno de los textos mecanografiados por Salomón Buitrago, encontrado entre los papeles del LHMSB, el que lleva por título "La naturaleza de la música"[2], constituye una reflexión extraordinaria sobre el papel de la música a nivel humano, social y educativo, una reflexión clara y profunda, que formó parte de su bagaje ideológico en este campo. En función de ello, incorporamos a continuación los párrafos más subyugantes:

---

[2] LHMSB: Caja núm. 7, carpeta núm. 2, T. 13.

Así como nosotros tenemos cuerpo, mente y un lado espiritual de nuestro ser, así la música tiene naturaleza física, mental, emocional y espiritual. Estos diferentes aspectos de la música son todos maravillosos en sí mismos, cuando los disfrutamos por separado. Cuando están combinados nuestra sensación de ellos puede ser abrumadora.

Así como una casa puede tener cimientos en la tierra, así la música tiene cimientos, clara y definitivamente revelados a nosotros por la naturaleza y por las relaciones matemáticas. La casa tiene una parte más alta sobre los cimientos y puede tener otra más alta aún, por encima de las hojas de los árboles. Igualmente, la música tiene una parte más elevada, en la que los ritmos y entrerritmos, las melodías y las contramelodías, las armonías y los timbres son algunos de los elementos de expresión que pueden darnos en sí mismos un deleite definitivo. Pero por encima de ellos puede haber todavía una más alta esfera de sentimientos, imaginación, intuición, tranquilidad celestial, violenta y fatigosa agitación, humor y fantasía, o éxtasis embriagante; es una esfera de expresión divina en la que los cielos parecen abrirse y donde vemos una ardiente visión.

La música es dinámica, siempre envolvente, fluyente como un río, nunca estática. La verdadera música está inspirada, debe tocarse y cantarse con inspiración. La música sin inspiración es torpe, insípida y muerta, no es realmente música sino un simple sonido mecánico. La música de verdad está viva, lleva la impulsadora palpitación y la onda de la vida; nunca suena dos veces igual, nunca es pesada o inflexible, nunca se estanca, sino que es siempre pulsación y aliento. La música es indomable, como el impulso dentro de nosotros que se rebela contra lo prosaico y lo limitado. La música nos pone en libertad, canta en nuestras almas, flota en nuestros corazones, palpita con alegría. Algunas veces está oscurecida de tristeza, y entonces nuestros ojos y nuestros corazones se humedecen y desgarran. La música conoce la infinita gama de la vida; nos enloquece con el anhelo y luego nos tranquiliza con el tacto amoroso de la Madre Divina.

La música es un lenguaje universal, habla a cada uno, es el derecho de nacimiento de todos nosotros. En tiempos pasados la música se confinaba estrictamente en centros culturales de las clases privilegiadas, pero ahora, por medio de la radio y los discos, la música ha venido directamente a nuestros hogares, sin importar cuán lejos podamos vivir de aquellos centros de cultura. Así ha debido ser, porque la música habla a cada hombre, a cada mujer, a cada niño –destacado o humilde, rico o pobre, feliz o desdichado-, a cada ser que es sensitivo a su profundo y poderoso lenguaje.

La música es poesía expresada por notas en lugar de palabras. (...) Es un lenguaje universal. Desde este punto de vista es poesía pura, inteligible para cada uno. (...) El delicado poeta andaluz, Gustavo Adolfo Bécquer, dice que entre todos los deleites del sentido ninguno más noble, más puro, más humano y educador que el que esta bella arte nos proporciona, y añade que la música y la poesía, como buenas hermanas que son, se abrazan y complementan, amén de ser incompatibles con la barbarie: la barbarie en el obrar y la delicadeza en el sentir son contradictorias.

Salomón Buitrago añade a su definición el aporte interesante de la mitología griega y de la tradición, ámbitos que intentan demostrar "la superioridad de la música entre todas las bellas artes". Muestra así un elevado grado de información y documentación. Frente a la demagogia de muchas descripciones, propias de la época (por ejemplo, en las colaboraciones de la prensa), opone una visión medida, rigurosa, ajustada a la idea que el maestro debiera tener de la transmisión de la música, de sus beneficios individuales y sociales.

Buitrago acude a los ejemplos literarios, empezando por Horacio, quien observó en la música la categoría de "dictadura de las almas, que da órdenes incluso a las fieras y las domestica", y siguiendo por Cervantes, quien, en el capítulo 28 de *El Quijote,* pone en boca de la bella Dorotea una meritoria frase que describe como invertía el tiempo en su casa, en actividades que llenan el alma: "Me acogía al entretenimiento de leer algún libro devoto o a tocar el arpa, porque la experiencia me mostraba que la música compone los ánimos descompuestos y alivia los trabajos que nacen del espíritu".

En la definición de Buitrago no falta el valor social que la música ha llegado a adquirir a través del tiempo:

> (...) Es, además de la más bella entre las artes, aristocrática y eminentemente popular. Es aristocrática en su grandeza y en sus genios, y es popular en su esencia y en sus manifestaciones, porque las impresiones sonoras ejercen acción dominante sobre la sensibilidad, y sensibilidad es el sentido de las multitudes.

4.4. La música es muy importante para la educación

> En la educación ciudadana la música desempeña un papel importantísimo. Todos los hombres tenemos algo de individualistas y para vivir en sociedad necesitamos un aglutinante que nos una. En este aspecto la música es algo que no tiene rival. Todas las reglas y detalles que integran la buena interpretación de obras musicales forman parte de un código de disciplina especial que los componentes de cualquier agrupación artística acatan con verdadero deleite, creando entre ellos el mutuo respeto, bellísima cualidad social que, una vez que el hombre la asimila, es su compañera inseparable en todos los actos de la vida.
>
> (...) La arrolladora fuerza expresiva del sonido y del ritmo crea en el ser humano emociones a cual más bella y placentera. Modifica las costumbres, amortigua las pasiones,

hace que los sujetos posean de la moralidad el verdadero concepto y, en suma, que los ciudadanos así educados, se distingan siempre por sus modales templados y honestos. ¡Qué asignatura del programa escolar primario puede ostentar semejantes cualidades y objetivos espirituales!"[3].

Esta reflexión coloca a Salomón Buitrago en la línea de una gran parte de ilustres investigadores de la música, que han llegado a la conclusión de que el arte es un modelo que "debiera seguirse en el trabajo y en la sociedad, de tal forma que se asumiera con amor y libremente todo aquello que hoy es asumido como algo forzado, monótono y aburrido". Para ello habría que cambiar el sistema educativo en general, que otorga demasiada importancia al conocimiento abstracto que no proviene de la experiencia, dispuesto "para ser regurgitado cuando se pida", y olvida la experiencia, y sobre todo la experiencia de captar el arte o la música a través de la sensibilidad, trabajada convenientemente (Small: 14-15). En el propio origen de la civilización occidental, en la cultura clásica griega, está expresada la misma idea. Platón afirma que el poder de la armonía musical y del canto, aplicado a la educación de los niños, "orienta hacia la razón, la valentía, la serenidad y la bondad"[4]. Por su parte Aristóteles se refiere a la música en la educación como "método que hace dulce y placentero el aprendizaje"[5]. Muchos otros grandes hombres de la historia política, religiosa o filosófica de Europa, en todas las épocas, han aportado sensaciones en la misma dirección.

Para Salomón Buitrago, convencer del poder de la música en la educación, llamar la atención sobre su necesidad, significa combatir una serie de opiniones hechas, difundidas, convertidas casi en tópicos por la comodidad general de muchos, y, especialmente, por la justificación de aquellos que fueron incapaces de aprender este arte, por propia desidia o por un trabajo didáctico equivocado:

> La música posee un alto valor educativo. Se le debe conceder toda la importancia que merece, por ser lenguaje universal y como refrigerante del espíritu y un elemento necesario para la vida de los pueblos. Corazón que no canta, muerto debe estar, o por lo menos extraviado.
>
> (...) A pesar de que esto es una realidad tangible el número de detractores es muy elevado. Hay unos que pudiéramos llamar extremistas, que le niegan hasta el valor que tiene en la

---

[3] *Idem*. Fragmentos del texto núm.13: *La naturaleza de la música*.
[4] Platón: *Las Leyes, II* (Citado por Labajo (1987.
[5] Aristóteles: *Política, Libro V (VIII)* (Citado por Galindo: 33).

educación integral del hombre. Otros son los que jamás han degustado tan delicado manjar y al hablarles de estas cosas contestan con un encogimiento de hombros y una sonrisa escéptica (...). En cambio, hay un tercer grupo, numerosísimo, por cierto, que dañan grandemente el arte en general y la enseñanza en particular. ¿Y sabéis por qué? Pues porque ordinariamente son personas de cierto nivel cultural y que, por su posición en la sociedad, ejercen sobre ella bastante influencia. Suelen decir: a mí la música me gusta mucho, tanto que es mi debilidad, pero fue inútil que pudiera aprender porque tengo un oído desastroso. (...) A partir de ahí muchos creen que el Solfeo no merece la atención que las demás asignaturas, y por ésto, si en las primeras lecciones no consiguieron lo que antes de empezar imaginaron, echan mano de la socorrida frase de "no tengo oído", dejan el libro y todo terminado. (...) No terminan ahí los que proclaman la inutilidad de la música como elemento educativo, nada más que para justificar que ellos no pudieron aprenderla, o no quisieron, que casi siempre es ésto último.

Buitrago compara esta situación con la del maestro que enseña a leer a los niños, unos van más deprisa y otros más despacio; pero éstos últimos, sin embargo, no se detienen, ni el maestro tampoco ceja en su empeño. Se pregunta por qué con la música ocurre lo contrario, siendo, como es, un lenguaje más sencillo, "pues su nomenclatura es más limitada que la de las letras y respecto del sonido es más fácil aprender a entonar los intervalos de tono y semitono que los intervalos no musicales que tienen lugar en el habla".

En su afán por combatir tópicos al uso, Buitrago desprecia el siguiente: "Yo no sé de música, ni la echo en falta, ni la necesito, y vivo tan contento". Se sitúa así en la línea del poeta Machado, en su poema *A orillas del Duero,* donde afirma con rotundidad: "Castilla miserable, ayer dominadora, / envuelta en sus harapos, desprecia cuanto ignora" (Machado, 2001: 153). Es la misma línea que han apreciado los musicólogos en España durante mucho tiempo, un país musicalmente inculto, sin ser esto lo peor: "lo peor es que la incultura musical no se considera tal incultura, hasta el punto de que muchos intelectuales, que se avergonzarían de hacer ostensible su desinterés por cualquiera de las artes, en cambio expresan su disgusto, y hasta su desprecio por la música, con la mayor tranquilidad" (Gómez Amat: 87-88).

A este respecto Buitrago afirma:

(...) Démoslo por cierto (el hecho de no necesitar la música para nada); pero también es evidente que hay en el mundo muchos señores que con sus negocios se han hecho inmensamente ricos y desconocen las letras y los números, y que no sólo viven tan contentos, sino satisfechos de todo lo que les rodea, acusando en su porte exterior el sibaritismo de la vida que están gozando. Pero bien: ¿se desprende de todo ésto que no haga ninguna falta la lectura o la escritura?

Sin embargo, la culpa del desprestigio de la música en la educación no sólo es de los malos alumnos, transferidos a la sociedad como personas influyentes, en muchas ocasiones, sino también de la pedagogía:

(...) Se deben reunir las condiciones pedagógicas necesarias, que no consisten precisamente en saber mucho, no, sino en adoptar un método racional y progresivo que ponga la enseñanza a la altura de toda inteligencia, porque en caso contrario sólo pueden aprender aquellos para quienes, por sus disposiciones naturales de talento, cualquier procedimiento es bueno. (...) Ahí es donde precisamente se ha de distinguir el buen pedagogo, porque es una verdad innegable que para enseñar a los que enseguida manifiestan capacidad suficiente no se necesitan grandes habilidades. El mérito está en enseñar a los otros, a los tardíos, que son la mayor parte y a la vez la pesadilla de todos los maestros.

Al hilo de esta afirmación Salomón Buitrago combate otro tópico escasamente vinculado con lo razonable:

(...) Habrán oído o dicho infinidad de veces: la música no tiene razón de ser en la carrera de Magisterio; al fin ¿para qué sirve? Claro está, los que dicen esto no piensan en el enorme partido que de ella puede sacarse en la escuela. ¡Puede haber cosa más hermosa que un grupo de escolares entonando un himno! (...).

Buitrago defiende el canto como un medio de educación eficacísimo. En uno de sus textos insiste en el valor moral adquirido a través de la educación musical, especialmente a través del canto, en el mismo plano de reflexión que los filósofos griegos de la antigüedad:

El cultivo de la música y el canto es necesario, más aún, imprescindible en la escuela. Todo buen pedagogo sabe los beneficios que el ambiente escolar obtiene con las prácticas musicales y como, a la larga, aquellos niños que practicaron la música en la edad escolar adquieren un tinte moral difícil de definir ni puntualizar, pero que les hace distinguirse de los demás, por un algo que repercute en su vida moral futura[6].

El propio programa que utilizó para las clases en la Normal de Ciudad Real hace hincapié en estos aspectos teóricos que pasan por el convencimiento del maestro en la importancia de la disciplina musical, así como en otros prácticos, como el conocimiento de canciones populares españolas, en su diversidad regional, y el conocimiento de la música sacra. Buitrago insiste en que las alumnas deben hacer prácticas de dirección de coro durante el curso y también en la importancia de la canción infantil popular (canciones de cuna, corro y romances) como forma educativa muy útil[7].

Si la pedagogía es importante para Salomón Buitrago, no menos trascendencia da al método o la forma de estudio. En otro de los textos de su Legado, el que lleva por título *Consejos para alumnas de piano,* se permite dar una serie de normas que aplica al estudio de la interpretación pianística, que podría extrapolarse a cualquier estudio de tipo musical. Considera que el punto de vista del estudiante debe ser "conseguir el máximo progreso con el mínimo esfuerzo", para lo cual se necesita mucho tiempo y paciencia:

> (...) Mucho se ha repetido que la técnica sólo es el medio para llegar a un fin. Esto es cierto seguramente; pero como es necesario trabajar para adquirirla convendría también no absorberse demasiado en la tarea meramente material que esa técnica representa, con detrimento de otro trabajo, el más esencial de todos, el mental. Nunca sabría insistir lo suficiente sobre la utilidad, mejor dicho, la necesidad de trabajar lentamente. Los más grandes maestros están absolutamente de acuerdo en eso[8].

En el trabajo lento que propone Buitrago es indispensable la autoconfianza del alumno, así como la capacidad de reflexión previa a la interpretación o mera ejecución. Recomienda que el estudio esté presidido por la flexibilidad, "que todo sea libre y se evite el trabajo meramente mecánico", es decir, el estudio repetitivo, que a nada conduce. Debe introducirse la variación en el esfuerzo del estudio, trabajar las dificultades y luego

---

[6] LHMSB. Caja núm. 7, Carpeta núm. 2, Texto núm. 12. Se trata de un breve texto manuscrito, copiado a vuela pluma en una hoja de papel cualquiera, fruto de una idea repentina, anotado para dictarlo en clase de magisterio.

[7] LHMSB. Cajas núm. 77 a 85. Contienen una gran colección de polifonía profana y folklore en legajos y partituras sueltas, muchas de ellas copiadas por Buitrago. Especialmente la Caja núm. 85 contiene una amplia colección de canciones infantiles, que seguramente fueron utilizadas y recomendadas por Salomón Buitrago a sus alumnas, futuras maestras. Aparte utilizó grandes colecciones reunidas o cancioneros, los que aparecen reflejados en el apartado 6 de la Sección III del Legado, entre cuyos autores están Luis de Hoyos, Martínez Torner y el propio Pedrell.

[8] LHMSB. Caja núm. 7, Carpeta núm. 2, Texto núm. 15: *Consejos a las alumnas de piano.*

dejarlas, para volver a ellas más tarde, no caer en la fatiga mental ni física ("suspéndase el estudio desde el momento mismo de sentirla"). Para Salomón "es natural que un trabajo concienzudo exija un estudio lento, pues la velocidad conduce a la imperfección" y la música exige pausa, reposo, buen sonido, sentimiento, y no mera ejecución rápida y rutinaria.

Era Salomón Buitrago un hombre opuesto a la dictadura del tecnicismo en la música y al aprendizaje meramente mecánico. Ello se observa perfectamente en el siguiente texto, en el cual, para alumnos ya dispuestos a enseñanzas de música superiores, define cómo aprender a componer música:

> No es aprendiendo cuatro fórmulas como se domina el arte de la composición. El arte musical es un idioma y como tal ya sabemos los años que necesita un niño para aprender a expresar sus ideas con soltura, y en el arte musical casi todos somos peor que los niños, pues éstos ya nacen en un ambiente en el cual se habla continuamente y lo ejercitan todo el día, en cambio el ambiente musical es más restringido y en muchas familias nulo, y nadie nos impulsa ni nos enseña a hablar musicalmente o a crear melodías. Ahora bien, aunque niños, musicalmente hablando, pero ya de inteligencia cultivada, hemos de empezar a balbucear día y noche melodías, salga lo que salga. Al comienzo hay que imitar mucha música buena y de toda clase de autores, aunque no descubramos nuestra propia personalidad. Ser de repente original es imposible y ningún genio musical lo ha sido al empezar.
>
> Estudiar aisladamente la armonía es llenar el cerebro de fórmulas que por el momento no las siente el discípulo ni tienen aplicación práctica ni se hacen con gusto. Esto, como es natural, produce una indigestión, y por tanto un desequilibrio orgánico que, como tal, puede ocasionar fatales consecuencias.
>
> Si queréis estudiar un idioma extranjero no escojáis jamás una gramática como la de Otto Saner o sus semejantes, pues después de haber ejercitado todos sus temas y conocer todas sus reglas, seréis incapaces de sostener la más pequeña conversación con uno del país del idioma que estáis estudiando. Si empleáis en cambio el sistema de Berlizt o mejor aún, el de Robertson y sus afines, en la mitad del tiempo que habéis perdido estudiando el Otto Saner ya empezaréis a entenderos con los del país.
>
> ¿Han estudiado gramática los niños que ya saben expresarse correctamente? Pues con la composición pasa algo semejante: estudiad tres o cuatro años de armonía, otros tantos de contrapunto, y seréis incapaces de escribir la mas pequeña romanza. Si queréis llegar pronto a componer no os queda otra solución que simultanear el análisis de las obras maestras con

el estudio de la armonía, el contrapunto, las formas musicales, y componer al mismo tiempo[9].

En resumen: la música en la enseñanza es, o debería ser, según Salomón Buitrago, una pieza clave de la educación integral del ciudadano, pues, aparte de aprender una disciplina o asignatura, asegura un comportamiento moral que, extendido a un amplio margen de la sociedad, mejoraría la convivencia y la ética en general. Para ello es necesaria la preocupación sincera de los que tienen responsabilidades en el orden civil, y también la preparación pedagógica adecuada de los profesores y la elección de un método racional de enseñanza, que asegure el contacto de todos con la música, no sólo de los más capacitados para ella. Unos llegarán más lejos que otros, pero todos la debieran conocer. Y para todos es necesario un método adecuado de estudio, un proceso lento, en el cual deben primar la sensibilidad y la flexibilidad sobre el puro fenómeno mecánico[10].

Una de las aportaciones más interesantes, dentro de esta línea de pedagogía renovada y moderna, es la conexión entre el aprendizaje de la música y su experimentación, ya sea a través de la comprensión, ya sea a través de la sensibilidad. Gran parte de los métodos musicales de las últimas décadas han insistido en esta premisa[11], no siempre seguida en los conservatorios y muy alejada del planteamiento real en las escuelas españolas, por lo menos hasta finales de la década de los ochenta. Afirma Buitrago que el profesor no debe caer en el rigor teórico excesivo y contempla la necesidad de escuchar música, comprendiéndola, al tiempo que se produce el estudio.

4.5. El papel estelar del folclore y las canciones del pueblo

Pueblo que canta, pueblo feliz. Ciudad Real quiere ser feliz. Sus coros manchegos, en este nuevo revivir de la música artística, influenciada por el espíritu popular, nos recuerdan y

---

[9] LHMSB. Caja núm. 7, Carpeta núm. 2, Texto núm. 16: *Arte de componer música.*
[10] En el Legado histórico musical de Salomón Buitrago, caja núm. 7, carpetas núm. 1 y 2, aparecen otros textos relacionados con la enseñanza. Se trata de documentos con carácter didáctico, destinados a apuntes, en los cuales se resume la historia y las distintas disciplinas musicales. Destacamos los siguientes: *Formación musical de la carrera de Magisterio,* de Manuel Angulo (Carpeta núm. 1), *Apuntes de historia de la música para el Seminario* (Texto núm. 4), *Metrificación y composición* (Texto núm. 6), *Síntesis del método coral de Chassang* (Texto núm. 7), *Tratado sobre imitación y fuga* (resumen de Buitrago sobre teoría de Hilarión Eslava, Texto núm. 8), *Apuntes para la capilla de la SIP* (Texto núm. 11), *Apuntes de contrapunto* (Texto núm. 17), *Apuntes de historia de la música* (Texto núm. 18), *Apuntes de transporte* (Texto núm. 19), *La inspiración y las formas* (Texto núm. 20), *Apuntes de estética* (Texto núm. 21), *Notas sobre el armonium* (Texto n 22) y *Notas sobre el primer año de acompañamiento a piano* (Texto núm. 23); todos ellos en la Carpeta núm. 2.
[11] Veamos dos ejemplos, distanciados en el tiempo: 1) Angulo, Manuel (1970): *Música y didáctica.* Madrid, Magisterio español. El autor afirma que la música debe ser razonada después de haberla sentido, posicionamiento que forma parte de todo su esquema didáctico (pág. 9). 2) Riera Sala, Ticiá (1995): *Pedagogía de la historia de la música.* Argentonines.

dan a conocer cuál era el carácter musical del alma de nuestros antepasados. Con su labor proporcionan a la juventud un nuevo goce espiritual y la inicia en el alto interés artístico que ofrece la tradición musical de nuestra región. Jornadas recogidas con grandes estruendos y llevadas al pentagrama nos enseñan el lirismo de la canción popular que es como una exaltación espiritual. No se trata de literatura, ni de retórica, sino de libre movimiento expansivo del alma que no puede expresarse ambiciosamente, sino por el contrario, con sencilla espontaneidad. Los trinos de la lírica popular en la Mancha se iban perdiendo y sólo una enérgica acción de las voluntades puede lograr que renazca pujante la canción popular[12].

Este texto de 1933, año en que el Orfeón Manchego, que Buitrago dirigía, estaba en pleno apogeo, muestra la importancia que el maestro de capilla otorgaba a la canción folclórica, no culta, no escrita, trasmitida de generación en generación como reflejo del paso del tiempo, del paso de la vida, con sus etapas y edades marcadas por los años, y del paso del propio recorrido anual, con sus tiempos y estaciones en relación con las actividades del espacio agrario y rural, predominante en la época.

> Créese comúnmente que los cantos populares son a manera de esas flores que nacen espontáneamente en el campo, sin alcanzar más desarrollo que el que les proporciona el riego de las nubes[13].

Frente a esta idea del arte popular "silvestre", en manos del libre albedrío, Salomón Buitrago propone el trabajo de su recolección y cuidado, también como instrumento de inspiración de la música culta. Su manera de pensar corresponde totalmente a su manera de obrar en este aspecto, pues fue estudioso, investigador, siempre que pudo, compuso partituras a partir de las canciones del pueblo manchego, y dirigió un orfeón, entidad que rescató del olvido gran cantidad de temas regionales.

Los apuntes de Salomón Buitrago definen la canción popular como la forma musical más sencilla, aquella que todos comprenden, incluso los no amantes de la música, porque está unida a recuerdos afectivos, personales y colectivos[14]. Se remonta en su explicación a la "teoría romántica de la canción popular", desarrollada por los alemanes en el siglo XIX, un poco para contradecir el cosmopolitismo del XVIII y un mucho para subrayar

---

[12] Buitrago, Salomón: "Pueblo que canta, pueblo feliz", *El Pueblo Manchego,* 14 de agosto de 1933, núm. 7565.
[13] HMSB. Caja núm. 7, Carpeta núm. 2, Texto núm. 1, manuscrito improvisado en un papel cualquiera.
[14] LHMSB. Caja núm. 7, Carpeta núm. 2, Texto núm. 14 (*Apuntes sobre la canción popular*).

ideales propios de la revolución burguesa, por ejemplo, el valor del pueblo, la nación y el propio romanticismo, ya que el surgimiento de la canción popular está envuelto, si se quiere, en "un halo de misterio". En el ámbito de esta teoría, la canción es producto espontáneo, inconsciente, ingenuo, salido de la esencia del hombre, y encarna el alma colectiva, lo que se ha dado en llamar "nación". Al mismo tiempo, de forma inmediata a su florecimiento, aparece un intercambio entre lo popular y lo cultivado. Todos los grandes compositores románticos, recuerda Buitrago, se inspiraron en la canción popular: "mina inagotable donde se encuentran las melodías mas bellas", como decía Schumann[15].

La mutua interpolación entre lo folklórico y lo erudito ha estado presente a lo largo de toda la historia de la música, afirma Salomón Buitrago. Existen multitud de ejemplos. Los músicos han tratado de "recoger los latidos espirituales del pueblo a través de una expresión sonora, donde las melodías y los ritmos reflejan toda la psiquis nacional". Observa Buitrago como España está en uno de los primeros lugares en cuanto a riqueza folclórica se refiere, tal y como diagnosticó Felipe Pedrell en 1891 (Pedrell: 42) y reconoció el Congreso Internacional de Praga en 1928. Los esfuerzos de recuperación popular de regiones como las Vascongadas y Cataluña, según Buitrago, no habían sido en vano:

> (...) Todos deben considerar cuanta gratitud merecen los que cultivan el folklore desinteresadamente, ya recogiéndolo, ya divulgándolo, ya revistiéndolo con las galas del arte erudito, ya difundiéndolo con la voz sonora del canto, como lo hacen los coros de las distintas regiones[16].

En la Mancha, en cambio, al escepticismo general se unían las dificultades sociales para reactivar el canto popular, sobre todo a la hora de formar agrupaciones estables que lo difundiesen. El siguiente alegato de Buitrago expresa claramente cuál era la situación y qué valor tiene la obra emprendida por los estudiosos del tema, entre los que fue pionero:

> Por difundir los cantos de nuestra región vengo luchando, al objeto de poder presentar de modo sistemático la expresión tan varia del sentimiento de nuestro pueblo. A esto se han dirigido siempre mis trabajos. Pero en la Mancha cuesta mucho reunir un grupo de jóvenes

---

[15] LHMSB. Caja núm. 7, Carpeta núm. 2, Texto núm. 17: *Apuntes sobre contrapunto. Cláusula núm. 170. Una cita de Schumann.* Esta reflexión de Buitrago está plenamente probada por la historiografía musical. Véase, por ejemplo, Grout y Palisca: *Historia de la música occidental, Vol. 2.* Madrid, Alianza, 1993. Pág. 772.
[16] LHMSB. Caja núm. 7, Carpeta núm. 2, Texto núm. 9: *La música folklórica.*

que canten, están influenciados del cuplé, del tango, que tanto contribuyen al desamor hacia los valores líricos del pueblo, desconociendo casi en absoluto el folklore de nuestra región.

Sepan todos que en la Mancha se canta, sino con la abundancia y facilidad que en otras regiones, pero sabe cantar y posee un rico caudal de tradición antigua. Cantan los labradores en el campo y los artesanos en sus faenas, los niños en los juegos y en las escuelas, los mozos en sus rondas; se cantan las seguidillas con todo su carácter "nacional", siendo su baile el más genuinamente español, y por esto el que mejor se ha adaptado al tráfico de la épocas y al incesante movimiento evolutivo de las costumbres, sin desfigurarse ni darse por vencido.

Manchegos: a cultivar vuestros cantos para engrandecer la región[17].

4.6. El gran placer de escuchar y explicar la música culta

El disfrute de la música culta en vivo, a través de sus escasas apariciones en Ciudad Real, constituyó para Buitrago un hermoso placer que compartió, en algunas ocasiones, con los aficionados ilustres de la capital y con los lectores de *El Pueblo Manchego,* realizando comentarios sobre conciertos, ejecución, programas, que, contemplados desde la actualidad, revisten interés por el gran conocimiento erudito y técnico que demuestran, así como por su carácter histórico. Fueron aportaciones hechas especialmente para fortalecimiento de la Sociedad Filarmónica que creó Pablo Vidal en 1924.

De sus comentarios, bien medidos, se deducen los gustos del maestro y su profundo conocimiento histórico. Buitrago puede ser definido como un perfecto melómano. Entre todos los grandes genios del pasado destaca a tres, a los que considera insuperables:

(...) Son los tres mas ilustres, ni uno más ni uno menos: Bach, Beethoven y Wagner; son la expresión insuperada de cuanto el arte musical ha producido en el pasado y producirá en el porvenir[18].

Bach era para Buitrago la esencia de la inspiración, "el maestro de la plenitud". Beethoven la fantasía y el brillo incomparables, "la meditación extrahumana y la expresión poética, centinela avanzado de la civilización *m*usical", el hombre que consiguió crear una música "siempre nueva, sin salirse de lo bello y de lo verdadero, ante lo cual hay que inclinar la rodilla"[19]. Y por último Wagner. Wagner lo es casi todo para

---

[17] *Idem*. Fragmento final (alegado personal sobre el canto popular en la Mancha).
[18] *El Pueblo Manchego,* 5 de febrero de 1925, núm. 4159.
[19] *El Pueblo Manchego,* 31 de mayo de 1924, núm. 3953.

Buitrago, es la grandiosidad, la arrogancia, la robustez, "la voluntad que emociona", y algo más:

> (...) Para mí Wagner es hoy la palabra mágica que aviva el sentimiento musical de nuestros días, habiendo realizado con sus producciones inmortales una transformación y un progreso radical de lo viejo, llevando la composición y la armonía hasta límites imprevistos, marcando una nueva era para el arte[20].

El wagnerianismo de Buitrago era patente. Hay que tener en cuenta que su formación se produce en la etapa en la que el gran compositor alemán había causado sensación en España, sobre todo a través del estreno de sus óperas en el Madrid de finales de siglo XIX y principios del XX. Junto a él, otros muchos músicos atraían al maestro de capilla: Haendel, en lo referente al Barroco, Mozart, en el Clasicismo, del que admiraba sus "melodías ligeras, fluidas y tiernas", junto Schumann, Mendelshonn, Chopin y Liszt, del Romanticismo; el primero por su poética, el segundo por su "estilo aristocrático", Chopin por ser "el representante más ilustre de la literatura pianística" y Liszt por su prodigioso ingenio. Del Nacionalismo español, siempre presente en la parte final de los conciertos de esta época, degustaba, sobre todo, el alma del pueblo, presente en la inspiración, "la novedad y la gracia en sus páginas cargadas de sentimiento"[21].

En el comentario bien documentado y formado de Buitrago llama la atención su capacidad para analizar la forma, la ejecución y la organología: capta el fraseo, la dicción instrumental, la pulsación, el roce del arco en las cuerdas y su prestancia, el mecanismo técnico y, de manera especial, los efectos tímbricos. Reconoce en el arpa "la sonoridad misteriosa que poseen las notas graves, el sonido puro y argentino del registro agudo, los glisados esencialmente poéticos, las sonoridades conmovedoras e ideales..."[22], y así con todos los instrumentos de cuerda que componen la orquesta de cámara, tal como en el terreno litúrgico sabe apreciar los registros orgánicos y su adaptación a los momentos del culto.

---

[20] *El Pueblo Manchego,* 31 de julio de 1924, núm. 4003.
[21] *El Pueblo Manchego,* 31 de mayo de 1924, núm. 3953.
[22] *El Pueblo Manchego,* 5 de febrero de 1925, núm.4159. Comentario de un concierto del dúo

4.7. Devoción por describir y hacer gustar la música sacra

"La música sagrada interpreta y hace gustar, con la fuerza del sentimiento transformado en melodía, toda la belleza de los misterios de la fe"[23]. En esta frase se puede resumir el concepto que tiene Salomón Buitrago de la música religiosa dentro del templo, adscrito al Motu Proprio de Pío X. Buitrago, a través de su formación y de su contacto estrecho con Nicolás Fernández Arias, tuvo ocasión de estudiar en profundidad el canto gregoriano y admirarlo. Sin embargo, es el género vocal polifónico el que más le atrae y subyuga. El recuerda que Wagner y Verdi habían dicho: "el género vocal es el más apto para la liturgia", y a ello añade ideas propias, afirmando que dicho género posee "la dignidad y piedad necesarias para desarrollar el excelso papel que le es conferido". Es por ello que Buitrago, director de la capilla musical de la SIP, estudia y selecciona cuidadosamente las obras que se interpretan, las analiza en detalle en cuanto a su forma y contenido, antes de nada, reflexiona sobre lo que evocan, y, finalmente, exige un ajuste coral exacto al desarrollo de la obra. En este sentido era un hombre muy exigente consigo mismo y con la interpretación[24].

Para Buitrago estaba claro que la polifonía clásica había sido recogida como fuente de inspiración por muchos genios del siglo XIX, entre ellos su favorito, Wagner. A su vez los autores del Motu Proprio, una vez depurada la música litúrgica, no debían desestimar la línea de evolución y progreso de la historia de la música, sus avances armónicos y técnicos, y por ello estaban obligados a asumirlos y conjugarlos en las nuevas creaciones.

Por eso admira "las tendencias modernas asimiladas con maestría a la religiosidad necesaria", que descubre, por ejemplo, en las composiciones de Nemesio Otaño, cuya polifonía "sinfónica y abolenga" le parecía que estaba llena de "sonoridades orquestales logradas con el juego de los efectos sonoros vocales exigidos, y con el juego de intensidades y de timbres"[25].

De la misma manera gustaba de la profundidad, austeridad, sobriedad litúrgica de Vicente Goicoechea, que al mismo tiempo incorpora los avances de la técnica moderna, por ejemplo, las ideas de Wagner, y asume lo bueno de los antiguos. En este sentido admiró profundamente su obra *Miserere mei Deus,* que fue interpretada por la capilla en numerosos Oficios de Tinieblas en la catedral:

---

[23] LHMSB. Caja núm. 7, Carpeta núm. 2, Texto núm.3: *La música en Semana Santa* (fragmento inicial).
[24] Tómese como ejemplo la disección perfecta de forma y armonía que hace del *Miserere* de Nemesio Otaño *(El Pueblo Manchego,* 12 de abril de 1924, núm. 3915).
[25] *Idem.*

> El Miserere de Goicoechea es una obra magistral. Cuanto más la dirijo más convencido estoy de su solidez, de su robustez, de su admirable función religiosa y del concepto purísimo de su forma[26].

Al mismo tiempo Buitrago admira, lo hará cada vez más, según avanza el tiempo, la desnudez de la polifonía clásica. En 1921 dice de ella lo siguiente:

> (...) es el género más artístico y por lo mismo el menos comprensible para la generalidad; él se presenta siempre sin otras galas y atavíos que la estructura pura de sus cánones llenos de inspiración, de verdad, pero regulados siempre por los límites de un arte bello y santo. Él no se importó a la Iglesia precisamente para deslumbrar los sentimientos a fuerza de efectismos aparatosos, sino para iluminar las almas con destellos de plácido fulgor (...)[27].

El ardor de Buitrago por los avances técnicos y armónicos, en su época joven, que incorpora a sus propias composiciones de los años veinte y treinta, nunca desapareció del todo, pero se fue diluyendo en un gusto más maduro por el estilo motético del Renacimiento clásico, que incorpora también a sus obras. En realidad, Buitrago trata de aunar las dos entidades compositivas en una sola: por una parte la formal, el motete, y por otra parte la armónica, mediante la investigación de las conexiones tonales y modales.

Se considera estilo motético aquel que nació en el Medievo y se hizo propio del Renacimiento, en el cual aparecen una serie de episodios musicales para cada pieza, cada uno con un tema propio. Esta estructura surge de la división del texto en frases, de tal forma que según el número de frases así obtenemos el número de episodios. Cada frase nueva da origen a un tema nuevo, desarrollado en forma imitativa o en forma homofónica, con igual participación en el material temático por parte de todas las voces. Estos dos procedimientos juegan en continua oposición y así nace el contraste, la variedad, y también el equilibrio. Es un principio que se puede aplicar a las distintas piezas polifónicas de la liturgia y de los oficios: partes del *Ordinarium*, partes del *Propium*, himnos, salves, composiciones marianas Rubio, 1956: 159-160 Y 166). Buitrago utiliza los distintos episodios para solapar armonías y tonalidades afines o contrarias, y jugar con ellas.

---

[26] *El Pueblo Manchego,* 12 de abril de 1927, núm. 4810. El Miserere de Goicoechea, que data de 1906, fue una obra muy admirada en la época, interpretada muchas veces, en lugares muy importantes, incluido el propio Vaticano (Virgili Blanquet: *La música en Valladolid en el siglo XX.* Valladolid, Ateneo de Valladolid, 1985. Pág. 39-40).

[27] El Pueblo Manchego, 26 de marzo de 1921, núm. 3058.

En la maduración de su estilo destaca la gran conjunción entre el pensamiento, el sentimiento y la melodía, perfectamente plasmada en el conjunto de la partitura. A este respecto, Pedro Pardo recordaba las palabras y consejos textuales del maestro Buitrago a la hora de desvelar la importancia del mensaje y su conexión con la arquitectura musical:

> Para componer e interpretar bien hay que conjuntar el sentimiento con la melodía. Hay que meditar mucho. La letra tiene que estar perfectamente unida a las notas musicales y la melodía tiene que ser la expresión de lo que quiere decir la letra. No se puede interpretar de la misma manera un mensaje de alegría que otro de tristeza, pues las melodías no son las mismas para un caso que para el otro. Lo mismo sucede con las tonalidades. ¿Te has fijado en las cantatas de Bach? En ellas ves la perfecta conjunción que hay en su música. Su sentido alegre o sentimental, piadoso y espiritual. Haendel y su Mesías, ¡qué expresión de júbilo tan bien lograda!, exalta la grandeza del Dios creador, libertador, el Omnipotente... y con su música ¡cómo lo expresa! Perosi, Palestrina, Victoria, ¡qué expresividad en sus motetes y en sus pasiones!, meditaban, pensaban, sentían, y después lo plasmaban a través de la música. No lo olvides (Pardo, 12-15).

Desde este punto de vista, igual que Pedro Rebassa, Buitrago fue un admirador de la fuerza en los motetes de Semana Santa de Tomás Luis de Victoria, así como de Lorenzo Perosi, en la etapa contemporánea[28]. La capacidad para revestir de música los misterios sacros de la liturgia y la fuerza de transmisión de sus obras, capaces de mantener en pie el alma de los fieles, le parecían la clave de lo que debe ser la música sagrada.

Esa misma capacidad y fuerza trató él mismo de trasladar a sus propias composiciones, de tal forma que estas reflejan la esencia de su teoría escrita. De esta forma, Salomón Buitrago constituye el gran reflejo de compositor comprometido con el movimiento del Motu Proprio en la provincia de Ciudad Real. Dicho movimiento, superado en parte por la modernización del Concilio Vaticano II, trataba de dignificar la música cultual otorgándole la categoría de música santa, ajena a las influencias mundanas, anclada en los valores musicales del pasado excelso en forma de gregoriano y polifonía clásica, siempre presentes como modelos a seguir.

---

[28] LHMSB. Caja núm. 7, Texto núm. 3: *La música en Semana Santa.*

5. EL CATÁLOGO VCG: OBRAS SACRAS

Una vez examinado el compendio musical de la catedral de Ciudad Real, textos y partituras, estamos en situación de afirmar que el espíritu del Motu Proprio también estuvo presente, y con mucha fuerza, en el centro neurálgico de la diócesis de las Órdenes Militares, la sede de Ciudad Real, a la que sirvió con convicción Salomón Buitrago.

Las figuras del maestro de capilla y del organista son fundamentales para entender el desarrollo musical en las catedrales y en las principales ciudades españolas durante la primera mitad del siglo XX, tradición heredada del siglo XIX, máxime teniendo en cuenta que la formación musical de la población era muy pobre, que en provincias no existían conservatorios y que gran parte de la docencia musical procedía de los seminarios y del clero. Por tanto, la manera de enfocar, componer, interpretar y enseñar música de los cargos musicales de las sedes catedralicias tenía un peso especial en la formación de la sociedad local.

En este contexto se enmarca la vida y actividad musical de Salomón Buitrago, que durante más de medio siglo tuvo en sus manos, de forma práctica, la música en la catedral de Ciudad Real (Castellanos: 277-314). Dadas estas circunstancias, la proyección de la personalidad musical de Buitrago tiene, sin duda, gran importancia; su obra musical sacra y de otro tipo (popular, instrumental, folclórica) adquiere una relevancia de la que no se puede prescindir si queremos comprender nuestro pasado cultural inmediato. Y entre toda su producción destaca especialmente la producción religiosa.

Según Joseph Gelineau existe una variada tipología de música religiosa (Gelineau: 57-65):

1) El canto propiamente litúrgico, "de la liturgia", sometido a los cánones estrictos que establece la Iglesia, entendiendo por liturgia católica la celebración de la Eucaristía, las oraciones correspondientes a las horas y otros oficios del año litúrgico.

2) El canto y la música que acompañan a la liturgia, "en la liturgia", liberado del dogmatismo del anterior.

3) El canto y la música de las ceremonias no estrictamente litúrgicas, es decir, música "en torno a la liturgia", entendiéndose por ceremonias no estrictamente litúrgicas las procesiones, las peregrinaciones, reuniones, plegarias y actos piadosos de distinto tipo.

4) La música religiosa extralitúrgica con contenido religioso, pero no vinculado al rito, por ejemplo, los oratorios, considerada música "fuera de la liturgia".

A través de su creatividad, recogida en el Catálogo VCG de sus obras, Salomón Buitrago participa en varias de estas categorías: sus misas corresponden a la primera categoría ("música de la liturgia"); los motetes sacros de distinto contenido, en especial el contenido mariano, corresponden a la segunda categoría ("música en la liturgia"); y el gran número de himnos y cánticos religiosos populares que se conservan de su autoría pertenecen a la "música en torno a la liturgia", categoría que será tratada en el siguiente capítulo[1].

5.1. Composición de Misas y oficios para difuntos

La composición más repetida en el esquema de la música sacra del Motu Proprio es la misa, entendida como la suma de las diversas partes del ordinario de dicha celebración, y en otras ocasiones como composición especial dedicada a una festividad concreta. La misa es una composición que forma parte de la liturgia estricta, se entiende como "música y oración" y ello le confiere unas características de sobriedad muy marcada: "el canto se establece como plenitud de la palabra sagrada (...) y es incompatible con la complacencia estética que cautiva los sentidos, con la expresión de la exhuberancia humana o la exaltación apasionada (...) Por el contrario goza de pudor, transparencia y austeridad" (*Idem*: 36, 152 y 155). Esas condiciones permiten la transmisión combinada de dos fundamentos básicos: la belleza y la sacralidad (Idem: 36, 152 y 155).

En el Legado de Salomón Buitrago se han encontrado nueve misas de su autoría, fieles, en general, a la premisa de sentimiento y devoción transformados en belleza. Algunas de estas obras están enteras y otras aparecen diezmadas. También aparecen dos versiones de misas ya existentes. El listado completo de misas de Buitrago está recogido en el cuadro núm. 6.

La mayor parte de las misas de Salomón Buitrago fueron escritas, al menos copiadas, durante la década de los años cuarenta y después. Antes de la Guerra Civil contamos con una obra previa a 1920, dos en los años veinte y la *Misa Colectiva de Acción Católica,* VCG 124, en 1936, ejemplo del progreso de Buitrago como maestro de capilla

---

[1]El presente capítulo constituye una actualización del artículo del autor (2011): "El legado sacro de Salomón Buitrago", discurso de entrada en el IEM, *Cuadernos de Estudios Manchegos,* Ciudad Real, Instituto de Estudios Manchegos, número 36. Pp. 21-42.

influyente. Después de la guerra ubicamos el resto de los ejemplos de misa elaborada, algunas de ellas muy estudiadas, con melodías coloristas y cromáticas, difíciles de interpretar y con inflexiones modales profundas.

Cuadro 8: Misas originales y adaptadas por Salomón Buitrago

OBRA	NÚM	COP	CON	UBI	NOTAS
Misa de Pastorella a dúo de tenor y tiple	24	1	2	2/4	Kyrie y Gloria en fa mayor, Credo en re mayor y Sanctus en sol mayor, 6/8
Misa in honorem BVM subtítulo Virgen del Prado	98	1	1	2/4	Adaptada a pequeña orquesta, apenas conservada
Misa Pastorella	99	5	1	2/4	Sólo kyrie en sol mayor y Gloria en fa mayor; 2 v + órgano
Misa Colectiva de Acción Católica	124	muchas	3	2/5	11 cantos para la misa rezada, previos al catecismo cantado. 1936
Misa de Angelis (variaciones Misa César Franco)	151	4	3	2/4	3 voces (introduce tiples). Re mayor predominante.
Misa fácil a dos voces	152	6	3	2/5	Misa completa a 2 v con acompañamiento de órgano y orquesta de cámara. Si bemol mayor.
Misa sobre motivos marianos	153	1	1	2/5	Kyrie entero, gloria y credo incompletos. 2 voces + órgano. Re m.
Benedictus a solo	176	4	3	2/5	En sol menor, con acompañamiento de órgano. Perteneciente a una misa no recuperada.
Misa a tres voces	190	4	3	2/4	Kyrie, Gloria, Credo, Sanctus, Agnus. 3v + bajo posterior. Órgano y Orquesta. La menor.
Misa cantada en castellano	191	1	1	2/4	Sólo se conserva el acompañamiento para pequeña orquesta.
Misa Hispana: adaptación para órgano	192	1	3	2/4	Música de Ismael Fdez. de la Cuesta (gregoriano y mozárabe).

NÚM: número VCG, COP: número de copias que se conservan, CON: estado de conservación de 0 a 3, UBI: ubicación exacta, caja/carpeta.

Buitrago escribió dos misas de Navidad, que llaman la atención por su alegría y jovialidad, las *Misas de Pastorella*. La primera de ellas, VCG 24, dúo de tenor y tiple, seguramente es anterior a su cargo de maestro de capilla y se define por una gran frescura. De la otra *Misa de Pastorella*, VCG 99, años veinte, sólo se conservan el *Kyrie* y el *Gloria*; en ellos son destacables los melismas, el carácter alegre de la composición y el dibujo característico en el fraseo: frase principal que baja, sube y termina cayendo sobre la nota precedente (V-IV grados), recurso bastante habitual en Buitrago. La forma de frasear se repite en el *Gloria* con ciertas variaciones rítmicas, lo que hace pensar en una especie de tema generador que movería todas las piezas de la composición.

La *Misa Colectiva,* VCG 124, obra pionera en castellano, editada con profusión en la diócesis en 1936, consta de once cantos en castellano, a una voz, para la misa rezada, con acompañamiento de órgano. Reúne fragmentos de estilo recitativo o "parlando" (preguntas e introducciones) y partes melódicas que actúan como respuestas. De esta forma se genera un diálogo entre el coro y el pueblo. La *Salve* del final es un canto polifónico a dos voces. La obra se inscribe dentro del esquema de iglesia militante en la diócesis prioral por influencia de Acción Católica inmediatamente antes del estallido de la Guerra Civil[2]. Tiene clara relación con otra obra de estilo popular del mismo autor: el *Catecismo en verso popular cantado,* VCG 120[3].

Las misas que han sido fechadas después de la Guerra Civil se caracterizan por el predominio del ritmo binario, la melodía en thesis, la aparición de dos o tres voces -sólo aparece una cuarta voz añadida, el bajo, en la *Misa a tres voces,* VCG 190-, el acompañamiento de órgano, el ocasional acompañamiento de pequeña orquesta de cámara (*Misa fácil a dos voces,* VCG 152, *Misa a tres voces,* VCG 190 y *Misa cantada en castellano,* VCG 191)[4] y la adaptación a las posibilidades reales de la Schola Cantorum del Seminario de Ciudad Real. Existe una preocupación evidente por la melodía y por evitar la monotonía en la extensión del *Gloria* y el *Credo*, para lo cual se utilizan diversos recursos: unísonos efectistas que unifican las voces, fragmentos en

---

[2] Esta Misa, VCG 124, primero fue editada por la propia Diócesis en 1934 con el nombre de *Misa Dominical de las Juventudes Católicas de la Diócesis Priorato de Ciudad Real,* manuscrita por el propio Salomón Buitrago, con multitud de indicaciones para la gestión del canto. Posteriormente, en 1936 fue editada por la editorial Boileau Bernasconi de Barcelona con el nombre actualizado de *Misa de Acción Católica.* Actualmente existen copias de ambas con amplia difusión entre particulares que las guardan como recuerdo, pues fue una Misa muy interpretada y las personas de edad la conocían de memoria.
[3] Obra propagandística de obligatoria presencia en la catequesis de la Iglesia diocesana de aquel tiempo.
[4] Normalmente: violines 1º y 2º, contrabajo, flauta, clarinete en si b, saxo alto en mi b, saxo tenor en si b, y trompeta.

estilo motete con entradas alternas y juego de imitaciones, uso del responsorio, fragmentos muy bellos para solista bajo –por ejemplo, en la *Misa fácil a dos voces, VCG 152-,* pensados probablemente para el destacado sochantre de la catedral Victorino Pascual. También se introducen cambios de tono e inflexiones para romper la monotonía, variaciones rítmicas de binario a ternario, habituales en la música del Motu Proprio, reexposiciones finales de tipo conclusivo, introducción de intervalos y cromatismos "mistéricos" –por ejemplo, en el *Kyrie* de la *Misa sobre motivos marianos,* VCG 153, y juegos de una voz frente a la estabilidad proporcionada de las demás, diseñadas sobre valores largos.

En esta relación de misas hay dos que no son originales de Salomón Buitrago, sobre las que él trabaja, realizando variaciones interesantes: la *Misa de Angelis* de C. Franco, editada en 1927 por la revista *Sta. Cecilia* de Turín, y reelaborada en los años treinta o cuarenta por Buitrago, VCG 151, y la *Misa Hispana* sobre motivos gregorianos y mozárabes, realizada por Ismael Fernández de la Cuesta en su etapa de monje de Silos, publicada en 1965 con letra en castellano, como adaptación a la nueva normativa que permite los cantos de la misa en lengua vernácula. Buitrago trabajó especialmente el acompañamiento para órgano, VCG 192. Lamentablemente se ha perdido una misa en castellano realizada por el propio Salomón Buitrago, de la que sólo se conservan algunos fragmentos del acompañamiento para orquesta de cámara, VCG 191.

Las composiciones relacionadas con misas de funeral y oficios de difuntos que se conservan en el LHMSB y que constituyen obras originales de Salomón Buitrago, pertenecientes a las categorías "música de y en la liturgia", están presididas por la severidad, la gravedad reflexiva y el sentimiento inspirado, a veces nostálgico. Entre ellas destacan tres obras fechadas en los años veinte:

1)   La bella y sentida plegaria para tenor titulada *Oh mortales,* VCG 68. Se trata de una súplica de hermosa letra pidiendo oraciones para los difuntos, puesta en boca de los propios difuntos. Está en tonalidad de mi menor y posee acompañamiento de órgano.

2)   *Liberame Domine,* VCG 66, un canto secuencial o posible ofertorio a tres voces mixtas y acompañamiento de órgano para misa de Requiem, también en mi menor, pausado, solemne y sentido. Es una obra incompleta, caracterizada por abundantes apuntes y trazos a lápiz y bolígrafo rojo que evidencian una reelaboración progresiva y nunca terminada, otro rasgo característico en la música de Buitrago.

3)   *Tadet animam meam, lectio II Oficii Defunctorum,* VCG 110. Composición en la bemol mayor para una sola voz, coral, con acompañamiento organístico y orquesta de

cámara, caracterizada por una melodía ágil de tresillos y puntillos con intervalos amplios que le otorgan un carácter culto. Se trata de música silábica, sin apenas presencia de melismas[5].

De los años treinta se conservan *Requiencant in pace, Amen,* VCG 126, y un sensible y bello responsorio titulado *Me recorderis,* VCG 76, para tres voces mixtas en mi bemol mayor, con estilo claro y severo, sin apenas uso del contratiempo. La pieza va acompañada de los "kyries finales" y del "requiescant in pace" solemne.

Cuadro núm. 9: Obras para oficios de difuntos de Salomón Buitrago

OBRA	NÚM	COP	CON	UBI	NOTAS
Libera Me Domine	66	1	2	2/6	Secuencia u ofertorio para Misa de Requiem a tres voces mixtas, en mi menor, con acompañamiento de órgano.
Oh Mortales, plegaria para tenor	68	4	3	2/6	Mi menor, acompañamiento de órgano y pequeña orquesta
Tadet Animam Meam	110	5	3	2/6	*Lectio II Oficii Defunctorum,* la bemol mayor, con acompañamiento de órgano y orquesta.
Requiescant	126	1	2	2/6	3 v m con órgano y orquesta de cámara. Fa mayor.
Requiem: Me Recordaris	76	1	3	2/6	Responsorio, 3 voces mixtas

NÚM: número VCG, COP: número de copias que se conservan, CON: estado de conservación de 0 a 3, UBI: ubicación exacta, caja/carpeta.

5.2. El realce de la música vocal sacra

Aparte de la forma *misa,* claramente establecida, ha de considerarse música vocal sacra original de Salomón Buitrago toda aquella que aparece en el LHMSB con destino a la función litúrgica en la catedral, en la cual se manifiesta su autoría y aparece su firma. Por la forma de componer, por la propia forma musical y por el contenido temático, se intuye que en dicho legado existen más obras originales pero su autoría exacta es

---

[5] Cabe decir, a modo de aclaración, que la música silábica es aquella música vocal, lírica o coral, que se ajusta al modelo de texto silábico (una nota equivale a una sílaba). Los melismas consisten en diseños de varias notas sobre una sola sílaba. La música silábica es más grave y sobria, la música con predominio de melismas es más ornamental.

imposible de determinar[6]. Las obras recuperadas se pueden incluir en las categorías "música en y en torno a la liturgia", de acuerdo con la clasificación de Gelineau.

Cuadro 10: Música vocal sacra de Salomón Buitrago

Música litúrgica para Semana Santa

OBRA	NÚM	COP	CON	UBI	NOTAS
Eterno Padre	42	1	3	1/1	3 voces mixtas con acompañamiento de órgano
Ave Verum Corpus	93	1	3	1/1	Para tenor, con acompañamiento de órgano
Christus Factus Est	95	1	0	1/1	3 voces mixtas (sólo se conserva carátula de rótulo)
Plegaria a Jesús (I)	103	1	3	1/1	Plegaria para barítono con acompañamiento de órgano (1). Letra del Chantre Alfonso Pedrero García Noblejas. Himno a Nuestro Padre Jesús del Perdón.
Plegaria a Jesús (II)	104	1	3	1/1	Plegaria para barítono con acompañamiento de órgano (2). Idem.
Benedictus	137	1	3	1/1	Laudes de Semana Santa, canto de Zacarías, padre de Juan Bautista. (Fabordón a 4 voces gruesas).
Miserere Mei Deus (antifonal)	154	3	2	2/6	Estilo antifonal para bajo y dos voces + *tacet.* en do menor.
Miserere	193	1	1	2/6	Sol menor como principal tonalidad. 4 voces mixtas a capella. 10 secciones.
Mandatum Novum	188	1	3	1/1	Motete a tres voces mixtas para el Jueves Santo. 1956

---

[6] LHMSB, Caja núm. 11, Carpetas núm. 3 y 4. Allí se guardan obras indeterminadas de música litúrgica, sobre todo relacionada con motetes al Sacramento, que también pudieran pertenecer al maestro de capilla objeto de nuestro estudio, si bien no se pueden identificar como tal.

Música al Sagrado Corazón de Jesús

OBRA	NÚM	COP	CON	UBI	NOTAS
Al Corazón de Jesús	51	6	3	2/6	Himno para coro y solo con acompañamiento de órgano.
O Cor Jesu (plegaria para bajo)	100	1	2	2/6	En re mayor, con acompañamiento de órgano

Motetes al Sacramento

OBRA	NÚM	COP	CON	UBI	NOTAS
Himno al Santísimo Sacramento	16	1	2	2/6	Una voz, para coro y solo, con órgano inconcluso.
Panis Angelicus	49	1	0	1/1	3 voces mixtas (sólo se conserva segunda voz)
O Quam Suavis est	101	1	3	1/1	Una voz (con dúos ocasionales) con acompañamiento de órgano.
Vexilla Regis	115	1	3	1/1	Sólo se conserva la voz de tenor.
Vísperas del Corpus: *Credidi*	172	1	3	1/1	Responsorio: solista salmista y respuestas a tres voces.
Vísperas del Corpus: *Dixit Dominus*	173	1	3	1/1	Responsorio: solista salmista y respuestas a dos voces.
Vísperas del Corpus: *Domine ad Adjuvandum*	174	1	3	1/1	Responsorio: solista salmista y respuestas a dos voces.
Vísperas del Corpus: *Lauda Jerusalem*	175	1	3	1/1	Responsorio: solista salmista y respuestas a tres voces.

Motetes e himnos varios para celebraciones

OBRA	NÚM	COP	CON	UBI	NOTAS
Afferentur Regi Virgenes, ofertorio	50	8	3	1/1	Mi bemol mayor, dos voces de hombre, órgano y pequeña orquesta. Fiesta de Santa Ágata, *virgen y mártir*, 5 de febrero.
Santo Dios	83	1	3	1/1	Trisagio a tres voces a capela.
Estrofa a 4 voces	121	1	3	1/1	Tipo himno. Estrofas a 4 voces mixtas con acompañamiento de órgano.
Señor y dueño mío a 2 v.m. con acompañamiento de órgano	246	1	3	1/1	Obra atribuida

NÚM: número VCG, COP: número de copias que se conservan, CON: estado de conservación de 0 a 3, UBI: ubicación exacta, caja/carpeta.

Hay que señalar que determinadas obras de Salomón Buitrago no se han conservado, por ejemplo, el afamado *Tu es Sacerdos,* obra estrenada el 1 de enero de 1927 con ocasión de las bodas de oro del sacerdocio en la diócesis, o *Audia Filia,* gradual para la fiesta de Santa Cecilia, estrenado en 1925. Por tanto, hemos de lamentar dos extremos: la aparición de obras no autentificadas y la desaparición de obras documentadas. Algunas partituras están muy deterioradas o simplemente mutiladas, imposibles de recuperar. Un ejemplo es *Christus factus est, VCG 95,* de los años veinte[7].

Las obras de música vocal sacra de Buitrago son variadas, si bien existen rasgos comunes de tipo estilístico. Predominan las composiciones a varias voces mixtas, tres o cuatro, con acompañamiento de órgano, aunque también hay composiciones para voces a capela. Otra forma de composición usual es el solo acompañado de órgano, preferiblemente el bajo, el barítono y el tenor, voces de hombre, de acuerdo con la composición de la Capilla de la catedral y de la Schola Cantorum del Seminario.

En general, la composición está definida por los siguientes matices: se utilizan los ritmos gregorianos y el *cantus firmus*[8], el cual, en ocasiones, simplemente es variado. En este sentido, la inspiración de Buitrago emana de una profunda admiración por el canto oficial de la Iglesia católica. Las composiciones son breves, salvo el *Miserere,* VCG 193, y suelen constar de dos secciones bien definidas, diferenciadas por la tonalidad. Existe una gran influencia del estilo polifónico clásico, sin duda a través de la admiración de Buitrago por Tomás Luis de Victoria, incluida la preocupación para que el texto sea entendible con facilidad. Se produce una hegemonía del ritmo binario, bien construido, a veces con valores largos que subrayan la *thesis* o parte fuerte en todos los compases. El contratiempo es escaso y sólo se emplea en los himnos de tipo popular. El estilo dominante, por todo lo anterior, es un estilo severo, claro, lleno de calma, capaz de expresar el fervor del compositor, aspectos no limitados por los arreglos para pequeña orquesta. Globalmente domina la concisión como modus operandi[9].

---

[7] Existen también noticias de otras obras a través de la fuente oral –Pedro Pardo García-, pero no se han hallado en el legado, por ejemplo, una adaptación del *Minueto de Bocherini* realizada para la fiesta de Santa Cecilia, o una adaptación de la *Marcha Pontificial* de Gounod, bajo el título de *Alma Parens,* realizada en 1958 para celebrar la elección de Juan XXIII.

[8] En este contexto entiéndase por *cantus firmus* melodías gregorianas que conservan o no su estructura rítmica, es decir, originales con alteraciones en el valor temporal de cada nota.

[9] Constituye una excepción la composición *Estrofa a cuatro voces,* VCG 122, caracterizada por su ritmo himnódico y el dominio del contratiempo.

Después de la Guerra Civil destacan dos misereres de gran calidad musical[10]. El salmo número 51, *Miserere mei Deus,* formó parte de los salmos penitenciales medievales. En la posguerra Salomón Buitrago le dio un doble tratamiento:

1) Estructura antifonal en los años cuarenta: *Miserere,* VCG 154, formalmente adaptado a dos coros, uno de bajos y otro compuesto por dos voces, que se van alternando entre ellos y con la recitación leída de los salmos.

2) Tratamiento polifónico puro en los años cincuenta: *Miserere a 4 voces mixtas*, VCG 193, a capella. Se trata de una de las obras cumbre del compositor. La forma motete es seguida con pureza, es decir, división del texto en secciones con diferente tratamiento musical. Destacan la perfecta adaptación de la música al sentido lírico, el carácter programático, el fraseo cuidado y medido con esmero, el equilibrio entre partes homofónicas e imitativas, la minuciosidad en el tratamiento de preguntas y respuestas, reforzadas con diversidad de intensidad, y el ambiente místico, profundamente religioso, que traza en todas sus partes. Pedro Pardo García opinaba con admiración acerca de esta obra: "(...) Por su carácter y finalidad don Salomón la compuso en tono menor, aunque a veces, según la letra, cambia al mayor. Es de melodía dulce, delicada, piadosa, que inspira sentimientos de humildad y confianza en la misericordia divina, a la que se acude para pedir perdón por las debilidades humanas. Es una composición que a veces se basa en acordes verticales, y otras en contrapuntos y contracantos, invitando una voz a otra, repitiendo el mismo fraseo. Toda su música conduce a poner el alma en confianza de la bondad divina de Dios, que perdona y salva"[11]. En definitiva, una cuidada y reflexiva composición.

En relación con las celebraciones de Semana Santa y con la festividad del Corpus Christi encontramos el *Tantum Ergo*, himno eucarístico ("Pues a tan alto Sacramento"). Este tipo de composiciones pertenece a la categoría "música en la liturgia". Han sido clasificados un total de catorce *Tantum Ergo*, correspondientes, casi todos, a una colección de composiciones de los años veinte (sólo tres son posteriores a la Guerra

---

[10] El LHMSB cuenta con otros Misereres de factura muy similar a los que aquí se comentan, copiados por el propio Buitrago, y muy probablemente obras suyas, si bien no están firmados ni existe una identificación exacta, por lo cual los hemos excluido del Catálogo VCG. Destacan en este sentido el *Miserere a cuatro voces mixtas* y el *Miserere a solo y coro de voces mixtas*. Localización en el legado: Caja núm. 12, Carpeta núm. 5.
[11] Pedro Pardo García: *Don Salomón Buitrago Gamero, sacerdote y músico manchego. Algunos datos de su vida y de su obra musical.* Trabajo sin editar, cedido por el autor, p. 15.

Civil, posiblemente reelaboraciones de otros escritos en años anteriores). Fue durante esta fase, coincidiendo con su nombramiento de maestro de capilla, cuando Buitrago realizó mayor número de composiciones de este tipo. Todas las obras se parecen en su estructura, pero están en muy diferentes tonalidades, dando la impresión de una colección de estudios de una misma forma de composición en diferentes tonos.

Cuadro 11: Tantum Ergo compuestos por Salomón Buitrago

OBRA	NÚM	COP	CON	UBI	NOTAS
Tantum Ergo a 3 v. m., sol menor	84	8	3	2/6	Con órgano y pequeña orquesta
Tantum Ergo a dos voces, re mayor	85	6	3	2/6	Con órgano y pequeña orquesta
Tantum Ergo a solo y coro	86	2	3	2/6	Con acompañamiento de órgano, en re menor
Tantum Ergo a tres voces	87	4	3	2/6	Con acompañamiento de órgano, en mi b mayor. 1922.
Tantum Ergo a una voz en fa menor	88	2	3	2/6	Una voz con órgano
Tantum Ergo en re mayor	89	5	3	2/6	A una voz con órgano
Tantum Ergo en si menor	90	5	3	2/6	Una voz con acompañamiento de órgano
Tantum Ergo a dos voces en la bemol mayor	111	4	3	2/6	Con acompañamiento de órgano. Mayo de 1926.
Tantum Ergo para 3 voces mixtas en re menor	112	6	3	2/6	Con acompañamiento de órgano. 1926.
Tantum Ergo para tres voces mixtas en si menor y en re menor	113	7	3	2/6	Ritmo ternario y acompañamiento de órgano, 1926.
Tantum Ergo a una voz	166	1	3	2/6	A una voz, con acompañamiento de órgano, en fa m
Tantum Ergo en fa mayor	167	1	2	2/6	A una voz, con acompañamiento de órgano
Pange Lingua - Tantum Ergo	212	1	3	2/6	3 voces mixtas a capella
Tantum Ergo a una y dos voces	221	6	3	2/6	Do mayor, con de órgano

NÚM: número VCG, COP: número de copias que se conservan, CON: estado de conservación de 0 a 3, UBI: ubicación exacta, caja/carpeta.

El estilo que Salomón Buitrago aplica al *Tantum Ergo* es homogéneo y se podría resumir en una serie de rasgos coincidentes, salvo algunas excepciones. Aparecen dos secciones: A "Tantum Ergo..." y A´ "Genitori genitoque..." y una coda final destinada al "amen", donde surgen acordes efectistas. Predomina el ritmo despacioso, regular, bien establecido, si bien hay algunos *Tantum Ergo* en moderato o tipo himno (*Tantum Ergo a una voz en fa mayor,* VCG 167). Es clara la hegemonía de los valores enteros de negra o blanca en thesis. Sin duda hay una preocupación por la nitidez de la letra, la claridad del mensaje y la regulación de la intensidad. Son composiciones de hondo "carácter masculino" con dominio silábico en el fraseo, apenas hay melismas -los existentes son de tres o cuatro notas a lo sumo, apareciendo de forma muy ocasional-.

De manera especial destaca el *Pange Lingua-Tantum Ergo,* VCG 212, correspondiente a los años cuarenta o cincuenta, uno de los últimos que se conservan en esta colección. Está escrito para tres voces mixtas a capella en la tonalidad de fa mayor. Su interés estriba en el tratamiento de la melodía gregoriana, que sostienen los tiples con valores largos, pausados, correspondientes a una polifonía de corte muy clásico, con ritmo binario y valores masculinos, absolutamente homofónica y sin presencia del contrapunto. Básicamente se trata de un estudio armónico con sucesión de tríadas a partir de la melodía desnuda y desprovista de ornamentación del canto llano o gregoriano, que es trasformada únicamente en cuanto a sus valores de duración.

5.3. Música de devoción mariana

Las plegarias marianas documentadas de Salomón Buitrago son nueve, incluyendo los *septenarios de dolores* de la Virgen Pertenecen a distintas etapas. Las primeras corresponden a los años del Seminario, en los cuales Buitrago tiene muy presente el culto mariano. Posteriormente encontramos tres composiciones de los años veinte y una de los años cuarenta. Su categoría, dentro de la música religiosa, es doble: "composiciones en y en torno a la liturgia". Desde el punto de vista formal estas plegarias coinciden en su estructura: la melodía acompañada, es decir, música monódica con presencia de órgano u orquesta de cámara ocasional. En todo caso, se trata de partituras cultas que deben diferenciarse de las muchas canciones marianas de este autor vinculadas a promover la religiosidad popular (letanías, himnos patronales y gozos).

Cuadro 12: Plegarias a la Virgen María de Salomón Buitrago

OBRA	NÚM	COP	CON	UBI	NOTAS
Bendita sea tu pureza	2				
Melodía a la Purísima para barítono	23				
Bendita sea tu pureza	56	1	2	5/13	Do mayor. Sólo se conserva acompañamiento orquesta
Cántico a la Virgen a coro y solo	57	1	3	5/13	Melodía acompañada de órgano, re mayor
Plegaria a la Santísima Virgen para barítono	74	4	3	5/13	Melodía de Ángel González, armonía de S. Buitrago
Recordare Virgo Mater	107	5	3	5/13	Fiesta de la Virgen del Carmen
Septenario de la Virgen de los Dolores	109	m	3	4/12	Obra impresa y editada por Boileau de Barcelona
Septenario de la Virgen de los Dolores II	220	1	3	4/12	Solo se conserva melodía, no está terminada la armonización
Dios te salve a la Virgen	139	1	3	5/13	Melodía acompañada de órgano, mi mayor

NÚM: número VCG, COP: número de copias que se conservan, CON: estado de conservación de 0 a 3, UBI: ubicación exacta, caja/carpeta.

De los años de estudios se conservan colaboraciones con otros seminaristas, autores del texto, que musicaba Buitrago, y de arreglos para plegarias creadas por su padre, Salomón Buitrago Rodríguez. Es el caso de *Melodía a la Purísima para barítono,* VCG 23, en re menor, con letra de Manuel Horcajada. Se deja sentir el modo de componer juvenil de Buitrago y la influencia paterna: uso de compás ternario compuesto, melodía construida en frases que entran a contratiempo, repitiéndose en forma de ostinato y progresión. El acompañamiento es complicado, denota presencia del estudio pianístico. En general la obra carece de reposo melódico. A esta etapa también pertenece una jaculatoria titulada *Bendita sea tu pureza,* VCG 2, cuyo origen está en alguna composición de Buitrago padre. Esta obra fue recuperada en los años cuarenta y cincuenta por su hijo mediante reescritura y nuevas copias.

De los primeros años veinte devienen los mejores ejemplos de música mariana en forma de canción monódica. Destaca *Cántico a la Virgen para coro y solo,* VCG 57, en re mayor, construida en tres secciones A-B-A´ con un característico aire himnódico. De la década de los cuarenta deriva una obra titulada *Dios te salve a la Virgen,* VCG 139, en tonalidad de mi mayor. Su melodía, sencilla pero hermosa, descansa finalmente sobre la tónica tras "viajar" por múltiples inflexiones tonales y cromatismos varios.

Dentro de las plegarias a María merecen especial atención las composiciones dedicadas a los "Siete Dolores de la Virgen", una perteneciente a finales de los años veinte (VCG 109: *Septenario de la Virgen de los Dolores*), editada en *Lauda Sion* (reg. 1809) de Barcelona, editorial Boileau Bernasconi, y dedicada a Eugenio García Guzmán, barítono, sochantre 2º de la catedral de Ciudad Real; y otra perteneciente a los años cincuenta (VCG 220), incompleta. Estas obras corresponden a la fiesta de los Dolores de la Virgen (*Stabat Mater Dolorosa*), que la Iglesia celebra el 15 de septiembre. La primera de ellas, VCG 109, es obra de gran cultismo y sentido espiritual profundo, muy trabajada desde el punto de vista armónico, con una introducción coral y varios "dolores" (motetes independientes) que defienden la voz del tenor, la voz del bajo y la voz del tiple[12].

Nos centramos a continuación en la descripción de las Ave Marías de Salomón Buitrago. Se han localizado siete composiciones de este tipo. Aparte de un Ave María incompleto de la fase del seminario se conservan cinco correspondientes a los años veinte y dos de la década de los cuarenta.

Cuadro 13: Ave Marías de Salomón Buitrago

OBRA	NÚM	COP	CON	UBI	NOTAS
Ave María en do mayor	53	1	2	5/13	Sólo se conserva acompañamiento instrumental de orquesta de cámara
Ave María en la bemol mayor	54	3	3	5/13	De Buitrago sólo es la armonización para órgano
Ave María para solo de barítono en mi bemol mayor	55	6	3	5/13	Melodía acompañada por órgano
Ave María a solo de tenor en mi bemol mayor	91	13	3	5/13	Melodía acompañada por órgano y pequeña orquesta
Ave María para solo de tenor en si mayor	92	6	3	5/13	Melodía acompañada por órgano y pequeña orquesta

---

[12] La partitura editada por Boileau puede encontrarse en https://www.boileau-music.com/es/obras/septenario-a-la-virgen-de-los-dolores-b.1809, para tres voces y solo. Existen tres grabaciones en soundcloud de esta obra: una de la introducción coral, otra de los dolores 2-4, y otra de los dolores 3-5.

	NÚM	COP	CON	UBI	
Ave María a solo en mi bemol mayor	135	2	3	5/13	Melodía acompañada por órgano
Ave María para solo de barítono en do mayor	136	7	3	5/13	Melodía acompañada por órgano

NÚM: número VCG, COP: número de copias que se conservan, CON: estado de conservación de 0 a 3, UBI: ubicación exacta, caja/carpeta.

El estilo general de esta pieza en manos de Buitrago se fundamenta en el clasicismo melódico: tiene un concepto formalmente culto, "tipo aria". Se trata siempre de monodía acompañada por órgano, sin efectos polifónicos, ideada para tenor o barítono en razón de las posibilidades de la *Schola Cantorum* de la catedral: solos siempre para hombres, sin presencia de sopranos ni tiples. Es un concepto solemne y elitista[13]. Las melodías resultan de difícil ejecución debido a las exigencias de entonación: aparecen amplios intervalos y complicados cromatismos que desquician la tonalidad inicial, aunque al final, en la cadencia del "amén", se recupera el dominio de la nota principal. En este sentido, las elaboraciones hechas en los primeros años tras su nombramiento fueron retocadas profusamente en las décadas posteriores.

Otras características generales en el tratamiento del Ave María son: ritmo adagio indicado como "despacioso", lo que le añade el valor del sentimiento; importancia básica de la melodía en thesis, rota en muy pocas ocasiones; y escasos y muy breves melismas, que evidencian gran preocupación por el texto, como subraya la repetición de las frases más importantes.

Desde el principio del Motu Proprio en la catedral de Ciudad Real, "la Salve" se convirtió en una de las interpretaciones más reiteradas de la Capilla Musical y a ello responde la vena compositora de los maestros de capilla del templo, empezando por Nicolás Fernández Arias y continuando por Salomón Buitrago. En el LHMSB se han encontrado obras de ambos. Podemos afirmar que las salves plenamente documentadas como obras originales de Buitrago son dieciséis, si bien es muy posible que el número fuera más elevado y algunas de ellas se hayan perdido. De las dieciséis salves recuperadas cuatro apenas se pueden reconstruir. Se trata de cuatro obras de los primeros años veinte, mutiladas en su estado de conservación. Las doce salves restantes se encuentran enteras y cronológicamente (en cuanto a su escritura o copia, no sabemos

---

[13] Quizá la excepción es un *Ave María para barítono escrita en do mayor, VCG 136,* probablemente en los años de posguerra; destaca por su sencillez.

si en su composición) se distribuyen de la siguiente forma: siete salves en los años veinte, una en los años treinta, tres en los años cuarenta y cinco en los años cincuenta o sesenta. Entre las más tardías se encuentran dos salves en castellano, de 1965 o después; éstas difieren de las demás no solo en la lengua sino en que son a una voz, más sencillas en su estructura e incluyen algunas invocaciones locales; así el *Dios te salve María en la menor* de 1965, *VCG 178,* aporta una parte final con invocaciones claras a la Virgen del Prado.

La mayoría de las salves son en latín, siguiendo el modelo de la antífona gregoriana *Salve Regina* en todos sus periodos y secciones. A diferencia del Ave María, casi siempre construida con melodía a solo acompañado, el tratamiento de la Salve que realiza Buitrago se basa en la composición polifónica, ortodoxa, empleando tres voces mixtas en la mayoría de las ocasiones, con acompañamiento de órgano.

La estructura y composición, como se ha dicho, sigue el esquema reglamentado. En el aspecto musical destacan varias características: la intervención del órgano mediante preludios e interludios; el equilibrio entre la polifonía homofónica y la imitativa; la proporción entre los solos o partes interpretadas por solistas y las zonas plenamente polifónicas, a dos o tres voces (establecimiento alternativo de "hoquetus"[14]); el empleo constante del compás binario y el cambio tonal o modulación central hacia tonos vecinos u homónimos. Las tonalidades principales que usa Salomón Buitrago son re mayor, re menor y do menor. Algunas de las salves que repiten tonalidad son reelaboración realizada en los años cuarenta. Un ejemplo claro es Salve Regina a 3 voces en do menor II, VCG 215, escrita en los años cincuenta, que usa los mismos temas de otra anterior.

Cuadro 14: Salves compuestas por Salomón Buitrago

OBRA	NÚM	COP	CON	UBI	NOTAS
Salve a dos voces	77	1	3	5/14	Variación de una Salve de L. Bottazo, en fa mayor, con órgano.
Salve Regina a 3 v en si bemol mayor	78	2	1	5/14	1923. Sólo se conserva voz del tenor
Salve Regina a 3 v m en mi mayor	79	1	0	5/14	1925. Sólo se conserva partitura de la voz de bajo

---

[14] Voces que permanecen en silencio durante fragmentos dilatados.

	NÚM	COP	CON	UBI	
Salve Regina a 3 v m en re menor (I)	80	15	3	5/14	1925. 3 voces mixtas, con acompañamiento de órgano y orquesta.
Salve Regina a 3 voces en re menor (II)	81	2	1	5/14	Sólo se conserva voz de tiple
Salve Regina en Re mayor (I)	82	1	0	5/14	1925. Sólo se conservan algunos papeles del acompañamiento orquestal
Salve Regina a 8 voces y orquesta	108	4	2	5/14	1929. Sol mayor, con temas del folklore, 2 coros, órgano y orquesta.
Salve Regina a tres voces en sol mayor	128	5	3	5/14	Tres voces mixtas con acompañamiento de órgano
Salve Regina a 3 v m en do menor (I)	160	13	2	5/14	1925. acompañamiento de órgano y pequeña orquesta
Salve Regina a 3 v. M. En re mayor (II)	161	5	3	5/14	Salve a tres voces mixtas con acompañamiento órgano
Salve Regina a 3 voces en re mayor (III)	162	1	2	5/14	Tres voces con acompañamiento de órgano
Dios te salve María	178	2	3	5/14	La menor, en castellano, acompañamiento órgano. 1965
Salve en castellano	213	2	3	5/14	Salve a una voz con acompañamiento de órgano
Salve Regina a 3 v de hombre en re mayor y si menor	214	5	3	5/14	Tres voces de hombre con acompañamiento de órgano
Salve Regina a 3 v m en do menor (II)	215	11	3	5/14	Tres v.m. con órgano
Salve Regina a 3 v m en re menor (III)	216	7	3	5/14	Tres v.m. con órgano

NÚM: número VCG, COP: número de copias que se conservan, CON: estado de conservación de 0 a 3, UBI: ubicación exacta, caja/carpeta.

De la observación analítica de las salves de Salomón Buitrago obtenemos un gran paralelismo en la longitud de las composiciones: todas constan de un número de compases entre sesenta y setenta y cinco, debido a la textura formal similar. Por ello, en lo que se refiere a las secciones de este tipo de composición, se deriva el siguiente diseño genérico, dividido en tres partes:

159

1) Primera parte: introducción organística entre cuatro y diez compases. Después saludo a la Virgen en manos de un solista que expresa el tema principal: "Salve Regina, Mater misericordiae, vita dulcedo et spes nostra. Salve". A continuación, vienen las invocaciones a la Virgen, sección en la que se introducen las dos restantes voces. Si la primera invocación es en estilo homofónico, la segunda es en estilo imitativo y viceversa. Al mismo tiempo se produce una primera modulación tonal. La resolución final llega en la última frase de este fragmento: "en este valle de lágrimas", siempre en estilo homofónico conciso, un concertare claro y solemne, marcando el mensaje centrado en la vida terrenal llena de sufrimientos: "Ad Te clamamos, exules, filii Hevae. Ad Te suspiramos gementes et flentes in hac lacrimarum valle".

2) Segunda parte: puede ir precedida o no de unos compases de transición por parte del órgano. Queda siempre establecida por un cambio tonal evidente a una escala vecina. La interpretación corre a cargo de un solo acompañado, las otras voces callan y la melodía es clara: "Eja Ergo, advocata Nostra, illos tuos misericordes oculos ad nos converte".

3) La tercera parte vuelve al tono principal e incluso puede aparecer una reexposición temática para invocar el nombre de Jesús. Pueden aparecer las tres voces, pero lo normal es el establecimiento de un dúo mientras calla y espera la otra voz: "Et Jesum, benedictum fructus ventris tui, nobis pos hoc exilium ostende". A continuación, aparecen las invocaciones finales: regresa el concertare entre las tres voces y lo hace con rotundidad, estableciendo con concisión de súplica las últimas invocaciones a María: "O clemens, o pía, o dulcis Virgo Maria". El final es claramente una afirmación de la tonalidad inicial, a veces subrayada por unos breves compases finales por parte del órgano a modo de epílogo.

Como puede observarse, pese a su ánimo investigador, las salves de Buitrago se caracterizaron, en general, por el respeto al rigor de la música litúrgica del Motu Proprio, por la severidad de la música cultual dentro del templo y por su espiritualidad. Como testimonio se incorpora a continuación una crítica periodística local realizada por Luis Llausás (P. Siúl), que analiza cuatro de las salves compuestas por el maestro de capilla (salves catalogadas como VCG 79, VCG 80, VCG 82 y VCG 160), que se cantaban habitualmente en la catedral a la altura de 1925. El texto supone una prueba más de la distancia que nos separa de aquel tiempo en que un estreno musical culto en la catedral podía dar pie a un intenso artículo periodístico:

Tomadas en conjunto el autor las desenvuelve en el contrapunto imitativo. La *Salve en do menor* hace gala del ambiente moderno, sin estridencias ni raros contrastes, sino atemperando con la marcada característica de la imitación, desarrollando con espontaneidad el motivo. Lo mismo diremos de la *Salve en Re Mayor*, la desenvuelve en el contrapunto imitativo resultando tiernísima plegaria. Por la valentía en imitación en giros y gregorianos merece encomio la *Salve en Mi Mayor*, desenvuelta también en el contrapunto imitativo. Me detengo en la *Salve en re menor*. Desenvuélvese en el género polifónico. La severidad de la composición aparece revestida del sello religioso que eleva los corazones. Destáquese en la introducción el atrayente interés melódico, con parquedad en las notas de adorno: el motivo del bajo lo dice repetido a la octava el tenor; terminado éste lo comienza el tiple y, como mar, las voces se mueven en contrapunto imitativo. El efecto es grandioso (...). Su autor, don Salomón Buitrago, maestro de capilla de la catedral, merece encomios y alabanzas, y puedo garantizar que, a lo afirmado por mí, el mismo juicio hace el eminente músico, director de la Banda del Real Cuerpo de Alabarderos, don Emilio Vega, que dice: la *Salve en re menor* merece aplauso por lo sentido de su melodía, por la variedad y fluidez armónica y lo bien dispuestas que aparecen las voces en contrapunto imitativo (...)[15].

---

[15] P. Siúl: "De actualidad. Algo de música", *Vida Manchega,* 2 de octubre de 1925, núm. 1504, p.1.

6. EL CATÁLOGO VCG: OBRAS DE ORIGEN E INTENCIÓN POPULAR

6.1. Composiciones de origen popular en el Legado de Salomón Buitrago

Debemos llamar la atención sobre una de las secciones de gran interés en el LHMSB y, en concreto, dentro de las obras originales de Salomón Buitrago: su aportación culta –composiciones musicales de autor, elaboradas y fijadas por escrito- a partir de la investigación, el conocimiento y el estudio del acervo popular.

Ann Livermore, en 1974, fecha de la muerte de Salomón Buitrago, opinaba que la recuperación del folclore en España tenía como grandes protagonistas a los clérigos de las capillas musicales, curiosos e interesados en todo lo que tiene que ver con la música cercana:

> La conservación de los cantos populares españoles se debe al gran número de organistas que los recopilaron y guardaron en las iglesias. Ello dio como resultado que gran parte de la música regional haya sobrevivido sin contaminación. La enseñanza ortodoxa de esta música ha hecho posible reconocer su forma y modalidad, y así ha podido ser conservada íntegramente, de acuerdo con la práctica original y genuina de la región a la que pertenece (Livermore: 235).

Como escribió el propio Buitrago, los músicos del nacionalismo comprendieron bien la importancia de la vena popular en la composición musical. El padre de los nacionalistas rusos, Glinka, llegó a decir que es el pueblo quien inventa la música, mientras que los músicos sólo se encargan de arreglarla. Otros muchos nacionalistas europeos opinaban como él. El caso más claro es el de los compositores de Hungría: Bela Bartok y Zotan Kodaly. En los escritos de Manuel de Falla, ya en España, aparecen los pueblos y las naciones como principal fuente de inspiración.

La tarea de recolección es interesante y valiosa en sí misma. Si le añadimos el gran mérito del arreglo musical de cara al concierto dicho trabajo queda enriquecido notablemente, sobre todo teniendo en cuenta la extrema dificultad que el mencionado arreglo conlleva. El gran problema de la recopilación popular es su armonización (J. Labajo Valdés: 45). El propio Felipe Pedrell advertía sobre ello en el manifiesto *Por nuestra música*: "El revestimiento polifónico y la armonización de nuestros cantos populares no siempre son posibles, en todo caso se deben llevar a cabo con mucha discreción e inteligencia" (F. Pedrell: 44).

Al respecto, ya ha sido comentada la colaboración de Salomón Buitrago con el maestro Jacinto Guerrero, autor de la zarzuela *La rosa del azafrán*, estrenada en 1930. También es conocida y ha sido alabada la formación y dirección por parte de Buitrago del Orfeón Manchego (1929-1936), una agrupación vocal en la línea de las grandes masas corales de tipo regional que se formaron por toda España, especialmente en Cataluña y País Vasco, durante las tres primeras décadas del siglo XX. Para el Orfeón Manchego Salomón Buitrago llevó a cabo una amplia tarea de investigación, rescate y adaptación de formas populares que amenazaban con la pérdida y el olvido. En esta línea, se ocupó también de dar cabida, dentro de un amplio coleccionismo musical, a gran parte de la himnodia y música culta que tuviera a la Mancha y sus gentes como eje temático. Puede comprobarse en el siguiente cuadro.

**Cuadro núm. 15: Principales obras musicales cultas
relacionadas con la Mancha que se conservan en el LHMSB**

OBRA	AUTOR	OBSERVACIÓN
Himno a la Mancha	Antonio Segura Letra de Martín Ramales	2 copias: una manuscrita del autor, dedicada al Centro Regional Manchego, para voz y piano, y otra editada por *Vida Manchega* el 20 de marzo de 1919
Viva la Mancha	B. Araque, director de la Banda Municipal de Cabra del Santo Cristo, Jaén	Pasodoble a piano dedicado al Ayuntamiento de Ciudad Real
Molinera manchega	Juan Martínez Báguena	Canto y piano, dedicada al tenor manchego Esteban Guijarro
Viva la Mancha (seguidillas manchegas) *Opus 143*	José María Artés, presbítero, maestro de capilla del Santísimo Salvador de Vendrell, Tarragona	Armonizada a 4 voces mixtas y solo de tenor. Edición de Casa Boileau de Barcelona en los años treinta.
Canto a la Mancha	Tomás Barrera	1929, obra de este autor de zarzuela nacido en Campo de Criptaza.
Canción de vendimia	E. Cebrián	Arreglo de voces de L. Yánez para la Sección Femenina
Himno a la Mancha	Arturo Dúo Vital. Letra de Etheria Artay	Primer premio del Concurso de la Casa de la Mancha en Madrid en 1957
Seguidillas en eco		Siglo XVII

Fuente: LHMSB, caja núm. 9, carpeta *La Mancha*.

En los documentos escritos de puño y letra por Salomón Buitrago, guardados en el legado, encontramos también muestra notables de preocupación por la música autóctona. Dichos textos, guardados en la caja núm. 7, carpeta núm. 2, sirvieron a Buitrago para sus experiencias didácticas en el Seminario Diocesano y en la Escuela Normal de Maestros, luego E.U. de Magisterio de Ciudad Real. He aquí un ejemplo ilustrativo:

> A lo largo de la historia se percibe siempre una mutua interpolación entre lo folclórico y lo erudito en materias musicales. Por lo folclórico crearon un arte erudito lleno de vitalidad los vihuelistas y guitarristas españoles y los laudistas franceses, italianos, alemanes e ingleses de los siglos XVI y XVII. Por lo folclórico crearon un arte erudito lleno de emoción los compositores instrumentales de suites y partidas del siglo XVIII. Por lo folclórico crearon un arte erudito lleno de grandiosidad los compositores líricos del siglo XIX. La mayor parte de los artistas y músicos, por esta razón, acuden al pueblo anhelando recoger sus latidos espirituales a través de una expresión sonora, donde las melodías y los ritmos reflejan toda la psiquis nacional.
>
> Por lo que a nuestro Solar Ibérico respecta, me atrevo a afirmar que acaso ningún otro país aventaje al nuestro en riqueza musical popular y esto que yo afirmo fue proclamado en un Congreso Internacional de Arte Popular en Praga, en donde la presidencia dijo las siguientes palabras: "España parece estar colocada a la cabeza de las naciones que han estudiado el folclore musical. Dicho país ofrece desde la liturgia antigua hasta los cantos vascos y catalanes, toda una enciclopedia de la música española"[1].

Pero, con ser importantes las opiniones, es en el Catálogo VCG (obras propias de Salomón Buitrago) donde podemos comprobar con mayor brillo el cariño, la inspiración y el aliento con el que el autor cuidó la música de procedencia popular. Encontramos aquí una buena muestra de obras cultas inspiradas en el folclore manchego y una fuerte esperanza, que en parte se llevó la Guerra Civil –gran volumen de este trabajo fue previo a la contienda–, de que la Mancha formara parte del mapa musical de España y Europa[2].

---

[1] Salomón Buitrago Gamero, Texto núm. 9, manuscrito. LHMSB, caja núm. 7, carpeta núm. 2.

[2] El presente capítulo ofrece una actualización del artículo del autor (2010): "El legado popular de Salomón Buitrago", en Anaya Flores, Jerónimo y Castellanos Gómez, Vicente (coordinadores): *Aquí en esta casa*. Ciudad Real, ediciones Santa María de Alarcos, 2010. Pp. 81-108.

6.2. De seguidilla del pueblo a seguidilla de autor

El LHMSB de la SIP contiene varias seguidillas manchegas recuperadas del pueblo y trabajadas por Buitrago en diversos sentidos: añadido de polifonía, arreglos para acompañamiento de piano, trabajo con voces a capela y armonización para banda y orquesta.

La seguidilla manchega es el símbolo y la síntesis musical de la Mancha, compendio de la forma de vida y el sentir de sus gentes. (Ramírez Morales: 218-219). Sus características principales eran la espontaneidad, la alegría, la picaresca y la vivacidad.

En este ámbito, la tarea de recuperación nada desdeñable de Salomón Buitrago sirvió para poner por escrito gran cantidad de seguidillas, lo que constituye el primer intento para transcribirlas a notación. La intención era dar a conocer su forma e incorporarla a los escenarios de la capital como parte integrante de veladas cultas. En el LHMSB se conservan once seguidillas trabajadas de forma intensa, composiciones propias a partir de la investigación popular.

Desde el punto de vista cronológico no se puede comprobar con exactitud la fase de elaboración de estas obras. Ya antes de 1910 Buitrago se interesaba por la seguidilla a través de las adaptaciones hechas por su padre[3], interés que aumentó en los años veinte y treinta, si bien casi todas las copias son de los años cuarenta y cincuenta. Desde el punto de vista geográfico destaca el rescate de seguidillas de tres localidades: Manzanares, La Solana, ligada a la zarzuela del maestro Guerrero, y Ciudad Real.

Respecto al estudio literario, encontramos siempre seguidillas de siete versos, excepto *Toso que toso, VCG 164,* compuesta de estrofas de cuatro, seguidillas en re mayor para voz y piano. Atendiendo a la musicalización hay que distinguir entre seguidillas simplemente extraídas de la tradición popular, por ejemplo *Y de alhelíes,* VCG 165, *Nido de* flores, VCG 219, trabajada en los *años* sesenta en honor a la Virgen del Prado, patrona de Ciudad Real, o la mencionada *Toso que toso.* Otras piezas, sin embargo, son elaboradas de modo exhaustivo. En este segundo caso el trabajo pasa por la adaptación del canto al acompañamiento a piano, que sustituye a la organología de cuerda tradicional; por la incorporación de voces (normalmente cuatro cuerdas); y por la incorporación de instrumentos de banda y orquesta (destaca la presencia de banda en *Si puesto en un cadalso,* VCG 129, y en las seguidillas de *Pandorga,* VCG 211. En los

---

[3] *Manchegas en Do Mayor,* VCG 19 y *Manchegas en Sol Mayor: Tuve un sermón,* VCG 20. LHMSB: caja 3/ carpeta 9.

casos de seguidilla armonizada aparece una adaptación clara a la forma tipo sonata: introducción, exposición, elementos puente o de enlace, desarrollo central y reexposición, con coda final, aunque eso sí, con la variante de un solo tema por pieza.

Cuadro núm. 16: Seguidillas de Salomón Buitrago

OBRA	VCG	COP	TIPO	CON	UBI	NOTAS
Si puesto en un cadalso	129	v	m	2	3/9	Composición a 4 voces mixtas. Seguían a la *Ronda Manchega*, con acompañamiento de banda
Vuelve tu rostro	130	1	m	1	3/9	Dedicada a la virgen del Prado. Muy incompleta. Canto y piano.
Seguidillas manchegas en estilo popular en Re mayor.	163	16	m	3	3/9	Acompañamiento a piano. Acompañamiento orquestal.
Toso que toso	164	1	m	2	3/9	Re mayor. Voz y piano (incompleta).
Y de alhelíes	165	1	m	1	3/9	S. Buitrago recoge sólo la melodía en do mayor
Pandorga	211	12	m	2	3/9	Seguidillas, fandango y jota. Do mayor. Voz, piano y orquesta. Obra en colaboración con Cristóbal Ruyra, que hizo la adaptación para banda.
Seguidillas manchegas a 4 voces de hombre en do menor	217	v	m	2	3/9	Para 4 voces de hombre. Se cantaba después de la *Ronda Manchega*.
Van por tu calle	218	1	m	3	3/9	Re mayor, recogida en La Solana. Solo y dúo con piano
Nido de flores	219	4	m	3	3/9	A la Virgen del Prado (seguidilla clásica) para Voz y piano
Soy de la Mancha	230	1	m	3	3/9	Se conserva solo una copia transcrita y manuscrita por Pedro Pardo García, en do menor, a 4 v.m.
Ay que te quiero	232	1	m	3	3/9	Se conserva solo una copia transcrita y manuscrita por Pedro Pardo García, en Re mayor, a 4 v.m.

Fuente: *LHMSB*. VCG = número de catalogación; COP = número de copias (v significa varias); TIP = tipo de copia (m es manuscrito e i es impresa); CON = estado de conservación de peor a mejor, en una escala de 1 a 3; UBI = ubicación: núm. de caja / núm. de carpeta.

Como ejemplo más destacable de seguidilla con acompañamiento a piano tenemos el canto que abre la obra titulada *Pandorga,* VCG 211[4]. Esta seguidilla está preparada para teatro y aparecen anotaciones e indicaciones claras sobre el telón, la colocación, la escenografía, etc. En realidad, se trata de tres seguidillas diseñadas para los tres tercios del baile. La primera hace de exposición, la segunda de desarrollo y la tercera de reexposición. El canto comienza siempre por el segundo verso. La letra dice así:

La Pandorga en la calle / ya va danzando, / vente conmigo, niña, /
de fiesta al Prado.
Y al retortero / te traerás a los mozos / de ese bracero.

Anoche, por quererte, / tuve un sermón. / Que lindas voces daba /
el predicador.
Mírame atento / y verás con la gracia / que te hago un gesto.

Las campanillas suenan, / la Virgen sale. / La Patrona del Prado /
ya está en la calle.

Como ejemplos de seguidillas a cuatro voces encontramos *Si puesto en un cadalso,* VCG 129, a cuatro voces mixtas, y las *Seguidillas manchegas a 4 voces de hombre en do menor,* VCG 217. Ambas se interpretaban a continuación de la famosa *Ronda Manchega,* VCG 127, de la que luego se hablará. La primera corresponde a los años treinta, tiempo del Orfeón Manchego, y la segunda a los años cincuenta, tiempo de la Sección Femenina, para la que Buitrago recopiló distinta tipología de obras populares.

Las manchegas *Si puesto en un cadalso,* VCG 129, están escritas, como el resto, en compás ternario y tienen un aire rápido. Intervienen sopranos, contraltos, tenores y bajos. A veces aparecen cinco voces por desdoblamiento de una parte de los bajos en barítonos. Constan de dos estrofas de cinco versos:

---

[4] Esta composición de los años cincuenta recoge no sólo una seguidilla, también un fandango y una jota, que debían interpretarse de forma consecutiva e ininterrumpida. Está en la tonalidad de do mayor y muestra de su importancia es el acompañamiento orquestal adjunto. Su origen puede estar en la representación del cuadro dramático *Pandorga* en el teatro Cervantes la noche del 31 de mayo de 1940, vísperas del regreso de la Virgen del Prado a la ciudad tras los avatares de la Guerra Civil. Esta obra fue hecha en colaboración con Cristóbal Ruyra, que la adaptó para banda y la estrenó en un concierto de la

Si puesto en un cadalso / me precisaran: / morir o el olvidarte…
/ morir tomara.
Pues no es deshonra / morir en un cadalso / por tu persona.

Manojo de alfileres / son tus pestañas, / cada vez que me miras /
tú me las clavas.
Sigue mirando, / que, aunque mucho que mires, / no me haces daño.

Las voces sustituyen a los interludios de los instrumentos de cuerda tradicionales con un "tra la ra la la…" de difícil dicción, vocalización y ejecución. Dicha sustitución se realiza con procedimiento homofónicos a ritmo de seguidillas y da como resultado zonas de escalas que ascienden y descienden con vértigo, zonas de progresiones y fragmentos de imitación entre voces. El conjunto final es un juego vocal inteligente y hermoso que nos acerca, desde el tratamiento compositivo, al planteamiento y la intención popular[5].

Entre las últimas seguidillas incorporadas al LHMSB, VCG 230 y VCG 232, destaca especialmente la segunda, *Ay que te quiero*, interpretada habitualmente por la asociación folclórica Mazantini de Ciudad Real. Esta obra, de hecho, es conocida como "Las seguidillas de don Salomón". En la actualidad, y desde hace mucho tiempo, forma parte del repertorio de Mazantini y se ha difundido en numerosos escenarios de España y Europa.

6.3. Del fandango y el rondar popular a la Ronda Manchega, VCG 127

Salomón Buitrago no se dedicó de forma especial a los fandangos. Desde luego no les otorga la importancia que a la seguidilla. Quizá influyera el hecho de que sean cantados a solo de una voz, que sean más difíciles de adaptar a polifonía a capela o más reacios al juego de la inspiración compositiva. Tampoco trabajó con profusión las jotillas manchegas o las rondas, si bien hay una excepción muy destacada, su afamada *Ronda Manchega,* VCG 127, muy popularizada por el Orfeón Manchego en los años treinta[6]. En el cuadro núm. 15 se contemplan los fandangos, rondas y canciones de inspiración

---

Banda Municipal de Ciudad Real, de la cuál era director, el 7 de marzo de 1950 en el Casino de Ciudad Real.
[5] En las seguidillas a una voz y con acompañamiento de piano este juego lo realiza el propio piano (introducción e interludios musicales).
[6] Aparte de la *Ronda Manchega* sólo destaca otra canción con aire de rondilla a 4 voces mixtas: *Váyase de aquí ya,* VCG 222, con música a capela dotada de fraseo claro y juguetón, en forma de preguntas y respuestas de armonía fácil y coincidente en finales homofónicos, concisos y airosos.

manchega que pueden atribuirse al maestro de capilla, según lo hallado en su Legado Histórico Musical. El fandango, copla de cuatro versos octosílabos con rima asonante, que comienza por el segundo y remata con el primero, haciendo un total de seis, es también un baile típico y tradicional de la Mancha. En la provincia de Ciudad Real es común en la zona este. Las localidades grandes de esta zona, incluida Ciudad Real, poseen sus fandangos propios.

El fandango más reelaborado por Salomón Buitrago, de forma reiterada y en distintas etapas cronológicas, fue *Vas publicando la guerra*, VCG 170, inicialmente recogido por su padre[7]. Se trata de una pieza popular a una voz, a la que añadió acompañamiento de piano. Está escrito en re menor y ritmo ternario propio de este baile. El piano sustituye la organología popular en partes como la introducción, el interludio y el epílogo o folía (salida). Su texto es el siguiente:

Vas publicando la guerra / con ese pañuelo blanco, / vas publicando la guerra, / y yo como buen soldado / siento plaza en tu bandera… / con ese pañuelo blanco.

Para dormir a su niño / las mujeres de la sierra, /para dormir a su niño, / en vez de contarle el coco / le cantan por fandanguillos… / y se duerme poco a poco.

Cuadro núm. 17: Fandangos, rondas y canción manchega por Salomón Buitrago

OBRA	VCG	COP	TIPO	CON	UBI	NOTAS
Ronda Manchega	127	v	m	3	4/10	Ronda a capella para 3 voces mixtas. Forma sonata. Folclore elevado a categoría polifónica. Estreno el 17 de febrero de 1933 en el teatro Cervantes de Ciudad Real (Orfeón Manchego).
Vas publicando la guerra	170	6	m	3	4/10	Fandango recogido por Salomón Buitrago padre, reelaborado en varias ocasiones por su hijo.
Fandanguillo popular en la Mancha	180	1	m	2	4/10	Fandango recogido en un baile de mozos.
Váyase de aquí ya	222	1	m	2	4/10	Canción de divertimento a 4 voces mixtas, a capella, con aire de ronda.
Ya se ven bracear los molinos	228	1	m	2	4/10	Letra adaptada al minueto del Septimino de Beethoven.

Fuente: *LHMSB*. VCG = número de catalogación; COP = número de copias (v significa varias); TIP = tipo de copia (m es manuscrito e i es impresa); CON = estado de conservación de peor a mejor, en una escala de 1 a 3; UBI = ubicación: núm. de caja / núm. de carpeta.

---

[7] Existen varias versiones con acompañamiento a piano de los años treinta, cuarenta y cincuenta. Quizá la versión más interesante es la de los cuarenta, donde añade la copla *Para dormir a su niño*. En los sesenta quedó dentro de la obra global *Pandorga*, VCG 211, ya comentada. También fue utilizado para continuar la *Ronda Manchega*, VCG 127, ubicado a continuación, sin interrupción. Se hizo así con el Orfeón Manchego y también con los Coros y Danzas de la Sección Femenina.

La admirada *Ronda Manchega, VCG 127,* de Salomón Buitrago, especialmente conocida y loada durante la década de los treinta, cuando el público la pedía con insistencia en las actuaciones del Orfeón Manchego, está escrita en do mayor, en 2/4, a tres voces mixtas a capella, con zonas de cinco, seis y hasta siete voces. Es un intento muy logrado de asumir el folclore en la composición. Cuando se interpretaba era seguida por seguidillas a tres voces mixtas, también obra de Buitrago, por el fandango arriba indicado y, en ocasiones, por una canción titulada *La canción del hogar.*

La ronda trata de recuperar la tradición popular de rondar, pretexto para el canto varonil manchego. Los grupos de rondadores andaban por la calle en las noches de primavera para alabar y seducir a la mujer amada, que escuchaba, anhelante, escondida tras los cortinajes de su balcón. El ritmo, en este caso, es binario. Buitrago otorga un papel principal al bajo. El texto dice así:

> La ronda está, abridle ya,
> queremos saludar las mozas que guapas hay en el lugar,
> abridnos ya.
> Cuatro lunares, niña, tiene tu rostro: abril y mayo, julio y agosto.
> Niña, de tal manera, tienes en tu cara la primavera.
> Comencemos a danzar.

La forma que adopta Buitrago para esta obra es culta: forma sonata. La introducción es rítmica, con mucho aire, conforme al "allegro festivo" que reza la indicación de tiempo. En la exposición aparecen dos temas distintos entre sí: el primero femenino y juguetón, en manos de los bajos, la voz más importante de la obra, y el segundo a base de negras machacadas homofónicamente por todas las voces, sonando al mismo tiempo, con carácter masculino, fraseo ascendente y luego descendente de manera cromática. Sigue un desarrollo con frases del bajo mientras las voces divididas de los tiples acompañan con notas pedal. La reexposición es idéntica a la exposición, es una repetición, y da paso a una coda homofónica que reafirma la tonalidad principal de do mayor.

En esta obra, como en otras, Buitrago muestra habilidad y maestría para combinar ritmos y melodías procedentes del compendio popular con armonías y forma procedentes de la música clásica, reglamentadas con exactitud. Su manera de hacerlo es tan natural que no aparecen alteraciones musicales que rompan el equilibrio compositivo sino todo lo contrario: la inspiración en el alma del pueblo tiene una prolongación hacia el placer melómano a través de la sabia expresión incorporada por el maestro de capilla. He aquí la unión de dos tendencias que, lejos de chocar, se solapan y complementan, se fundamentan mutuamente. Sin embargo, en honor a la verdad, rara vez se logró una combinación tal en la Mancha. Por ello, el hacer de Salomón Buitrago está revestido de un carácter extraordinario.

6.4. Cantos acompañados por el piano

Respecto al género canción con acompañamiento a piano se han encontrado siete canciones de Salomón Buitrago, incluidas en el LHMSB.

La forma canción referida aquí puede definirse como una breve pieza lírica, con texto en verso, melodía preponderante, sencilla, sin efectismos ni alardes vocales excesivos, en contraposición al aria (Zamacois: 236). El contexto natural de esta forma es el Romanticismo, que posibilitó el hecho de que gran parte de canciones populares se convirtieran en canciones de concierto, por influencia del lied germánico (Michels: 465).

Se trata de canciones a una voz, con tema profano y estilo popular, en algunos casos. En concreto aparecen dos de formato andaluz o español (canción española para soprano): *España de mis amores,* VCG 59, impresa y publicada en los años veinte por la editorial Boileau Berlasconi de Barcelona, dedicada a Francisco Herencia, alcalde de Ciudad Real, y *Yo no tengo riquezas (Mancha de mis amores),* VCG 132, una reelaboración de la anterior hecha probablemente en los años treinta, tipo copla.

En algunos casos estas composiciones llevan dedicatoria especial, como la mencionada anteriormente. Las melodías son originales de Buitrago o recogidas del pueblo. Algunas canciones destacan por su carácter infantil, relacionadas con juegos, ritmos, danzas y representaciones teatrales, por ejemplo, la titulada *El Garbancito,* VCG 120, que incluye una sencilla danza, un juego y una parte rítmica.

Cuadro núm. 18: Canciones con acompañamiento a piano de Salomón Buitrago

OBRA	VCG	COP	TIPO	CON	UBI	NOTAS
España de mis amores	59	v	i	3	3/8	Canción española para soprano.
Felicitación (II)	97	1	m	2	3/8	
El Garbancito	120	1	m	3	3/8	Canción infantil y danza.
Somos las chicas de las escuelas	131	1	m	3	3/8	Canción de divertimento a 4 voces mixtas, a capella, con aire de ronda.
Yo no tengo riquezas (Mancha de mis amores)	132	1	m	3	3/8	Copla para soprano.
A la bandera	133	5	m	2	3/8	Letra de Jiménez Manzanares. 1939
Saeta	159	2	m	2	3/8	Recogida en Cádiz.

Fuente: *LHMSB*. VCG = número de catalogación; COP = número de copias (v significa varias); TIP = tipo de copia (m es manuscrito e i es impresa); CON = estado de conservación de peor a mejor, en una escala de 1 a 3; UBI = ubicación: núm. de caja / núm. de carpeta.

6.5. La religiosidad popular: canciones religiosas

En el acervo popular de la Mancha no encontramos sólo seguidillas, fandangos, jotillas y rondas, aparte de los tradicionales mayos, sino también una enorme variedad de cánticos relacionados con la vivencia popular de la religiosidad. En este sentido, Salomón Buitrago, pese a su indudable aprecio por el estilo sobrio de la música eclesiástica impuesto en las primeras décadas del siglo XX, fue también sensible a la riqueza folclórica de dichas manifestaciones y se preocupó de ensalzar un buen número de piezas y de componer cánticos populares. Atendiendo a una clasificación podemos establecer cinco categorías: cánticos religiosos populares en general; himnos a los santos; canciones de Navidad; himnos, letanías y gozos a la Virgen María; y composiciones diversas de la Salve Regina.

Los cánticos religiosos populares de Salomón Buitrago tienen su núcleo central en el *Catecismo en verso popular cantado,* VCG 119, fechado en 1935, justo antes de la Guerra Civil, del que se hicieron multitud de copias impresas con la colaboración de la diócesis y el interés personal del obispo Esténaga Echeverría[8]. La obra está escrita en la tonalidad de re menor y varía de un compás ternario a uno binario. Tiene una característica destacada: su esencia popular, repetitiva y didáctica. Su objetivo era la catequesis de las masas mediante el instrumento de la memorización musical. Fue dedicado a las juventudes, "benjaminatos y aspirantados" de Acción Católica y a la catequesis de la Diócesis Priorato de las Órdenes Militares de Ciudad Real. Se editó, con aprobación eclesiástica, a través del taller de grabado y estampación de música de A. Boileau Berlasconi (calle Provenza, núm. 285 de Barcelona). Es una obra que acompaña a otra de Buitrago, *La Misa de Acción Católica,* difundida también en esta época. Podemos considerarla como "música en torno a la liturgia", con la que se pretende una unificación del culto, el canto y la enseñanza católica en las iglesias de la diócesis.

En cuanto a su forma, el *Catecismo popular cantado* se dividía en siete secciones, cada una de las cuales debía cantarse al final de las misas de Acción Católica, por riguroso orden. La forma recuerda a la de un himno de una sola voz con acompañamiento de órgano, es decir, una forma sencilla en estilo popular. Este diseño se refuerza por la estructura de rondó que organiza las preguntas y las respuestas: A B A´B A´´ B A´´´B etc., siendo B el estribillo que sigue a cada pregunta y a cada respuesta (parte A). Las preguntas, en estilo salmodiado, las hace el coro, y las respuestas, en estilo melódico, corresponden al pueblo ("todos"). La sección B o estribillo himnódico se repite al final de cada pregunta por parte del coro general (otra vez "todos"). La música no varía, aunque la letra sea diferente para cada una de las siete secciones. Hay una introducción de órgano que sirve de interludio antes del comienzo de una nueva pregunta.

6.6. La religiosidad popular: himnos

Incluimos en este apartado una recopilación de himnos a los santos realizados por Salomón Buitrago a lo largo de su vida musical en la catedral, una de las tareas para las que más fue requerido tanto dentro de la propia capital como desde las parroquias diocesanas de la provincia, y en la cual trató siempre de captar la atención del pueblo con composiciones asequibles. De acuerdo con la clasificación de la música religiosa hecha por J. Gelineau se trataría de música no específicamente litúrgica o cultual, sino de música "en torno a la liturgia", pensada y hecha para acabar perteneciendo al pueblo

---

[8] Se conserva en el *LHMSB,* caja núm. 1, carpeta núm. 1. Tiene como antecedente otro catecismo musical: *La doctrina del cristiano,* 1918, una obra no incluida en el *Catálogo VCG* porque la autoría de Buitrago no está plenamente documentada.

que es el que canta y convierte en tradición el himno al santo de su devoción o patronazgo.

En total se han recopilado dieciocho himnos escritos en diferentes etapas, desde los años diez hasta los años cincuenta (ver cuadro núm. 5). Los tres santos más destacados de la diócesis eran el todavía beato Juan de Ávila, patrón del clero español y natural de Almodóvar del Campo, sus restos están en Montilla (Córdoba) y se festeja el 10 de mayo; Santo Tomás de Villanueva, patrón de la diócesis, festejado el 10 de octubre; y Santo Tomás de Aquino, patrón de los estudios en el Seminario, que se festejaba a inicios de marzo. Estos tres santos reciben un tratamiento especial de Salomón Buitrago.

El *Himno al Beato Juan de Ávila,* VCG 123, creado en 1935 con motivo de una peregrinación diocesana a Montilla, bajo la presidencia del obispo Estenaga, fue reeditado en 1944, concluida la Guerra Civil, y aparece en el *Boletín Oficial* de la diócesis, mayo del mismo año, adquiriendo posterior relevancia con motivo de una nueva peregrinación a Montilla en septiembre de 1949.

Para Santo Tomás de Villanueva Buitrago compuso tres himnos: el primero en los años veinte, VCG 63, en forma de antífona que enfrenta a los tenores y a los bajos; otro para las vísperas de la festividad, VCG 150, años cuarenta, en latín; y el tercero de índole popular, el himno de la Mancha a su santo más distinguido, en 1955, con motivo de la celebración del IV Centenario de su muerte en Valencia (VCG 186).

Con respecto a Santo Tomás de Aquino, se conserva un himno original de Buitrago, copiado en los años cincuenta o sesenta, para coro y solo (VCG 185). Otros himnos de importancia son los dedicados a Santa Cecilia: VCG 229, del que solo existe copia realizada por Pedro Pardo: *Himno a Santa Cecilia Mártir,* pensado para el Coro y la Banda del Hospicio Provincial (Pardo, 1999), y VCG 40, un cántico escrito en época juvenil que se llegó a editar en la revista *Tesoro Sacro Musical,* suplemento *Melodías,* noviembre de 1958. Destaca también el *Himno a Santa Teresa de Jesús,* VCG 64, con motivo del III Centenario de la canonización de la santa, 7 de mayo de 1922. Esta fue, con seguridad, la primera obra que realizó Buitrago como maestro de capilla, por encargo del cabildo, con letra suministrada por el canónigo José Jiménez Manzanares, que colaboró en otras muchas composiciones. Seguramente resultó para Buitrago una tarea muy grata pues era la santa vinculada a su pueblo de adopción, Malagón, donde nació a la música de la mano de su padre. Este himno también fue editado a través de los talleres Boileau de Barcelona.

Cuadro núm. 19: Himnos a los santos realizados por Salomón Buitrago

OBRA	VCG	COP	TIPO	CON	UBI	NOTAS
Cántico a Santa Cecilia	40	v	i	3	4/11	A coro y solo con acompañamiento de órgano. Do mayor. Publicado en 1958.
Gozos a San Antonio	43	1	m	3	4/11	A dos voces con acompañamiento de órgano. Estrofas de Varela Silvari.
Himno a San Vicente Paúl	44	2	m	2	4/11	A coro y solo con acompañamiento de órgano. Fa menor y fa mayor.
Himno a Santa Beatriz	45	1	m	3	4/11	Para 3 voces mixtas con acompañamiento de órgano. Fa mayor. Noviembre de 1927.
Al Patriarca San José	52	1	m	3	4/11	Himno a una voz con acompañamiento de órgano, en sol menor.
A la Beata Madre Beatriz de Silva	62	8	m	3	4/11	Para coro y solo, con acompañamiento de órgano. Fa mayor y re menor. Nov. 1927.
Himno a Santo Tomás de Villanueva I	63	1	m	2	4/11	Forma de antífona con texto en latín.
Himno a Santa Teresa de Jesús, coro y solo	64	v	i	3	4/11	Letra de Jiménez Manzanares. Año 1922.
Canto a San Antonio	118	5	m	3	4/11	A coro y solo con acompañamiento de órgano, en re mayor.
Himno al Beato Juan de Ávila	123	v	i	3	4/11	A coro y solo. Con ocasión de las peregrinaciones a Montilla, 1935 y 1949.
Himno a Santa Teresita del Niño Jesús	147	1	m	3	4/11	Una voz a coro y solo, con acompañamiento de órgano, en re mayor y re menor.
Himno para las Vísperas de San Pedro Apóstol	148	4	m	3	4/11	*Decora lux aeternitatis* para tres voces mixtas, acompañamiento de órgano.
Himno para las vísperas de Santiago Apóstol	149	2	m	3	4/11	Texto en latín para dos voces con acompañamiento de órgano.
Himno para las Vísperas de Santo Tomás de Villanueva	150	4	m	3	4/11	Himno a 3 voces mixtas en forma de antífona.
Gozos a San Juan Bautista	181	2	m	3	4/11	A coro y dúo, en mi mayor y mi menor.
Himno a Santo Tomás de Aquino	185	1	m	3	4/11	A coro y solo con acompañamiento de órgano, en mi bemol mayor.
Himno de la Mancha a Santo Tomás de Villanueva II	186	v	i	3	4/11	Para coro y dúo. 1955, IV Centenario de la muerte de Santo Tomás.
Himno a Santa Cecilia	229	1	m	3	4/11	Copia de Pedro Pardo García

Fuente: *LHMSB*. VCG = número de catalogación; COP = número de copias (v significa varias); TIP = tipo de copia (m es manuscrito e i es impresa); CON = estado de conservación de peor a mejor, en una escala de 1 a 3; UBI = ubicación: núm. de caja / núm. de carpeta.

La forma de la himnodia de Salomón Buitrago ganó en carácter popular a lo largo del tiempo: sustitución de textos en latín para las vísperas por textos sólo en castellano, utilización de la tonalidad tradicionalmente himnódica de fa mayor, estructura con coplas y estribillo reincidente, cambios rítmicos constantes, para adaptarse al sentido popular, inicios en anacrusa o al alzado, uso frecuente del ritmo sincopado, etc.

6.7. Religiosidad popular: llega la Navidad

El padre de Buitrago, Salomón Buitrago Rodríguez, fue el autor de un villancico para coro y solo con acompañamiento a piano titulado *El gallito del portal,* VCG 8, que data de 1902. Sin embargo, Salomón Buitrago hijo no prestó una atención especial hacia la música propia de Navidad, si bien hay constancia de armonizaciones y arreglos ocasionales para fiestas concretas del Seminario y celebraciones propias de esas fechas. En este sentido, destacan los arreglos a la canción *Los pastores de Peñamariana,* VCG 137, de la película *Peñamariana.* Otro ejemplo es la canción a dos voces que tituló *Felicitación,* VCG 122.

 De diciembre de 1939 data un curioso ejemplo de trabajo navideño titulado *Toma las cinco rosas,* VCG 169, con texto de José Jiménez Manzanares. Buitrago intentó un arreglo para voces, pero al final el encargo del letrista quedó en una melodía a solo con dos versiones, una en 2/4 y otra en 6/8. La canción en sí reviste poca importancia musical y el texto pasa a un primer plano ya que muestra la mentalidad de los meses posteriores a la victoria de Franco en la Guerra Civil, claramente palpable en los textos del canónigo Jiménez Manzanares.

 De mucha mayor importancia musical resulta el *Himno para las Vísperas del Nacimiento de Nuestro Señor Jesucristo,* VCG 187, escrito en la tonalidad de la mayor a partir del "cantus firmus" *Jesu Redemptor,* gregoriano, con establecimiento de tres voces y forma rondó equiparable a una antífona: preguntas y respuestas alternativas entre dos coros. En cuanto al rastreo popular en este campo, destaca la melodía *No despiertes al Niño,* VCG 155, recogida y arreglada por el maestro Buitrago.

6.8. La religiosidad popular: cantos a la Virgen María

Salomón Buitrago sintió una profunda devoción mariana que se expresa en multitud de composiciones dedicadas a la Virgen María: plegarias diversas, Ave Marías, Salves y también cantos de origen y retorno popular como todo tipo de himnos, letanías y gozos.

Los gozos a la Virgen María son composiciones sencillas, a una voz, con dos secciones, A y B, estribillo (coro) y estrofa (solo). Salomón Buitrago realizó cinco trabajos de este tipo. Las melodías son tiernas y humildes, pero se revisten de solemnidad en la parte A o estribillo. Las dos secciones se realizan en tonalidades distintas, pero siempre relativas entre sí u homónimas. Son melodías silábicas y realizadas en thesis, con dominio de la parte fuerte del compás, sin complicaciones rítmicas.

Salomón Buitrago sólo escribió una letanía lauretana o de alabanzas a la Virgen (VCG 165). El texto está en latín y en él se suceden distintos nombres de alabanza a María que obtienen la respuesta "ora pro nobis". La letanía está realizada en polifonía sencilla en forma de motete. La última sección está reservada para el *Agnus Dei* en polifonía homofónica. La obra en su totalidad está acompañada por el órgano, como la mayor parte de la música religiosa de Buitrago.

Casi todos los himnos dedicados a la Virgen proceden de la segunda parte de los años veinte y de las décadas de los cuarenta y cincuenta, épocas en las que aumenta considerablemente la devoción mariana. Muchos de los textos de estos himnos están realizados por José Jiménez Manzanares. Así ocurre con el *Himno a la Virgen de las Lágrimas,* VCG 138 (1954), dedicado a Javier María de Castro, párroco de la iglesia de Santiago de Ciudad Real, como "propulsor del culto a la Virgen de las Lágrimas en toda España". Otros himnos locales llevan textos escritos por los párrocos o personas vinculadas a la localidad en cuestión, lo que muestra su categoría de encargo. En este sentido destacan el *Himno a la Virgen de Gracia,* VCG 145 (Puertollano), con letra de Mariano Mondéjar; el *Himno a la Patrona de Almadenejos,* VCG 184, con texto de Serafín Ruiz; y el himno llamado *Cantos populares a la Virgen de las Nieves,* VCG 94 (Almagro), con letra del cura párroco Ángel Oliver, relacionada con la coronación canónica de la Patrona de Almagro en 1929.

Rasgos comunes de todos estos himnos son su fraseo en aire de marcha, el uso de puntillos, tresillos y el comienzo reiterado en parte débil para descansar o caer en parte fuerte. Son rasgos de composición popular que Buitrago emplea desde y para el pueblo, tratando de crear composiciones pegadizas, fáciles de aprender y, al mismo tiempo, cultas y respetuosas con el mensaje del texto. Es la vena más popular dentro del compendio sacro de Salomón Buitrago.

Para la capital de la provincia tuvo una especial importancia el *Himno en estilo popular a la Virgen del Prado*, VCG 146, con letra de Jiménez Manzanares, compuesto en 1940 con el motivo de la llegada de una nueva imagen del Prado tras los destrozos iconoclastas de la Guerra Civil. Fue un himno editado y se hicieron copias para los fieles. La letra, según el facsímil repartido, estaba "adaptada a la era de la victoria". La parte musical constaba de dos partes, A o estribillo, vibrante y solemne, en fa mayor, y B o coplas, con dulzura, en re menor. El órgano acompaña la interpretación, dotada de ritmo de marcha y fraseo propio de la himnodia:

> Santa María del Prado, / Madre nuestra virginal, / de los cielos has bajado / más hermosa y triunfal. / Tu poder es inmortal.

> Patrona excelsa querida: / de la atroz persecución / subiste al cielo transida / de amargura y aflicción / maternales. / Siendo de los muertos Vida, / de sus almas asunción. / Victoria y Paz eternales. / Vuelves hoy a nuestro lado.

Este himno venía a sustituir, para la ocasión, el tradicional a la Virgen del Prado, escrito a finales del siglo XIX o comienzos del XX por J. Valdés, con texto de la "señorita Arteaga", en do mayor, a una voz (coro y estrofas). Salomón Buitrago lo recogió a finales de los cuarenta y comienzos de los cincuenta, añadió acompañamiento de órgano a la publicación de 1924, es posible que incorporara una segunda estrofa a cuatro voces mixtas, distinta al resto de la composición original, si bien no es segura su autoría. Esto significa que el himno "adaptado a la era de la victoria" dejó de cantarse tras la ocasión para la que se creó y fue el propio Buitrago quien recuperó el tradicional canto, muy anterior a la guerra y con un sentido espiritual más profundo.

6.9. La peculiar composición de Salve Regina, VCG 108

Existe una composición realmente curiosa de Salomón Buitrago: la *Salve Regina a ocho voces y orquesta,* VCG 108, que persigue el objetivo, no sabemos si finalizado o no, de aunar el tema gregoriano antifonal y varios temas folclóricos (seguidillas de la provincia). Lamentablemente no conocemos el resultado final pues la partitura hallada está muy incompleta. Es una obra realizada en 1929 para dos coros de cuatro voces (ocho en total) y subrayada por el acompañamiento orquestal. Sin duda, Salomón Buitrago pensaba en el Orfeón Manchego y en la Schola Cantorum del Seminario uniendo sus fuerzas. Era un proyecto ambicioso. La Salve está escrita en la tonalidad principal de Sol mayor con cambio central a Re mayor. Sus temas principales son los siguientes:

Tema religioso (gregoriano):

Tema popular procedente de La Solana:

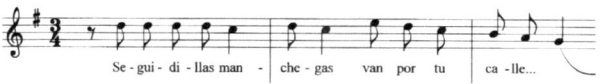

Tema popular procedente de Manzanares:

Tema popular procedente de Ciudad Real:

La composición tiene esencia de folclore elevado al estado de lo culto, unión de pueblo y clero, e ilustra la preocupación del autor por recuperar la creatividad popular. Formalmente la composición sigue una línea ortodoxa pero temáticamente incorpora temas populares que usa con polifonía imitativa, mientras que el tema gregoriano queda para las zonas de polifonía homofónica o coincidente.

Esta obra no ha sido plenamente conservada o quizás no fuera terminada o sólo consistió en una idea. Sin embargo, sí se ha recuperado de los años treinta una *Salve Regina en sol mayor para tiples, tenores y bajos,* VCG 128, que supone una reducción de las ideas melódicas de la anterior: en los saludos iniciales domina el aire de seguidilla, a partir de las invocaciones domina la idea gregoriana que conduce a un solo de tenor en la sección central ("Eia Ergo converte"). La parte final, tras un dúo de tiples y bajos, conduce a una dinámica solemne (invocaciones finales).

6.10. Obras de polifonía a capella

Salomón Buitrago fue uno de esos músicos que, durante gran parte de su vida se entregó a la composición litúrgica y ritual en la línea de severidad y calidad exigida desde el Vaticano. Llegó a participar, incluso, en comisiones diocesanas que velaban por el cumplimiento de la norma en las distintas parroquias de la provincia de Ciudad Real. Sin embargo, no llegó a caer en una exclusividad que, en otros casos, alejaban al pueblo de la práctica cultual y abrían un abismo entre clero y gran parte de los fieles. Buitrago, por el contrario, se mantuvo atento a toda influencia que venía del pueblo y supo traducirla en música culta, claramente orientada a devolver al pueblo lo que es del pueblo. Es una línea de actuación similar a la de Francisco García Márquez, "Mazantini", o a la que después de la guerra seguiría Pedro Echevarría en su destino como director de banda en Tomelloso.

Después de la contienda Buitrago no cesó en su empeño de buscar conexiones con el gusto de las gentes manchegas y, prueba de ello, fue su dedicación parcial a la música religiosa de estilo popular, a la que dio su debida importancia como referente de una cultura tradicional que no debía perderse. Pero también prestó importancia a las manifestaciones de carácter profano. Prueba de ello son dos obras en formato polifonía a capella, para cuatro voces mixtas, catalogadas como VCG 231 y VCG 233, el madrigal *Habas verdes* a 4 v.m. y la habanera *En Cuba nació* a 4 v.m. respectivamente[9]. De ambas tenemos exclusivamente copias realizadas por Pedro Pardo García para la Coral Polifónica de Ciudad Real en los años noventa del siglo XX. Pero ambas son un claro ejemplo de música alegre y desenfadada pensada para gran orfeón, posiblemente para el Orfeón Manchego en los años treinta, y prueban la ilusión por la música madrigalista del maestro de capilla Salomón Buitrago.

---

[9] Localización en el LHMSB: caja 3, carpeta 9 (3.9): Seguidillas y canción profana polifónica a capella.

7. EL CATÁLOGO VCG: PIANO Y ÓRGANO

7.1. Composiciones del padre de Salomón Buitrago

El LHMSB cuenta con 37 composiciones del padre de Salomón Buitrago Gamero, Salomón Buitrago Rodríguez, sacristán y organista en Almadén y Malagón. Dichas obras son significativas por el hecho de influir en el estilo y la trayectoria del maestro de capilla de la catedral de Ciudad Real. Buitrago padre compuso obras breves para piano —al estilo de las páginas románticas—, pasodobles, obras para órgano, plegarias marianas, una misa, un villancico, una obra sacra y dos seguidillas.

Nos interesan, sobre todo, las obras para piano y órgano. Algunas de ellas fueron incluso publicadas, como ocurre con la página breve titulada *Gratitud,* VCG 15. En su tarea como compositor Buitrago padre demuestra un buen conocimiento del arte de la música, un interés patente por el piano romántico y una gran fidelidad al instrumento propio de sus tareas al servicio de la Iglesia: el órgano. En este sentido, puede decirse que sintonizó con las nuevas y rigurosas tendencias litúrgicas impuestas por la jerarquía clerical de finales del siglo XIX y comienzos del siglo XX. Debe añadirse su especial devoción por la figura de la Virgen María, a la que dedica varias plegarias. Pero también compartió la fidelidad a su medio de vida con una afición amplia por la música profana, sobre todo por la forma pasodoble y con la investigación en temas de la tierra, especialmente fandangos y seguidillas. Todos estos elementos sirvieron de aprendizaje a Salomón Buitrago hijo, que supo captar las devociones y preferencias de su padre, manifestándolas luego con mucha mayor amplitud[1].

Cuadro núm. 20: Obras para de Salomón Buitrago Rodríguez para piano

OBRA	VCG	COP	TIP	CON	UBI	NOTAS
Carmen	3	1	m	2	3/8	
Composición breve	4	1	m	2	3/8	
Eres hermosa, la mariposa (mazurca)	11	1	m	2	3/8	Dedicatoria a sus hijos; escrita
Flor de octubre, polka	12	2	m	2	3/8	
Gratitud	14	2	i	2	3/8	Editada; Incluye una fotografía
Gratitud (polka)	15	1	m	2	3/8	
Los inocentes, vals para piano	18	1	m	2	3/8	A mi hermano político Inocente

---

[1] El primer ensayo al respecto del autor fue editado en 2015: "Salomón Buitrago: obras para piano y órgano", en *I Congreso Nacional sobre Ciudad Real y su provincia*. Tomo III. Ciudad Real, IEM, abril de 2015. Ciudad Real, IEM. Pp. 355-370. El presente capítulo es una actualización que incorpora nuevas consideraciones y aporta nuevas obras atribuidas dentro del Catálogo VCG.

Marcha	21	1	m	2	3/8	
Obra breve para piano	25	1	m	2	3/8	
Polka	26	1	m	2	3/8	
Polka Dolores	27	1	m	2	3/8	
Recuerdo de mi infancia, polka	28	2	m	2	3/8	Copias Salomón Buitrago
¿Tiene usted el Dengue?	31	1	m	2	3/8	A Nemesio Ferrer
Una lágrima, marcha fúnebre	32	1	m	2	3/8	
Vals para piano	33	1	m	2	3/8	

Fuente: *LHMSB*. Elaboración propia. VCG es número de catalogación; COP es número de copias conservadas; TIPO es tipología de las copias: m es manuscrita e i es impresa (editada); UBI es ubicación dentro del LHMSB (número de caja/número de carpeta). CON: estado de conservación de 1 a 3.

En los géneros de forma breve y pasodoble para piano es donde más se observa la relación entre Buitrago padre y Buitrago hijo. Estas piezas cortas, también llamadas formas menores, propias del Romanticismo, siguen las normas ortodoxas de las formas musicales. Se dividen en polkas, estampas, hojas de álbum, estudios, etc., llevan subtítulos románticos y, en ocasiones, dedicatorias. Son páginas expresivas, propias del intimismo decimonónico expresado a través del piano (Llacer Pla: 109). En el Ciudad Real de comienzos de siglo era muy común su interpretación en veladas privadas de la burguesía, sobre todo por parte de las jóvenes que estudiaban el noble arte pianístico y que demostraban su talento ante los invitados durante la sobremesa. Tal costumbre aparece incluso reflejada en los diarios de la época, *El Pueblo Manchego* y *Vida Manchega*.

En total, se han localizado 15 obras breves con estas características de Buitrago padre y otras quince de Buitrago hijo. Pero debemos entender que esta clasificación es aleatoria: quizá algunas de las obras copiadas por el hijo son del padre o quizá la autoría es suya. Este aspecto carece de importancia real, pues lo verdaderamente significativo es la relación entre ambas figuras, padre e hijo: una profunda admiración en la forma de trabajar; la imitación hacia el padre incluso en la manera de firmar, con una clave de sol inserta en los trazos de la rúbrica; la afición a la música culta como herencia de sensibilidad y creatividad de una generación a otra; y la importancia del ambiente musical en el contexto familiar. Inocente Gamero, hermano de la madre de Salomón Buitrago, debió jugar un papel importante. Fue amigo íntimo de su padre y existe un detalle significativo: la cantidad de dedicatorias que recibe. Esta conexión tiene como eje cronológico el tiempo de estudios de Salomón Buitrago, en torno a los años diez del siglo XX, primero directamente con su padre y después en el Seminario.

Buitrago Rodríguez era también gran aficionado al pasodoble para piano. Se conservan seis de estas piezas escritas por él, reseñadas en el cuadro núm. 20. Sus pasodobles son animados y alegres. Seguramente fueron compuestos a finales del siglo XIX y comienzos del siglo XX. Alguno de ellos está copiado por su hijo, que, sin embargo, no recogió esta especial afición al pasodoble, si bien compuso uno en torno a 1915, titulado *Más alegría*, VCG 47, que luego dedicaría a su padre en recuerdo y honor a la enseñanza recibida. La pieza en cuestión fue publicada por la Editorial Boileau Berlasconi de Barcelona en los años veinte.

Cuadro núm. 21: Pasodobles para piano de Salomón Buitrago Rodríguez

PASODOBLES PARA PIANO	VCG	COP	TIPO	CON	UBI	NOTAS
El Mensajero	9	2	m	2	3/8	Copia de Salomón Buitrago hijo
El Mirlo	10	1	m	2	3/8	
Fórmula del pasodoble	13	1	m	2	3/8	
Inocente (inicialmente *"El mancheguito"*)	17	1	m	2	3/8	A Inocente Gamero
Rubios cabellos	29	1	m	2	3/8	
Viva la Mancha	37	1	m	2	3/8	

Fuente: *LHMSB*. Elaboración propia. VCG es número de catalogación; COP es número de copias conservadas; TIPO es tipología de las copias: m es manuscrita e i es impresa (editada); UBI es ubicación dentro del LHMSB (número de caja/número de carpeta). CON: estado de conservación de 1 a 3.

En cuanto a las obras para órgano de Buitrago padre, se conservan siete partituras, normalmente versos para su interpretación libre durante la Eucaristía, así como una marcha y una obra de vísperas.

Cuadro núm. 22: Obras para órgano de Salomón Buitrago Rodríguez

OBRA	VCG	COP	TIPO	CON	UBI	NOTAS
Dos versos en tercer tono	5	2	m	2	3/7	
Dos versos para segundo y	6	2	m	2	3/7	
Dos vísperas de Navidad	7	2	m	2	3/7	Una de 1906
Marcha para órgano en La M	22	1	m	2	3/7	
Versos en 5º tono	34	1	m	2	3/7	
Versos para después de "Ite	35	1	m	2	3/7	
Vísperas para órgano	36	1	m	2	3/7	1903

Fuente: *LHMSB*. Elaboración propia. VCG es número de catalogación; COP es número de copias conservadas; TIPO es tipología de las copias: m es manuscrita e i es impresa (editada); UBI es ubicación dentro del LHMSB (número de caja/número de carpeta). CON: estado de conservación de 1 a 3.

7.2. La composición pianística del maestro de capilla

Entre las obras breves de corte romántico de Salomón Buitrago hijo destacan las mazurcas, las polkas y los valses para piano. La primera es una danza nacional polaca en ritmo ternario con gran difusión para piano en el siglo XIX gracias a la divulgación de

Chopin. Tiene como particularidad que el motivo principal acaba siempre en la segunda parte del compás y el último tiempo va en anacrusa. El tiempo primero se forma en corchea con puntillo y semicorchea. Tiene carácter viril, gallardo y animado. Utiliza la estructura formal más repetida: A (mazurca a b a1) – B (trío: c d c1) – C: reexposición de la mazurca. La polka también es de estilo polaco y los valses para piano son una danza giratoria en tres por cuatro que puede tener distinto carácter: vals característico, noble, sentimental, de bravura, etc. Después de una introducción en lento adagio tiene su entrada el tiempo de vals, dividido en varios números, cada uno con un tema y escritos en tonalidades afines. Si el vals tiene tres números, el tercero es reexposición del primero.

Algunas de estas composiciones, en manos de Salomón Buitrago, rememoran títulos utilizados por su padre. Casi todas fueron realizadas en los años diez y veinte del siglo XX, periodo de mayor influencia paterna. Todas las obras evocan la nostalgia, pero sobre todo hay una gran preocupación por el estudio armónico y un regusto reiterado por los cromatismos como forma de modular y jugar con las melodías.

Cuadro núm. 23: Obras breves para piano de Salomón Buitrago Gamero

OBRA	VCG	COP	TIPO	CON	UBI	NOTAS
Amapolas, mazurca para piano	38	2	m	3	3/8	
Amistad, mazurca para piano	39	2	m	3	3/8	Obra breve para piano, a Generoso Martín Toledano
Enriqueta (mazurca)	41	1	m	3	3/8	
Hojas de violeta, mazurca	46	2	m	3	3/8	1914
Mazurca para piano	48	1	m	3	3/8	
Don Pascual (chotis para piano)	58	1	m	3	3/8	
Fox Trot	60	1	m	2	3/8	Incompleta
Mazurca para piano en re mayor	67	1	m	3	3/8	
Recuerdos de la infancia, vals para piano	75	1	m	3	3/8	
Estampas Manchegas, suite en tres tiempos	96	1	m	2	3/8	muy interesante; 3 movimientos
Vals para piano	114	1	m	2	3/8	
Apunte	116	1	m	3	3/8	
Apunte en fa mayor	117	1	m	3	3/8	
Composición para piano sin título	138	1	m	3	3/8	
Tema para un preludio festivo	168	1	m	3	3/8	diseño de un tema para obra breve de piano

Fuente: *LHMSB*. Elaboración propia. VCG es número de catalogación; COP es número de copias conservadas; TIPO es tipología de las copias: m es manuscrita e i es impresa (editada); UBI es ubicación dentro del LHMSB (número de caja/número de carpeta). CON: estado de conservación de 1 a 3.

En el cuadro núm. 23 se recogen todas las obras breves para piano encontradas en el LHMSB. De manera especial destacan tres obras: 1) la mazurca *Amistad,* VCG 39, dedicada a su amigo Generoso Martín Toledano, de Malagón, que llegaría a ser un político importante de la Unión Patriótica y gobernador civil de Soria; 2) el vals para piano *Recuerdos de la infancia,* VCG 75, y 3) *Estampas manchegas,* VCG 96, una obra que situamos a finales de la década de 1920, aproximadamente. Esta suite es posiblemente la obra más notable de las correspondientes a este bloque. Se trata de una obra en tres tiempos o piezas breves (rápida, lenta y marcha), con un ritmo distinto y tonalidades diversas. Cada uno de los tres movimientos consta de temas diferentes, incluso opuestos, con reexposición siempre del primero. El lirismo melódico recae en la mano derecha, con la excepción del primer tema del tercer movimiento. La mano izquierda acompaña con un marcado gusto por las escalas cromáticas, las tonicalizaciones repentinas (giros tonales bruscos) y las modulaciones profundamente estudiadas.

Parece claro que el piano es el instrumento que introdujo a Salomón Buitrago en el mundo de la música, el piano aprendido de la mano de su padre y estudiado en los años de Seminario, consolidado en el Conservatorio bastantes años después, durante la década de los treinta. Posteriormente, con ocasión de su oficio sacerdotal y de sus tareas musicales en la catedral, Buitrago fue abandonando esta manera de crear para centrarse en otras alternativas más rigurosas: la música sacra, la orquestación y el órgano cultual.

7.3. La imprescindible creación para órgano

Dentro de la liturgia católica el órgano ha desarrollado un papel místico indudable. Simbólicamente está situado frente al altar, en el otro extremo del templo, estableciéndose una especie de diálogo entre sus acordes y el desarrollo ritual en el altar del presbiterio. La música organística religiosa desarrolla toda su literatura a partir de este diálogo, hondamente litúrgico, severo, profundo, invitando a la contemplación, lejano a cualquier intento de brillo subjetivo (Della Libera: 86-87).

En lo que respecta a la catedral de Ciudad Real:

> Hay constancia de un órgano construido en 1905, aunque sin documentación gráfica ni documental que indique sus características. El actual órgano vino a sustituir al anterior, que había sido destruido en julio de 1936, al comienzo de la Guerra Civil. El actual fue construido por la empresa Organería Española S.A. de Guipúzcoa y data de 1944. (…) Este es el órgano en el que Salomón Buitrago interpretó sus piezas y con este instrumento realizó

sus composiciones. Es de tradición eléctrica y mide 10 metros de altura y 4 de ancho. La consola, de pupitre, es independiente de la caja, ya que esta se encuentra en un lateral del coro alto, mientras la consola se ubica en el centro de este, perpendicular al presbiterio. Consta de dos teclados manuales y uno de pedalero, con 50 registros en total, de los que 8 son extensiones en octavas superiores e inferiores de otros registros reales. En su interior alberga aproximadamente1500 tubos de madera, estaño y cinc, con un tamaño que abarca desde los 13 milímetros hasta los 5 metros (López Hervás: 56)[2].

Como se dijo en el capítulo dedicado a la historia de la música en la catedral, el nuevo órgano de la SIP llegó a ser ampliamente conocido y valorado por Buitrago. De hecho, procede a describirlo con precisión en alguno de los textos que se conservan de él[3]. De las 18 obras originales que se encuentran en el LHMSB es muy probable que 7 pertenezcan a Salomón Buitrago padre, pero el resto, por lo menos once, son de Salomón Buitrago hijo. Aparte, en opinión de Pedro Pablo López Hervás, organista de la SIB catedral de Ciudad Real, se le pueden atribuir otras 12 composiciones, si bien se presentan carentes de firma y podrían ser copias de obras sin determinar, incluso de su propio padre (ver cuadro núm. 24).

Como ya se ha dicho, por necesidades evidentes del servicio de la Catedral, Buitrago fue organista interino, aparte de maestro de capilla, después de la Guerra Civil y hasta 1945, y posteriormente en otro periodo comprendido entre 1953 y 1959, momento en que gana la plaza Ángel Jiménez de los Galanes.

Solo una de las obras de Salomón Buitrago para órgano puede ser fechada en los años veinte: *Plegaria y marcha,* VCG 106. Las demás pertenecen a una fase posterior a la Guerra Civil. Este dato indica que, a medida que la música oficial de la SIP Catedral de Ciudad Real se hace más popular y menos culta, durante la posguerra, el maestro de capilla se refugia en esta actividad, más individual, gracias a su papel como organista

---

[2] Sobre los detalles de la inauguración del órgano véase el apartado 1.6, dedicado a la música en la SIP durante la posguerra. En 2001, fuera del ámbito cronológico de esta investigación, se realizó una restauración desmontándose todo el instrumento y siendo enviado al taller de Organería Orta en Navarra. Se restauraron los tubos existentes y se añadieron varios registros de una aleación de plomo y estaño, que aportan un mayor brillo a la sonoridad del instrumento. Estos registros son la octava, el lleno de 3 hileras, el flautado de 8, la flauta armónica, la corneta de 5 hileras y la trompetería de batalla. La obra tuvo un presupuesto de 18 millones de pesetas. La última restauración, sin embargo, data de 2005: sustitución de la consola original por una nueva y reemplazamiento del cable eléctrico. Toda la tubería de madera fue sustituida al hallarse carcoma en los tubos de los bordones. (López Hervás: 56).
[3] "Características del órgano de la catedral y orientaciones para su manejo", LHMSB: 7/2.

interino y a la modernidad del nuevo órgano. Gracias a ello puede seguir desarrollando su vena creadora más culta y elaborada.

En general, las obras para órgano de Salomón Buitrago destacan por las siguientes características: sonoridad en los acordes; claridad en la exposición temática, en la que se ayuda con frecuencia de progresiones sobre la base de un inciso o célula generadora; tratamiento formal tipo sonata, casi siempre con dos temas en la exposición, distintos entre sí, y un desarrollo de calidad armónica; y estudio armónico y cromático muy profundo, sobre todo en los desarrollos. Con frecuencia escribe en una tonalidad diferente de la definida en la armadura de la clave y se llega a un cierto efectismo de bitonalidad. Es importante la presencia del bajo continuo en el pedal. A veces este tercer pentagrama tiene una función relevante, incluso como exposición temática.

Cuadro núm. 24: Obras para órgano de Salomón Buitrago Gamero

OBRA	VCG	COP	TIPO	CON	UBI	NOTAS
Plegaria y marcha para órgano	106	1	m	3	3/7	6 secciones que acompañan la liturgia para la salida de una procesión
Elegía para órgano	140	1	m	3	3/7	obra para órgano con pedal, en fa mayor, andantino, 3/4
Preludio para órgano	158	1	m	3	3/7	Obra para órgano con bajo pedal, en sol mayor, allegro
Composición en fa mayor para órgano	177	1	m	3	3/7	variedad de secciones, pedal bajo con función melódica
Entrada para órgano	179	1	m	3	3/7	obra para órgano con pedal, do mayor, tres secciones
Melodía para órgano	189	1	m	3	3/7	Obra breve en sol menor, andantino, ¾, pedal destacado
Versos para órgano en do mayor (18 versos)	223	1	m	3	3/7	piezas muy breves para tiempos de misa y oración
Versos para órgano en do menor (45 versos)	224	1	m	3	3/7	piezas muy breves para tiempos de misa y oración
Versos para órgano en do mayor (II) (50 versos)	225	1	m	3	3/7	piezas muy breves para tiempos de misa y oración
Versos para órgano en sol mayor (I) (7 versos)	226	1	m	3	3/7	piezas muy breves para tiempos de misa y oración
Versos para órgano en sol menor (25 versos)	227	1	m	3	3/7	piezas muy breves para tiempos de misa y oración
Andante para órgano	234	1	m	3	3/7*	Atribuida a S.B. Gamero.
Preghiera para órgano en Do Mayor	235	1	m	3	3/7*	Atribuida a S.B. Gamero.
Aria para órgano	236	1	m	3	3/7*	Atribuida a S.B. Gamero
Marcha para órgano en Fa Mayor y Si bemol Mayor	237	1	m	3	3/7*	Atribuida a S.B. Gamero
Marcha en re menor	238	1	m	3	3/7*	Atribuida a S.B. Gamero

Marcha en Mi bemol Mayor	239	1	m	3	3/7*	Atribuida a S.B. Gamero
Final Misa cum Jubilo	240	1	m	3	3/7*	Atribuida a S.B. Gamero
Composición en Sol Mayor	241	1	m	3	3/7*	Atribuida a S.B. Gamero
Composición en Fa Mayor	242	1	m	3	3/7*	Atribuida a S.B. Gamero
Marcha en La Mayor II	243	1	m	3	3/7**	Atribuida a S.B. Gamero
Canzona en fa menor	244	1	m	3	3/7**	Atribuida a S.B. Gamero
Marcha en Sol Mayor	245	1	m	3	3/7 ***	Atribuida a S.B. Gamero

Fuente: LHMSB. Elaboración propia. VCG es número de catalogación; COP es número de copias conservadas; TIPO es tipología de las copias: m es manuscrita e i es impresa (editada); UBI es ubicación dentro del LHMSB (número de caja/número de carpeta). CON: estado de conservación de 1 a 3.
* (Cuaderno A), ** (Cuaderno B), *** (Cuaderno C).

Hay tres obras que merecen destacarse. En orden cronológico, hablamos primero de *Plegaria y marcha para órgano,* VCG 106, citada arriba. Esta composición está dividida en seis secciones que acompañan el ritual y la liturgia de la salida de una procesión. Probablemente se trataba de la salida de la procesión de la Virgen del Prado los días 15 y 22 de agosto, o la procesión del Corpus Christi. La obra estaba pensada para antes, durante y después del acto. Cada una de las secciones tiene un tema, una tonalidad y un ritmo diferente, que incluyen un arreglo de la *Marcha real* para el momento de la salida procesional (quinta sección en do mayor). La sexta y última sección es una *Marcha regular* con forma tipo sonata y exposición temática de la mano izquierda, muy interesante. Destaca el equilibrio entre las distintas partes y secciones, por lo que la composición resulta bien estructurada y muy medida.

En segundo lugar, siguiendo el orden cronológico, destaca *Entrada para órgano,* VCG 179, de la que se conserva copia de los años cuarenta. Es una obra con pedal (tercer pentagrama, bajo), en do mayor y dividida en tres secciones claras –la sección central en la bemol mayor—. El ritmo, en cuatro por cuatro, resulta majestuoso y marcial. Destacan tres aspectos estilísticos de interés: a) el juego de preguntas y respuestas entre las tres voces del órgano, muy logrado; b) la exposición del tema principal por el tercer pentagrama (pedal del órgano con función melódica); y c) la imitación o, en su caso, inclusión de voces humanas en la sección central, realizando acordes tenidos a la indicación de "voz celeste", uno de los registros del nuevo órgano de la catedral, que le aporta un tratamiento muy moderno[4].

---

[4] Salomón Buitrago sigue aquí el modelo de una obra de A. Lefebvre Wely, que añade voces humanas en acordes sencillos mientras la mano derecha del órgano va jugando con preguntas y respuestas a contracanto.

Hay una tercera obra destacable con copia de los años cincuenta. Aparece sin título. Para identificarla la hemos llamado *Composición en fa mayor para órgano,* VCG 177. Es también una composición a tres pentagramas, incluyendo el pedal del órgano con función melódica. La obra, en ritmo binario de cuatro por cuatro, es mesurada y proporcional. Su estructura formal resulta muy original. Se divide en tres secciones claramente definidas:

1. La primera sección está en fa mayor y tiene aire *moderato*. Cuenta con dos temas y se caracteriza por el tratamiento polifónico. El tema 1 aparece en entradas escalonadas similares a las de los motetes vocales: primero el pedal, después la mano izquierda y, por último, la mano derecha. Se trata de un juego de imitación con preguntas y respuestas. El tema 2 se desarrolla con preguntas del pedal y respuestas de las manos.

2. La segunda sección es una zona arpegiada, en allegro. La mano derecha lleva el peso del allegro con continuas progresiones armónicas, mientras la mano izquierda y los pies (pedal) interpretan acordes tenidos. Las progresiones conducen a un final en do mayor (V grado de la tónica fundamental, fa mayor).

3. La tercera sección está escrita en doce por ocho y se desarrolla como un coral ("tiempo de coral"), en lo que parece una clara alusión al estilo de Juan Sebastián Bach. El tratamiento de las manos es polifónico, con acordes sostenidos, y el dibujo melódico lo desarrollan los pies, con comienzo a contratiempo.

Finalmente, es obligado citar las colecciones de versos para órgano que se ubican en el LHMSB, sin firma, pero con gran seguridad obra del propio Salomón Buitrago (VCG 223 a 227). Se trata de cinco cuadernos manuscritos de los años cincuenta y sesenta. Los versos son piezas muy breves. Constan de uno o dos pentagramas, máximo seis pentagramas. Se interpretaban en los tiempos de transición o espera dentro de la celebración eucarística. También para acompañar los momentos de recogimiento personal y oración. Algunos de ellos están incompletos, otros son ideas melódicas y armónicas, diseños apenas esbozados. En total se han contabilizado ciento cuarenta y cinco versos: dieciocho en do mayor (primer cuaderno), cuarenta y cinco en do menor (segundo cuaderno), veinticinco en sol menor (tercer cuaderno), siete en sol mayor (cuaderno cuarto) y cincuenta en sol mayor (quinto cuaderno). Todos ellos carecen de tercer pentagrama o pedal, pero las características son similares a las de las demás obras de Salomón Buitrago: estudio armónico profundo y gusto por los cromatismos.

7.4. Arreglos y orquestaciones

Una de las costumbres que mantuvo a lo largo del tiempo Salomón Buitrago fue el estudio de las grandes composiciones de la música litúrgica moderna, sobre todo en el campo armónico, a partir del cual elaboraba orquestaciones adaptadas a su interpretación en la catedral de Ciudad Real. Por tanto, en esta modalidad encontramos obras de multitud de autores, generalmente autores de música religiosa o litúrgica relacionados con el movimiento del Motu Proprio, cuyas obras fueron adaptadas y orquestadas en su día por Buitrago para actuaciones de la *Schola Cantorum* del seminario y de la Capilla de la SIP Catedral de Ciudad Real, con ayuda de grupos instrumentales. Se trata de adaptaciones puntuales para determinadas fiestas o fechas señaladas.

En la propia catedral encontramos antecedentes de esta labor. Así, por ejemplo, aparecen orquestaciones del pianista Aureliano Bermúdez. De él se conservan los arreglos para la *Misa a dos voces* de Orestes Ravanello, con fecha 20 de marzo de 1913. Se trata de arreglos orquestales para dos violines, un contrabajo, flauta y un clarinete en la. Él mismo arregló la *Misa a tres voces* de Mas y Serracant en fecha cercana a la anterior. Otro ejemplo del mismo músico es la orquestación de una *Misa en mi bemol mayor* de Hilarión Eslava, copia realizada por Álvaro Cepeda. Todas estas obras, manuscritas, pueden encontrarse en el LHMSB[5].

Estadísticamente, se han contabilizado veintiséis obras de orquestación realizadas por Salomón Buitrago. Desde el punto de vista cronológico, de acuerdo con la fecha aproximada de copia que se conserva, se puede establecer la siguiente clasificación:

1) seis orquestaciones en los años veinte (cuatro misas, una obra de vísperas y un motete);

2) años treinta: una sola obra orquestada, la *Misa de Réquiem* de Lorenzo Perosi;

3) años cuarenta: dos obras, una misa y un *Magníficat*;

4) años cincuenta y sesenta: diecisiete obras orquestadas en total (once misas, dos *Ave Marías*, una *Salve Regina*, un cántico a la Virgen, el *Himno del Apostolado al Sagrado Corazón de Jesús* y un *Te Deum* o Acción de gracias).

El dato más llamativo es la especial dedicación a esta tarea conforme avanza el tiempo: años cincuenta y sesenta. Obsérvese que existe una contradicción entre esa labor musical

---

[5] Sección Legajos: Misas manuscritas. Cajas 39 a 41.

y el Motu Proprio estricto: la introducción de instrumentos en la liturgia del tiempo. Esta alteración es una excepción en la labor de Salomón Buitrago. Si tenemos en cuenta que la mayoría de las orquestaciones están realizadas, según tipo de escritura, en la década de los sesenta, debemos entender que pertenecen a una fase más relajada de la ortodoxia musical sacra, coincidente con los nuevos aires que aporta la apertura del Concilio Vaticano II, cuya filosofía al respecto será que todos los instrumentos son permitidos en la alabanza a Dios, siempre que se interpreten con calidad.

En sus orquestaciones, Salomón Buitrago prefiere siempre las obras de autores religiosos, especialmente las de Lorenzo Perosi, el gran compositor romano dentro del Motu Proprio. De este autor, maestro de la Capilla Sixtina del Vaticano, Buitrago realiza las siguientes orquestaciones para la catedral de Ciudad Real: la *Primera Misa Pontifical* (VCG 71 y VCG 206), la *Segunda Misa Pontifical* (VCG 208), la *Misa de Réquiem* (VCG 125) y la *Misa Hoc est Corpum Meum* (VCG 205).

En el cuadro núm. 25 se recogen todas las orquestaciones realizadas por Buitrago. De él obtenemos algunas conclusiones: se conservan 3 orquestaciones para banda (años cincuenta y después), 2 para orquesta (segunda mitad de los años veinte), y 21 orquestaciones, la gran mayoría, para grupo de cámara reducido. Este grupo sería el que acompañaba en más ocasiones a la Capilla catedralicia y estaba compuesto por violines primeros y segundos, viola, contrabajo y/o violonchelo, flauta y clarinete en si bemol. Estos son los instrumentos más repetidos, a los que a veces se añaden el saxo alto en mi bemol y el fagot, aparte del órgano original de todas las obras trabajadas.

Cuadro núm. 25: Orquestaciones realizadas por Salomón Buitrago Gamero

OBRA	VCG	COP	TIPO	CON	UBI	NOTAS
Orquestación: Ego sum de José Alfonso, SJ	69	1	m	1	1/2	Motete al Sacramento de 1917, para tres instrumentos.
Orquestación: Misa de Ribera Miró	70	1	m	1	1/3	Flauta y violines 1.º y 2.º
Orquestación: Misa Pontifical de L. Perosi	71	1	m	1	6/15	3 voces mixtas más órgano. Orquesta amplia de viento y cuerdas.
Orquestación: Misa sine labe concepta de Canestrari	72	1	m	1	6/16	Sólo se conserva violín 1.º y contrabajo.
Orquestación: Vísperas Corpus: Dixit Dominus y Domine ad Juvandum	73	1	m	1	1/2	Para tres instrumentos.
Orquestación: Misa en honor a San Luis Gonzaga, de Orestes Ravanello	102	1	m	1	1/3	Orquestación para orquesta.
Orquestación: Misa de Requiem de L. Perosi	125	1	m	1	1/3	Violines 1.º y 2.º, flauta, contrabajo y clarinete en si bemol.

193

Orquestación: Magnificat	156	1	m	1	1/2	Para cuatro instrumentos
Orquestación: Misa de Vicente Goicoechea	157	1	m	1	1/3	Violines 1.º y 2.º, y contrabajo.
Orquestación: Ave María de Fátima	194	1	m	1	1/2	Para banda
Orquestación: Ave María de Mas y Serracant	195	1	m	1	1/3	Sólo se conserva violín 1.º y 2.º
Orquestación: Cántico a la Virgen, de E. Ribera	196	1	m	1	1/3	Sólo se conservan las partituras de tres instrumentos.
Orquestación: Himno popular del apostolado	197	1	m	1	1/2	"Ven Corazón Sagrado" para una voz y órgano, orquestación para banda.
Orquestación: Misa a 3 voces de Sancho Marraco	198	1	m	1	1/3	Sólo violín y contrabajo.
Orquestación: Misa breve a 2 voces de G. Bentivoglio	199	1	m	1	6/16	Dos voces y órgano. Para grupo cámara reducido a violines y contrabajo
Orquestación: Misa Coral de Pío X de J. Vilaseca	200	1	m	1	6/16	Sólo se conserva flauta y violín 2.º
Orquestación: Misa en honor a San Pietro Orseolo, de Orestes Ravanello.	201	1	m	1	6/16	Tres voces iguales y órgano. Grupo cámara amplio.
Orquestación: Misa en honor San José de Calasanz	202	1	m	1	1/3	Violines 1.º y 2.º, violonchelo, saxo alto en mi bemol, contrabajo.
Orquestación: Misa fácil a dos voces de P. Mauri	203	1	m	1	6/16	Dos voces y órgano. Grupo cámara amplio.
Orquestación: Misa Gratia Plena de L. Recife	204	1	m	1	1/2	Orquestación para banda
Orquestación: Misa Hoc est Corpum Meum de L. Perosi	205	1	m	1	6/15	Grupo cámara: violines, contrabajo, flauta, clarinete si bemol.
Orquestación: Misa Pontifical de L. Perosi	206	1	m	1	1/2	Para 6 instrumentos
Orquestación: Misa Pueri Chorales de G. B. Campodonico	207	1	m	1	6/15	Misa para dos voces iguales. Orquestación para grupo de cámara amplio.
Orquestación: Misa Secunda Pontificialis de L. Perosi	208	1	m	1	6/15	A 3 v mixtas y órgano. Violines 1.º y 2.º y contrabajo
Orquestación: Salve Regina de Víctor Zubizarreta	209	1	m	1	1/2	A 3 voces mixtas y órgano, 1933. Orquestación para tres instrumentos.
Orquestación: Te Deum de Giorgini	210	1	m	1	1/3	Violines 1.º y 2.º y contrabajo.

Fuente: LHMSB. Elaboración propia. VCG es número de catalogación; COP es número de copias conservadas; TIPO es tipología de las copias: m es manuscrita e i es impresa (editada); UBI es ubicación dentro del LHMSB (número de caja/número de carpeta). CON: estado de conservación de 1 a 3.

CONCLUSIONES: VOCACIÓN SALVÍFICA Y SEMILLA DOCENTE

El LHMSB recoge obras que se extienden desde el último cuarto del siglo XIX hasta los años finales del siglo XX (copias de obras realizadas por Pedro Pardo García). Es innegable su valor musical, cultural e histórico. Sus documentos no son solo partituras que puedan considerarse en desuso, error que nunca debería cometerse, sino una rica colección de pruebas de la historia local, provincial y manchega en general. El gran esfuerzo de Salomón Buitrago por salvar la música de la catedral durante el agrio periodo de la Guerra Civil debe ser valorado en toda su dimensión porque no es solo rescate del pasado sino aprendizaje de futuro. El modelo histórico que constituye su legado, vinculado al Motu Proprio *Tra le sollecitudini* de San Pío X (22 de noviembre de 1903), nacido, como su propio nombre indica, de la preocupación por el canto en la Iglesia, contagiado de un indeseable romanticismo por aquel entonces, es un modelo que evoca, complementa y explica toda una época, una estructura social y política cargada de luchas y contradicciones, las que generaron la difícil historia de España durante buena parte del siglo XX. La música en la SIP Catedral de Ciudad Real entre 1903 y 1975, límites cronológicos de esta obra, constituye un modelo vinculado, por ejemplo, al debate nunca resuelto en la España del siglo XX entre clericalismo y anticlericalismo, entre vinculación política de la Iglesia o tarea pastoral. Sin embargo, en el ánimo de Salomón Buitrago todo esto pesaba muy poco en comparación con su vocación de servicio y amor por la belleza que encierra la música para alabar a Dios y ayudar a rezar a los fieles. Sin duda, ese fue la verdadera intención del maestro de capilla cuando decidió arriesgar su vida y salvar de la barbarie todas las partituras que pudo durante la guerra.

El motivo principal de Salomón Buitrago siempre fue el amor a la música, con lo que consiguió, además, conectar la sede de Ciudad Real, aparentemente aislada, con otros centros del Motu Proprio y con otros espacios de preocupación por la tradición musical y su puesta de relieve. En especial, es importante la conexión conseguida con Madrid a través del trato con los profesores y los músicos más destacados de la capital durante los años treinta. Esta vinculación saca del anonimato a la Mancha y la sitúa en el contexto general de la música que se estaba haciendo en España y en los formatos preferidos en cada momento. Es el caso de la música coral a través del Orfeón Manchego.

Con el mismo espíritu, como se ha dicho, Salomón Buitrago ejerció la docencia musical con generosidad. Por tanto, no debe dejarse de lado la semilla docente de Salomón Buitrago y sus frutos. Entre sus alumnos, muchos llegaron a ocupar puestos de importancia en la música diocesana y en otros ámbitos: Ángel Jiménez de los Galanes, organista de la catedral a partir de 1959, fallecido en 2023; Agustín Sánchez de la Nieta, director de la Schola Cantorum del Seminario y experto en canto gregoriano; Luis Gómez del Pulgar, sochantre destacado; Antonio Vera, tenor reconocido; Álvaro Baeza, tenor segundo de la catedral; Victorino Pascual, bajo muy afamado; Antonio Lizcano, chantre desde 1966, y Jesús Abad Ramos, barítono e intelectual reputado, deán de la SIP durante un periodo prolongado de tiempo[1].

Destaca también Juan Miguel Villar Pérez, sochantre primero de la catedral entre el 25 de octubre de 1971 y el 29 de mayo de 1973. Continuó sus estudios musicales en Pamplona y los culminó en el Conservatorio de Madrid, donde terminó la carrera de órgano. Entre sus obras sacras destaca la misa *Nueva Pascua* a seis voces mixtas y la misa *De Angelis* a cuatro voces mixtas, donde alternan gregoriano y polifonía. Entre sus composiciones profanas son dignas de mención dos antologías para orquesta y coro dedicadas a Santa Teresa y a Machado, así como la edición de un disco dedicado a la canción regional manchega. En Madrid fue director del Coro de la Almudena, aparte de dedicarse a dar conciertos de piano y órgano. Compuso la canción *El manchego y su Mancha* expresamente para la Coral Polifónica de Ciudad Real. En la capital manchega, aparte de cantor en la SIP, fue director de la Coral de Magisterio y miembro de un cuarteto exitoso junto a Jesús Abad, Antonio Lizcano y Pedro Pardo, conocido como *El Cuarteto Sacerdotal*, 1966-1972. En Madrid desarrolló su trabajo como director del Coro de la Catedral de la Almudena, aparte de concertista de piano y organista (Castellanos, 2022).

El sacerdote Pedro Pardo García, nacido en Aldea del Rey en 1935 y fallecido en Madrid el 4 de octubre de 2001, ya citado como fuente imprescindible a lo largo de este libro, fue uno de los alumnos más aventajados de Salomón Buitrago y él mismo escribió una página importante en la historia musical de la catedral. Ocupó el cargo de canónigo en la SIP y fue prefecto de música de esta desde 1990, cargos que compatibilizaba con su dedicación a la parroquia de Poblete en Ciudad Real. Previamente había realizado una intensa labor social en el Barrio del Pilar de la ciudad durante veintisiete años. Como Buitrago, dedicó gran parte de sus esfuerzos personales al desarrollo de la música popular y culta en la provincia de Ciudad Real, siempre de manera altruista. Desde 1983 fue director de la Coral Polifónica de Ciudad Real, con la que actuaba frecuentemente en la Santa Iglesia Prioral, catedral de Ciudad Real. Aparte de ejercer la dirección, Pardo fue un reputado compositor. Entre sus

---

[1] Antonio Lizcano Asenjo y Jesús Abad pasaron a ser canónigos eméritos en septiembre de 2010 (*elyon.blogspot.com,* 7 de septiembre de 2010). Lizcano recibió el título de ciudadano ejemplar concedido por el Ayuntamiento de Ciudad Real en 2011 (*Lanza*, 27 de julio de 2011).

trabajos está la *Misa a la Virgen del Pilar* a cuatro voces mixtas (VC 12), las *Pasiones de San Marcos y San Lucas* a cuatro voces mixtas (VC 23 y VC 24), y la misa *Tota Pulchra est* a cuatro y seis voces mixtas con órgano y orquesta (VC 20), compuesta para la celebración del noveno centenario de la aparición de la Virgen del Prado, patrona de Ciudad Real. Fue estrenada en el parque Gasset de la capital provincial el 25 de mayo de 1988 con la presencia de la reina doña Sofía. Destacan también la antífona *Tota Pulchra*, que alterna gregoriano y cuatro voces mixtas, la canción *Rosa del Prado* a cuatro voces mixtas, y otros cantos, motetes y villancicos sacros. Destacan también sus obras polifónicas de Navidad y su música dedicada a la Virgen María, así como su obra profana VC 05: *Canto a la Mancha a 4 y 6 voces mixtas*, un auténtico himno a la tierra manchega. Sus composiciones, originales de puño y letra, se guardan en el Archivo Diocesano de Ciudad Real (Castellanos, 2022).

También ocupa un lugar destacado en la música de la catedral el sacerdote Francisco Romero, durante mucho tiempo profesor de Religión Católica en el IES Santa María de Alarcos, más conocido como "el Femenino" y párroco de la parroquia de los Ángeles, donde cuidó con esmero los cantos y la participación popular en la música litúrgica. Con su nombramiento como canónigo de la catedral, trasladó este empeño y su buen hacer, en el que destacaba su brillante voz, a la catedral, donde fue maestro de capilla desde 1976 hasta su fallecimiento en junio de 2022. Su obra está pendiente de estudios más detallados[2].

Todas estas personas también forman parte del legado de Salomón Buitrago. Cada uno de ellos ha dado sus frutos particulares y colectivos, necesarios para tejer lo que podemos llamar una cultura musical propia. Estos frutos deben ser tenidos en cuenta y no caer en el olvido, ese olvido lacerante que ha empobrecido a la Mancha en otras épocas.

---

[2] *Lanza,* 25 de junio de 2022.

FUENTES DE INFORMACIÓN

Bibliografía

ALÍA MIRANDA, Francisco (1986): *La Dictadura de Primo de Rivera en Ciudad Real*. Ciudad Real, Diputación Provincial.

(2019): *La Guerra Civil en retaguardia. Ciudad Real, 1936-1939*. Ciudad Real, Diputación Provincial.

(2000) (Coord.): *La música en la radio. Radio Ciudad Real EAJ 65 y sus discos de pizarra*. Cuenca, Servicio de Publicaciones de la UCLM.

ALONSO, Miguel (1992): "Composiciones actuales y música religiosa", en *La música en la Iglesia: de ayer a hoy*. Salamanca, Universidad Pontificia y Caja de Salamanca y Soria.

(1992): "El canto popular religioso en la tradición oral", en *La música en la Iglesia: de ayer a hoy*. Salamanca, Universidad Pontificia y Caja de Salamanca y Soria.

ARAÍZ MARTÍNEZ, Andrés (1942): *Historia de la música religiosa en España*. Barcelona, Labor.

BAGUES, Jon (1987): "El coralismo en la España del siglo XIX", en *España en la música de occidente*. Madrid, Ministerio de Cultura.

BALCÁZAR SABARIEGOS, José (1940): *La Virgen Del Prado a través de la historia*. Ciudad Real, Diputación Provincial.

BARRACHINA, Marie Aline (1998): "Notas sobre los coros y danzas de la Sección Femenina (1938-1952)", en *Los orígenes de las asociaciones corales en España (siglos XIX y XX)*. Barcelona, Oikos Tau.

BENEDITO, Rafael (1960): *La música a través de los tiempos*. Madrid, Falange Española.

CABAÑAS ALAMÁN, Fernando J. (2000): *Cancionero musical manchego*. Cuenca, Servicio de Publicaciones de la UCLM.

CARBONELL I GUBERNA (Coordinador): *Los orígenes de las asociaciones corales en España (siglos XIX y XX)*. Barcelona, Oikos Tau, 1998.

CARR, Raymond (1998) *España: de la Restauración a la democracia, 1875 – 1980*. Barcelona, Ariel, 1998.

CASARES RODICIO, Emilio (1987): "La música española hasta 1939 o la Restauración musical", en *Actas del Congreso Internacional "España en la Música Occidental"* (Salamanca 1985). Madrid.

CASARES RODICIO, Emilio (director), LÓPEZ CALO, José y FERNÁNDEZ DE LA CUESTA, Ismael (directores adjuntos) (1999): *Diccionario de la música española e hispanoamericana.* Madrid, SGAE.

CASTELLANOS GÓMEZ, Vicente (2005): *Musicalerías. Ciudad Real: música y sociedad.* Ciudad Real, Diputación Provincial.

(2022): *El valor de la bondad. Época, vida y obras de Pedro Pardo García (1935-2001).* Ciudad Real, Instituto de Estudios Manchegos y Asociación de Amigos de Pedro Pardo.

CHAILLEY, Jacques (1991): *Compendio de Musicología.* Madrid, Alianza.

CLEMENTE, Domingo (1969): *Guía de Ciudad Real.* Madrid.

CLIMENT, José (1986): *Fondos musicales de la región valenciana. Catedral de Orihuela.* Valencia.

COLINO, Pablo (1967): "El canto de los niños en la Iglesia", en *Presente y futuro de la música sagrada.* Madrid, Razón y Fe.

COLLING, Alfred (1958): *Historia de la música cristiana.* Andorra, Casall i Vall.

COMELLAS, José Luis (1995): *Nueva historia de la música.* Barcelona, Editoriales Internacionales Universitarias, 1995.

ECHEVARRÍA BRAVO, Pedro (1984): *Cancionero Musical manchego.* Ciudad Real, Diputación Provincial.

ESPADAS BURGOS, Manuel (1993): "El Ciudad Real contemporáneo", en *Historia de Ciudad Real.* Ciudad Real, Ayuntamiento y Caja Castilla la Mancha, 1993.

FERNÁNDEZ CANO, José Manuel (1998): *Mil cantares populares: recogidos en Alcázar de San Juan de la tradición oral.* Ciudad Real, Diputación Provincial.

FERNÁNDEZ CID, Antonio (1973): *La música española en el siglo XX.* Madrid, Fundación Juan March, 1973.

(1980): *La década musical de los cuarenta.* Madrid, Real Academia de Bellas Artes de San Fernando.

(1994): *El maestro Jacinto Guerrero y su estela.* Madrid, Fundación Jacinto e Inocente Guerrero.

FERNÁNDEZ DE LA CUESTA, Ismael (1991): "Directorio bibliográfico de musicología española", en CHAILLEY, Jacques: *Compendio de Musicología*. Madrid, Alianza.

(1965): *Misa Hispana*. Abadía de Silos, Burgos.

FUSTER RUÍZ, Francisco (1981): "Para una historia del regionalismo manchego: la bandera y el himno a la Mancha", en *Al Basit,* 2ª época, año VII, nº 9. Albacete, núm. de abril.

GALINDO GARCÍA, Ángel (1992): *La música en la Iglesia: de ayer a hoy*. Salamanca, Universidad Pontificia y Caja de Salamanca y Soria.

GALLEGO, Antonio (1991): "Aspectos sociológicos de la música en la España del siglo XIX", en *Revista de Musicología, nº XIV,* nº 1-2. Madrid, Sociedad Española de Musicología.

GARCÍA BARBERENA, Tomás (1980): "La erección de la diócesis de Ciudad Real". *Revista Española de Derecho Canónico*, vol. 37, núm. 108. Salamanca, Universidad Pontificia. Pp. 451-466.

GARCÍA FRAILA, Dámaso (1998): "Las catedrales españolas, centro de producción cultural". En *Actas de las II Jornadas de los Conservadores de Catedrales de España*. Madrid, Alcalá.

GELINAU, Joseph (1967): *Canto y música en el culto cristiano*. Barcelona, Instituto Superior de Pastoral, 1967.

GOICOECHEA ARRONDO, Eusebio (1984): "Breve síntesis de la música en Castilla la Mancha", en *La cultura en Castilla la Mancha y sus raíces*. Madrid, Fundación Cultural Castilla la Mancha.

GOLDEROS VICARIO, José (1988): *Ciudad Real, siete siglos a través de sus calles y plazas*. Ciudad Real, Ayuntamiento.

GÓMEZ AMAT, Carlos (1988): *Historia de la música española* (bajo la dirección de LÓPEZ DE OSABA, Pablo). *Siglo XIX*. Madrid, Alianza Música.

(1995): *Pequeña historia de la música*. Madrid, Alianza.

GÓMEZ MORENO, Hermenegildo (1969): *Notas históricas alrededor de la imagen de la Santísima Virgen del Prado*. Ciudad Real, editorial Calatrava.

(1984): *Santa María del Prado, Patrona y fundadora de Ciudad Real*. Ciudad Real, Galán Moncada.

(1940): *La Virgen del Prado a través de la historia.* Ciudad Real, Diputación Provincial, 1940.

GROUT, Donald J. Y PALISCA, Claude V. (1993): *Historia de la música occidental, vol. II.* Madrid, Alianza Música.

GUEREÑA, Jean Louis (1998): "La formación de los orfeones socialistas", en *Los orígenes de las asociaciones corales en España (siglos XIX y XX).* Barcelona, Oikos Tau.

HIDALGO MONTOYA, Juan (1971): *Cancionero de las dos Castillas.* Madrid, A. Carmona editor.

HONOLKA, Kurt (1992): *Historia de la música.* Madrid, EDAF.

JACOBS, Arthur (1979): *Breve historia de la música occidental.* Barcelona, Monte Ávila.

(1986) : *La música coral.* Madrid, Taurus.

JARA BARREIRO, Ángel (2002): *La segunda enseñanza en la Mancha. El instituto de Ciudad Real (1837-1967).* Ciudad Real, Diputación Provincial.

JIMENO, José, CORCHADO, m., HIGUERUELA, L. (1977): *Cien años de Obispado Priorato de las Ordenes Militares. Avance para la historia.* Ciudad Real, Instituto de Estudios Manchegos.

JURADO GALLEGO, Antonio (1995): *Escuela Santa María del Prado: niños cantores de la Catedral Basílica de Ciudad Real.* Ciudad Real, manuscrito del autor depositado en Centro de Estudios de Castilla la Mancha.

VV.AA. (1984): *La cultura en Castilla la Mancha y sus raíces.* Madrid, Fundación Cultural Castilla la Mancha, 1984.

LABAJO VALDÉS, Joaquina (1987): *Aproximación al fenómeno orfeonístico en España. Valladolid, 1890 – 1923.* Valladolid, Diputación Provincial.

(1988): *Pianos, voces y panderetas: apuntes para una historia social de la música en España.* Madrid, Endimión.

(1990): "Las entidades musicales durante el periodo romántico en España", en *Cuadernos de Música,* año 1, núm. 2. Madrid.

LE BORDAYS, Christiane (1978): *La música en España.* Madrid, EDAF.

LIBERA, Sandro della (1967): "Mística del órgano", en *Presente y futuro de la música sagrada.* Madrid, Razón y Fe.

LIVERMORE, Ann: *Historia de la música española.* Barcelona, Barral, 1974.

LLINÁS, Julián: *La música a través de la historia.* Barcelona, Salvat, 1986.

LÓPEZ CALO, José (1999): "Catedrales", en *Diccionario de la música española e hispanoamericana.* Madrid, SGAE. Vol. III.

(1967): *Presente y futuro de la música sagrada.* Madrid, Razón y Fe.

LÓPEZ HERVÁS, Pedro Pablo (2023): *Salomón Buitrago (1889-1975). Análisis musical y edición de su obra para órgano.* Universidad de Valencia. Máster en Investigación e Interpretación Musical.

MANZÁRRAGA, Tomás de (1967): "Ambiente musical religioso de los años 50", en *Presente y futuro de la música sagrada.* Madrid, Razón y Fe.

MARCO ARAGÓN, Tomás (1989): *Historia de la música española* (bajo la dirección de LÓPEZ DE OSABA, Pablo). *6. Siglo XX.* Madrid, Alianza Música.

(1987) "Los años cuarenta", en *España en la música de occidente.* Madrid, Ministerio de Cultura.

MARTÍNEZ GUERAU DE ARELLANO, Domingo, ASENSIO RUBIO, Francisco, y GONZÁLEZ MORENA, Carmen Helena (1986): *La instrucción pública en Ciudad Real.* Ciudad Real.

MARTÍNEZ MILLÁN, Miguel (1988): *Historia musical de la catedral de Cuenca.* Cuenca, Diputación Provincial.

MENA CANTERO, Francisco (1985): *Mazantini, un hombre para el folklore manchego.* Ciudad Real, Diputación Provincial.

MITJANA, Rafael (1993): *La música en España.* Madrid, Centro de Documentación Musical.

MONTERO GARCÍA, Feliciano (2000): *La Acción Católica y el franquismo. Auge y crisis de la Acción Católica especializada.* Madrid, UNED ediciones.

MORENO BETETA, María Jesús (1987): *Prensa, radio y cine en Ciudad Real durante la II República.* Ciudad Real.

MURCIANO, Carlos y SAGI VELA, Luis (1987): *La música y nosotros. Una historia de la música.* Madrid, Anaya.

NAGORE, María (1999): "Coros", en *Diccionario de la música española e hispanoamericana.* Madrid, SGAE, Vol. IV.

(1995): "Música coral en el siglo XIX", en *La música española en el siglo XIX.* Oviedo, Servicio de Publicaciones de la Universidad de Oviedo.

NAVARRO GONZALO, Restituto (1974): *Polifonía de la Santa Iglesia Catedral Basílica de Cuenca.* Cuenca, Instituto de Música Religiosa, Diputación Provincial.

PANIAGUA, Javier (1987): *España, siglo XX (1898 – 1931).* Madrid, Anaya.

(1990): *España, 1931 – 1939.* Madrid, Anaya.

PARDO GARCÍA, Pedro (1999): *Don Salomón Buitrago Gamero, sacerdote y músico manchego. Algunos datos de su vida y de su obra musical.* Trabajo biográfico sin editar, cedido por el autor.

PEDRELL BALTERRA, Felipe (1991): *Por nuestra música.* Barcelona, Servicio de Publicaciones de la Universidad Autónoma de Barcelona.

PÉREZ FERNÁNDEZ, Francisco (1981): *Ciudad Real paso a paso.* Ciudad Real, Caja de Ahorros de Cuenca y Ciudad Real.

(1971): *Efemérides manchegas.* Ciudad Real, Caja Rural de Ciudad Real.

PÉREZ GUTIÉRREZ, Mariano (1989) : *El Universo de la Música.* Madrid, Sociedad Española de Librería, S.A., 1989.

(1994): "Breve reseña histórica sobre la educación musical en España y comparación con otros países", en *Música y Educación,* nº 17. Madrid, Musicalis S.A., abril.

PIÑERO GARCÍA, Juan (1984): *Músicos españoles de todos los tiempos.* Madrid.

PLAZA SÁNCHEZ, Julián y MUÑOZ LÁZARO, Purificación (1985): *La Pandorga, una fiesta popular.* Ciudad Real, Ayuntamiento.

PLAZA SÁNCHEZ, Julián (1990): *La fiesta de los mayos.* Ciudad Real, Diputación Provincial.

(1985): *La Semana Santa en Ciudad Real.* Ciudad Real.

RAMÍREZ MORALES, Dulce Néstor (1981): "Costumbres, gastronomía, el vino, el queso, artesanía, folklore, caza y pesca", en PÉREZ FERNÁNDEZ, Francisco: *Ciudad Real paso a paso.* Ciudad Real, Caja de Ahorros de Cuenca y Ciudad Real.

RAMOS RIOJA, María Teresa (1992): "El canto gregoriano en la historia", en *La música en la Iglesia: de ayer a hoy.* Salamanca, Universidad Pontificia y Caja de Salamanca y Soria.

RANDEL, Don (editor) (2001): *Diccionario Harvard de la música.* Madrid, Alianza Música.

RAYNOR, Henry (1986): *Una historia social de la música.* Madrid, Siglo XXI.

REDONDO, Marcos (1973): *Marcos Redondo, un hombre que se va.* Barcelona, Planeta.

REY GARCÍA, Emilio (1999): "Castilla la Mancha", en *Diccionario de la música española e hispanoamericana.* Madrid, SGAE, Vol. III.

RIEMANN, Hugo (1959): *Historia de la música.* Barcelona, Labor.

RICART MATAS, José (1956): *Diccionario biográfico de la música.* Barcelona, Iberia S.A.

RIERA SALA, Ticiá (1995): *Pedagogía de la historia de la música.* Barcelona, Argentonines.

ROGERIO SÁNCHEZ, José (1903): *A toda luz.* Ciudad Real, Sucesores de Ruíz Morote.

ROJAS MARTÍNEZ, Ángel (2008): "Retrato de un ideario. Imágenes de don Salomón Buitrago", en *Cuadernos de Estudios Manchegos,* núm. 32. Ciudad Real, Instituto de Estudios Manchegos. Pp. 218-228.

ROJO, Casiano y PRADO, Germán (1929): *El canto mozárabe.* Barcelona.

RUBIO PIQUERAS, Felipe (1927): *El Archivo musical de la catedral de Toledo.* Madrid, Revista *Tesoro Sacro Musical.*

RUBIO, Samuel (1956): *La polifonía clásica.* El Escorial, 1956.

SADIE, Stanley (editor) (1993): *Diccionario Akal / Grove de la música.* Madrid, Akal.

(1994): *Guía Akal de la Música.* Madrid, Akal.

SALAZAR, Adolfo (1935): *La música actual en Europa y sus problemas.* Madrid.

(1930): *La música contemporánea en España.* Madrid, Ediciones La Nave.

(1936): *La música en el siglo XX. Ensayo de crítica y estética desde el punto de vista de la función social.* Madrid.

SALDONI, Baltasar (1986): *Diccionario biográfico-bibliográfico de efemérides de músicos españoles.* Madrid, Centro de Documentación Musical, MEC.

SÁNCHEZ SÁNCHEZ, Isidro (1986): *Castilla la Mancha en la época contemporánea, 1808-1939.* Toledo, Servicio de Publicaciones de la Junta de Comunidades de Castilla La Mancha.

SMALL, Christopher (1980): *Música, sociedad y educación.* Madrid, Alianza.

SOPEÑA IBÁÑEZ, Federico (1958): *Historia de la música española contemporánea.* Madrid, Rialp.

(1964): "Las dos enseñanzas de la música", en *Páginas de la Revista de Educación.* Madrid.

(1984): "Condición de la música en Castilla la Mancha", en *La cultura de Castilla la Mancha y sus raíces.* Madrid, Fundación Castilla la Mancha.

SUBIRÁ, José (1953): *Historia de la música española e hispanoamericana.* Barcelona, Salvat.

TAULÉ, Alberto (1992): "La creación musical después del Vaticano II", en *La música en la Iglesia: de ayer a hoy.* Salamanca, Universidad Pontificia y Caja de Salamanca y Soria.

TÉLLEZ VIDERAS, José Luis (1984): *Para acercarse a la música.* Barcelona, Salvat.

TORRES MULA, Jacinto (1990): "El origen de los orfeones y las sociedades corales en España", en *Cuadernos de Música,* año 1, nº 2. Madrid.

VALLEJO CISNEROS, Antonio (1999): "Ciudad Real", en *Diccionario de la música española e hispanoamericana.* Madrid, SGAE. Vol. III.

VELADO GRACIA, Bernardo (1992): "Teología y pastoral del canto litúrgico. Punto de vista pastoral", en *La música en la Iglesia: de ayer a hoy.* Salamanca, Valladolid Pontificia y Caja de Salamanca y Soria.

VIRGILI BLANQUET, María Antonia (1987): "Algunos aspectos del nacionalismo y regionalismo musical en Castilla", en *España en la música de occidente.* Madrid, Ministerio de Cultura.

(1995): "La música religiosa en el siglo XIX", en *La música española en el siglo XIX.* Oviedo, Servicio de Publicaciones de la Universidad de Oviedo.

VITALINI, Alberico (1967): "Los instrumentos musicales en la historia de la música sagrada y en la mentalidad religiosa actual", en *Presente y futuro de la música sagrada.* Madrid, Razón y Fe.

VV. AA. (1993): *Lanza 1943 – 1993. 50 aniversario.* Ciudad Real, Lanza.

(1988): *Música y tradiciones populares.* Ciudad Real, Valladolid Provincial.

VV.AA. (1987): *Actas del Congreso Internacional "España en la Música Occidental"* (Salamanca 1985). Madrid.

VV.AA. (1973)*: Decena de música de Toledo: la música en la Iglesia hoy. Su problemática.* Madrid, 1973.

VV. AA. (1993): *Lanza 1943 – 1993. 50 aniversario.* Ciudad Real, Lanza.

YACER PLA, Francisco (1987): *Guía analítica de las formas musicales.* Madrid, Real Musical.

ZAMACOIS, Joaquín (1993): *Curso de formas musicales.* Barcelona, Labor, 1993

Hemeroteca

El Pueblo Manchego, diario de Ciudad Real, 1915-1937.

Elsayon.blogspot.com

Lanza, diario de Ciudad Real, 1943-1975.

La Tribuna, diario de Ciudad Real, 1912-1913.

Revista Vida Manchega, Ciudad Real, 1912-1919.

Vida Manchega, diario de Ciudad Real, 1921-1935.

Fuente documental

Boletín Oficial de la Provincia de Ciudad Real, Diputación Provincial.

Boletín Oficial del Obispado Priorato de las Órdenes Militares, Diócesis Priorato de Ciudad Real.

Archivo del Conservatorio de Música, Madrid.

Archivo histórico de la Facultad de Educación, UCLM, Ciudad Real. *AMAG*: Archivo de Magisterio.

Legado Histórico Musical de Salomón Buitrago, Catedral de Ciudad Real.

Legado Musical de Pedro Pardo García, Archivo Diocesano, Ciudad Real.

ANEXO I

IMÁGENES

Ocho preguntas básicas sobre el LHMSB
con respuesta en imágenes

I.1. ¿Qué es?

I.2. ¿Dónde está?

I.3. ¿Cuándo se hizo?

I.4. ¿Por qué se hizo?

I.5. ¿Quiénes son sus protagonistas?

I.6. ¿Cómo es?: obras impresas y editadas de Salomón Buitrago

I.7. ¿Cómo es?: algunas obras manuscritas de Salomón Buitrago

I.8. ¿Qué consecuencias tiene?

I.1. ¿Qué?

Fig. 1: Cruces de las Órdenes Militares con sede en la Santa Iglesia Prioral Catedral de Ciudad Real.

Fig. 2: Ventana exterior de la Sacristía de beneficiados, donde está depositado el LHMSB. SIP Catedral de Ciudad Real. Fuente: realización del autor.

Fig. 3: LHMSB. Fuente: realización del autor.

I.2. ¿Dónde?

Fig. 4: Santa Iglesia Prioral Basílica Menor Catedral de Ciudad Real. Portada sureste.

Fig. 5: Santa Iglesia Prioral Basílica Menor Catedral de Ciudad Real. Portada suroeste.

Fig. 6: Remate del Retablo de Giraldo de Merlo en el ábside presbiterial.

Fig. 7: Retablo de Santo Tomás de Villanueva en la SIP Catedral. Sede del Sagrario.

Fig. 8: SIP Catedral de Ciudad Real. Coro a los pies del templo y órgano.

I.3. ¿Cuándo?

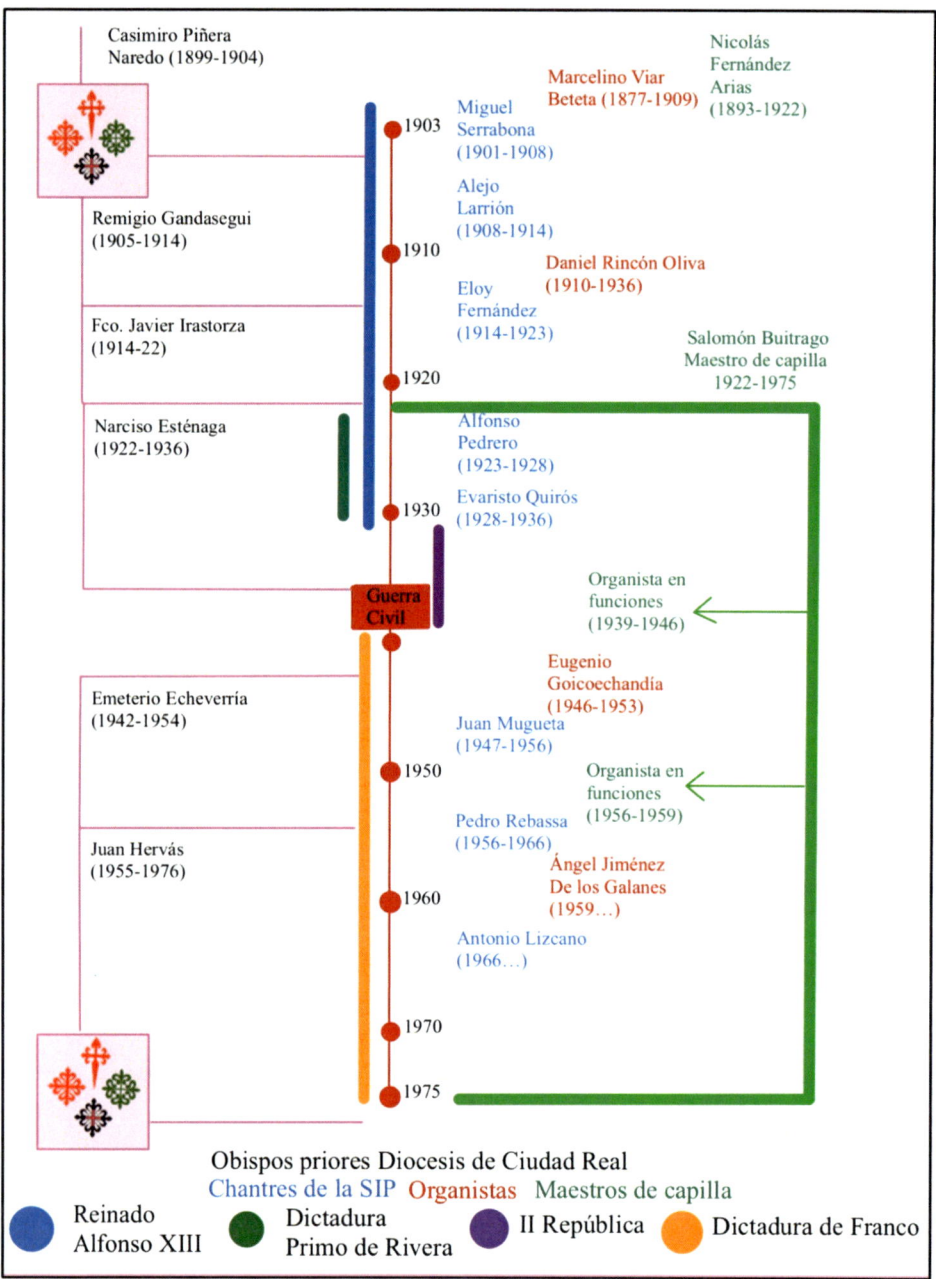

Fig. 9: Diagrama cronológico de la música en la SIP (1903-1975).

I.4. ¿Por qué?

Fig. 10: San Pío X, papa que prmulgó el Motu Proprio Tra le sollecitudini en 1903 sobre la música católica.
Fuente: https://www.infocatolica.com/blog/caritas.php/2310280726-337-san-pio-x-los-liberales-y
Escudo papal. Fuente: https://www.cristodelalaguna.com/contenido/ss-pio-x-concede-el-permiso-para-utilizar-su-escudo.html

I.5. ¿Quiénes?

Fig. 11: Salomón Buitrago Gamero (Almadén 1889- Ciudad Real, 1975). Maestro de capilla de la SIP Catedral de Ciudad Real entre 1922 y 1975. Fuente: biografía realizada por Pedro Pardo, cedida al autor.

Fig. 12: firma de Salomón Buitrago, Ciudad Real, 11 de julio de 1921.

Fig. 13: Nicolás Fernández Arias, maestro de capilla entre 1893-1922. Primera página de una obra suya copiada por Salomón Buitrago en 1912: *Ave maría a solo.* LMSB: 9/1.

Fig. 14: Salomón Buitrago Rodríguez, organista en Almadén y en Malagón. Padre de Salomón Buitrago Gamero. Fuente: *Gratitud*, VCG 14, pasodoble publicado.

Fig. 15: Eugenio Goicoechandía Uriarte, organista entre 1946 y 1954. Fuente: *Lanza*, 3 de noviembre de 1945.

Fig. 17: Antonio Jurado Gallego y Escolanía de niños cantores de la catedral, 1958-1972. Fuente: Jurado (1995).

Fig. 16: Pedro Rebassa Bisquerra, chantre de 1955 a 1966. Fuente: *Lanza*, 20 de octubre de 1955.

Fig. 18: Maestro Emilio Vega, primera página de *Rapsodias de la Mancha, 1907.*
Fuente: Manuscrito del autor dedicado a *Vida Manchega,* 5 de diciembre de 1919.

Fig. 19: Antonio Segura, director de banda: *Himno a la Mancha.* Fuente: manuscrito del autor
dedicado al Centro Regional Manchego, 1919. LHMSB: 9/La MANCHA.

Fig. 20: Tomás Barrera, portada del *Canto a la Mancha* dedicado a Marcos Redondo, 1929. LHMSB: 9/ La Mancha.

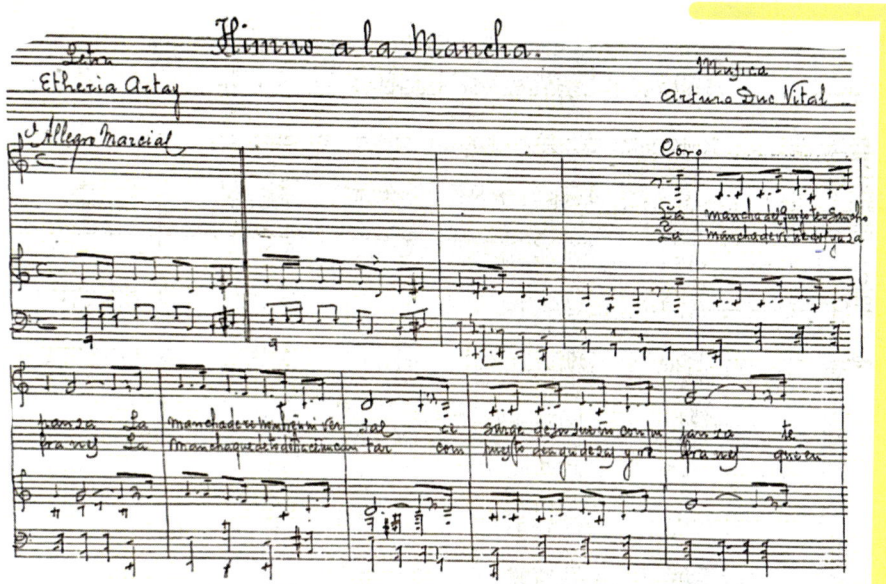

Fig. 21: Arturo Dúo Vital y Etheria Artay: primera página del *Himno a la Mancha*, 1958, copiado por Salomón Buitrago. LHMSB: 9/La Mancha.

Fig. 22: Pedro Rebassa Bisquerra: *Tota Pulchra est*, motete mariano a 3 v.m. Copia manuscrita de Salomón Buitrago en torno a 1956. Fuente: LHMSB: 9/2.

Fig. 23: Ángel Jiménez de los Galanes, organista de la SIP desde 1959 hasta 2005. Fallecido en 2023. Fuente: diocesisdeciudadreal.es

Fig. 24: Antonio Lizcano Asensio, chantre entre 1966 y 2010. Fuente:*Lanza,* 27 de julio de 2011.

Fig. 25: Pedro Pardo García, prefecto de música de la catedral de Ciudad Real entre 1990 y 2001, director de la Coral Polifónica de Ciudad Real entre 1983 y 2001, fecha de su fallecimiento. Fuente: Colección fotográfica familiar de Teresa Pardo.

Fig. 26: Francisco Romero, maestro de capilla entre 1976 y 2022, fecha de su fallecimiento. Fuente: *Lanza,* 25 de junio de 2022.

I.6. Cómo: obras impresas y editadas de Salomón Buitrago

Fig. 27: *Más alegría, pasodoble de Salomón Buitrago, VCG 47, editado por Boileau Bernasconi en torno a 1920.*

Fig. 28: *ídem*. p. 2

Fig. 29: Portada de *España de mis amores,* pasodoble con acompañamiento a piano, VCG 59, editada por Boileau Bernasconi en Barcelona en los años veinte. Dedicatoria al alcalde de Ciudad Real.

Fig. 30: *Catecismo en verso popular cantado,* VCG 119, dedicado a los benjaminatos y aspirantados de Acción Católica y a los catequistas de la Diócesis Priorato de Ciudad Real, año 1935, p. 1.

Fig. 32: Portada del *Septenario a la Virgen de los Dolores*, VCG 109, editado por Boileau de Barcelona en los años veinte. Fuente: LHMSB: 12.

Fig. 33: *Himno al beato Juan de Ávila*, VCG 123, 1944, obra impresa y editada. Primera página.
Fuente: LHMSB.

MISA COLECTIVA
DE
Acción Católica

de la Diócesis Priorato
CIUDAD REAL

•

Compuesta por

SALOMÓN BUITRAGO

Maestro de Capilla de la S. I. Prioral

**con la aprobación y bendición del
Excmo. y Rvdmo. Sr. Frey D. Narciso
de Estenaga y Echevarría, Obispo Prior**

AÑO 1936

PROPIEDAD DEL AUTOR PARA TODOS LOS PAÍSES

Talleres de Grabado y Estampación de Música de A. BOILEAU Y BERNASCONI
Provenza, 285 · BARCELONA · Teléfono 75136

Fig. 34: Portada de *Misa Colectiva de Acción Católica,* VCG 124, 1936. Fuente: LHMSB: 2/5.

Misa Colectiva de "Acción Católica"

SALOMON BUITRAGO

Tan luego se santigüe el Celebrante, al principiar la Santa Misa, cantarán lo siguiente:

A continuación se ha de cantar:

Fig. 35: ídem, primera página.

Himno de la Mancha a Santo Tomás de Villanueva

en el IV Centenario de su gloriosa muerte

Letra de D. J. Jiménez Manzanares

Música de D. Salomón Buitrago.

CORO:

Al Imperio tu luz y tu gloria,
A Valencia tu fruto y tu flor,
A nosotros la dulce memoria
De tu cuna, tu casa y tu amor

Agustín, emoción y ternura,
Alcalá te dió ciencia y matiz,
De tu excelsa y grandiosa figura
Nuestra tierra nutrió la raíz.

ESTROFAS:

Padre de los pobres,
flor de santidad,
asombro del orbe
por tu caridad.

Luz de Villanueva,
de Fuenllana flor,
de la hidalga tierra
sublime esplendor.

Tu nombre realza
con lustre inmortal
la reciente y clara
Diócesis Prioral.

Y hoy sus nobles hijos
con santo fervor
te cantan un himno
de gloria y de honor.

Tu solar nativo
no olvides jamás
Nuestro timbre y brillo
tú siempre serás.

Pujante florezca
tu árbol bendito
y llene la tierra
su amor infinito.

Fig. 36: *Himno de la Mancha a Santo Tomás de Villanueva II*, VCG 186. 1955. Fuente: LHMSB: 4/11.

I.7. Cómo: algunas obras manuscritas de Salomón Buitrago

Fig. 37: *Salve Regina a 3 voces mixtas con acompañamiento de órgano en do menor (I)*.
1921. VCG 80. Primera página. Fuente: LHMSB: 5/14.

Fig. 38: *Tantum Ergo a coro y solo con acompañamiento de órgano*, VCG 86. Fuente: LHMSB: 2/6.

Fig. 39: *idem*, p.2.

Fig. 40: *Estampas manchegas, suite en tres tiempos,* VCG 96. Fuente: LHMSB: 3/8. P. 1

Fig. 41: *idem*, p. 2

MOVIMIENTO 2: LENTO

Fig. 42: *ídem*, p. 3.

MOVIMIENTO 3: MARCHA

Fig. 43: *idem*, p. 4

Fig. 44: *Miserere a cuatro voces mixtas a capella,* VCG 193. Años cincuenta. Esta obra es una de las más logradas Salomón Buitrago. Consta de 10 números en total y hace gala de polifonía clásica. Fuente: LHMSB: 2/6. Pp. 1-2.

Fig. 45: *idem*, p.3.

Fig. 46: *idem*, p. 4.

Fig. 47: *idem*, pp. 5-6.

241

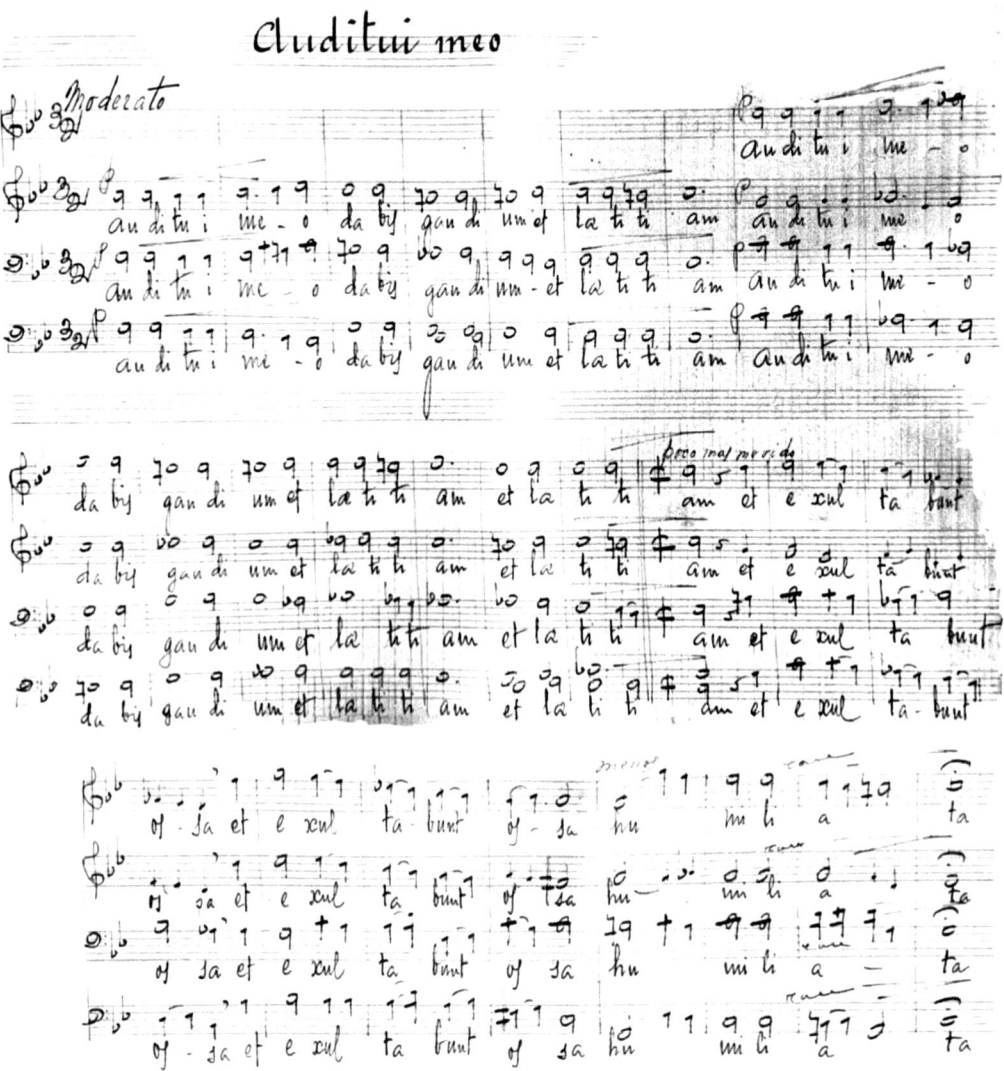

Fig. 48: *idem*, pp. 7-8.

Fig. 49: *ídem*: pp. 9-10.

243

Fig. 50: *idem*, pp. 11-12.

Fig. 51: *idem*, p. 13.

Fig. 52: *idem*, p. 14.

Fig. 53: ídem, pp. 15-16.

Fig. 54: *Pandorga: seguidillas, fandango y jota en do mayor para voz y piano.* VCG 211. Primera página. Se trata de una de las obras más logradas de Salomón Buitrago. Fuente: LHMSB: 3/9.

I.8. ¿Qué consecuencias?

Fig. 55: Casa de Salomón Buitrago en Ronda de Granada de Ciudad Real, esquina frente al IHES Santa María de Alarcos, donde el maestro de capilla consiguió salvar la documentación musical de la Catedral y donde la guardó durante toda su vida. La vivienda ya no existe.

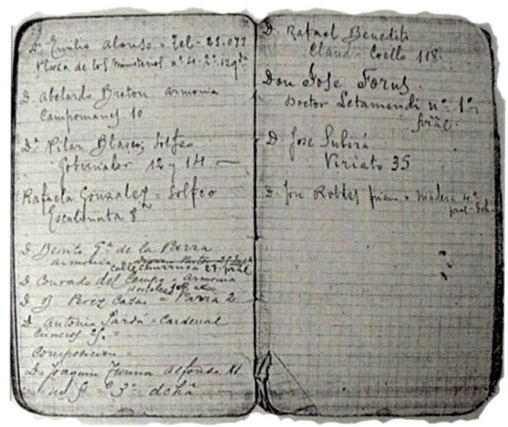

Fig. 56: Libreta de contactos de Salomón Buitrago en Madrid. Prueba la vinculación de la música en la catedral con otros contextos geográficos, especialmente con el foco central de Madrid.

Fig. 57: la práctica de la música y tradición coral en Ciudad Real: del Orfeón Manchego dirigido por Salomón Buitrago (1929) a la Coral Polifónica de Ciudad Real dirigida por Pedro Pardo (1983-2001).

ANEXO II: PARTITURAS

1. **Amistad, mazurca para piano, VCG 139**

2. **El garbancito, canción infantil con acompañamiento de piano, VCG 120**

3. **Ronda Manchega a 3 v.m., VCG 127**

4. **Mandatum novum, motete a 3 v.m., VCG 188**

ANEXO II: PARTITURAS

Amistad, VCG 139

Salomón Buitrago

Mazurca para piano

2

3

El garbancito, VCG 120

Salomón Buitrago

2

Ronda Manchega, VCG 127
1933

Allegro festoso

Salomón Buitrago Gamero

Mandatum novum, VCG 188

1956

Salomón Buitrago Gamero

ANEXO III

EDICIÓN DE LAS OBRAS PARA ÓRGANO DE SALOMÓN BUITRAGO

Pedro Pablo López Hervás
Organista de la SIB Catedral de Ciudad Real

Marcha para órgano en La Mayor, VCG 22

Plegaria y marcha para órgano, VCG 106

Elegía para órgano, VCG 140

Preludio para órgano, VCG 158

Composición para órgano en Fa Mayor, VCG 177

Entrada para órgano, VCG 179

Melodía para órgano, VCG 189

Marcha para órgano en La Mayor, VCG 22

S. Buitrago Rodríguez

Plegaria y marcha para órgano, VCG 106

Salomón Buitrago

Elegía para órgano, VCG 140

Salomon Buitrago

Preludio para órgano, VCG 158

Salomón Buitrago

Composición para órgano en Fa Mayor, VCG 177

Salomón Buitrago

Entrada para órgano, VCG 179

Salomón Buitrago

Melodía para órgano, VCG 189

Salomón Buitrago